Dr. Christian Hanisch

Neurocoaching

mit

emotion*Sync*®
completed

EMDR+

BrainSpotting+

Die Revolution im Coaching und in der Psychotherapie.

Bibliografische Information der Deutschen Nationalbibliothek:
Die Deutsche Nationalbibliothek verzeichnet diese Publikation in der Deutschen Nationalbibliografie; detaillierte
bibliografische Daten sind im Internet über https://dnb.dnb.de abrufbar.

© 2016 Dr. Christian Hanisch
Erstauflage auf Deutsch 2016
Zweite Auflage auf Deutsch 2018
Dritte Auflage auf Deutsch 2021
Vierte Auflage auf Deutsch 2024

Buchcover-Illustration, Layout: Monika Pfaff, M. + E.Pfaff GmbH, www.agentur-pfaff.com
Verlag: BoD · Books on Demand GmbH, In de Tarpen 42, 22848 Norderstedt, bod@bod.de
Druck: Libri Plureos GmbH, Friedensallee 273, 22763 Hamburg
ISBN: 978-3-7693-2212-5

Inhaltsverzeichnis

Vorwort von Professor (ucn) Karl Nielsen

Als kritisch denkender Mensch interessierten mich auch im NLP schon immer wissenschaftliche Nachweise. Der Schritt vom anekdotischen Einzelfall zur systemischen Untersuchung. Der Schritt von einer unbewiesenen Meinung zum wirklichen wissenschaftlich abgesicherten Wissen hat mich immer fasziniert. Deshalb beteiligte ich mich am Aufbau eines Studienganges in Psychologie mit dem Schwerpunkt NLP damit erfahrene Praktiker die Möglichkeit erhalten, ihre Erfahrungen wissenschaftlich zu untersuchen und die Wirkfaktoren ihrer Erfolge wissenschaftlich herauszufinden.

Genau das hat Dr. Christian Hanisch getan. Mit seiner Neugierde und seinem Wissensdrang vertiefte er sich in das neuronale Netzwerk des Gehirns. Seine Vorkenntnisse aus der Elektrotechnik und Informatik ermöglichten ihm die wissenschaftliche Untersuchung von Traumatisierungen auf eine Ebene zu heben, die ich nicht für möglich gehalten hatte. Er sieht Traumatisierungen als ein gespeichertes Energiepotential und behandelt Traumatisierungen dementsprechend so, dass sie sich auflösen. Sein elektrisches und chemisches Erklärungsmodell war auf einmal einfach und verständlich. Man konnte es schlüssig, klar und logisch nachvollziehen. Das ist sonst in der Psychologie oft eher etwas vage und nicht so eindeutig. Er entwickelte dabei emotion*Sync*® als Methode und konnte ihre Wirksamkeit in einer umfangreichen Studie in seiner Doktorarbeit wissenschaftlich nachweisen. Die Methode emotion*Sync*® führte er auch mit 14 verschiedenen Klienten in meiner Gegenwart durch und löste dabei deren Belastungsstörungen.

Für seine außergewöhnlichen Leistungen für die Wissenschaft im Bereich der Psychologie wurde ihm dazu eine Professur angeboten, damit zukünftige Psychologie-Studenten unter seiner Leitung davon profitieren können, NLP wissenschaftlich weiter zu erforschen und damit im Sinne von Neuro Linguistischer Psychologie (NLPsych) auch weiterzuentwickeln.

Vorwort des Autors

Die Grundlage für dieses Buch bildet meine Dissertation im Fach Psychologie. Dissertationen müssen wissenschaftlichem Schreibstil entsprechen, was leider dazu führt, dass sie für den nichtwissenschaftlichen Leser mühsam, oft auch langweilig zu lesen und teilweise schwer zu verstehen sind. Daher hat Dr. Claudia Wilimzig (Doktorin der Psychologie) mir geholfen, die Dissertation in eine allgemein verständliche und hoffentlich amüsant zu lesende Form zu versetzen. Der oft lockere Ton dieses Buches soll aber nicht den Anschein erwecken, dass es sich hierbei nicht um eine wissenschaftliche Arbeit handelt.

Worum geht es in diesem Buch? Es geht darum, Blockaden im Kopf zu lösen. Warum tun wir etwas nicht, obwohl wir uns danach sehnen? Warum erreichen wir unsere Ziele nicht? Warum sind wir unglücklich, depressiv und leiden unter furchtbaren Ängsten? Irgendwas sitzt in unserem Kopf, was uns hemmt. Limitiert. So dass wir unter unseren Möglichkeiten zurückbleiben. Möglichkeiten, erfolgreich zu sein.

In unserem Gehirn gibt es ab und zu eine neuronale Blockade, die uns lähmt und uns behindert. Diese Blockaden im Kopf werden durch Gedanken, durch falsche Gewohnheiten und Denkmuster im täglichen Alltag immer weiter verstärkt.

Mit Psychotherapie assoziieren viele Menschen jahrelanges Pilgern auf die Couch. Couches können bequem sein (auch wenn sie aber in der Therapie heute eher selten eingesetzt werden) und man kann da durchaus mal parken. Aber wenn Ihnen der Schnellzug der Therapiemethoden angeboten wird, würden Sie dann freiwillig in den langsamen Bummelzug steigen? Ja, aber nur wenn Sie Zeit haben und die Landschaft genießen wollen. Vor einiger Zeit lief eine Bierwerbung, wo ein amerikanischer Farmer schwärmt, wie lange er braucht, um mit dem Auto seinen Besitz zu umfahren. Sein friesischer Bierpartner nickt gedankenverloren und sagt mit breitem Dialekt „Ja, so'n Auto hatte ich auch mal." Wenn Sie einen Porsche kriegen – warum sollten Sie sich mit was anderem begnügen? Vor 100 Jahren waren wir noch mit dem Pferdewagen und einem PS unterwegs. Heute rasen wir locker mit 200 km/h über die Autobahn. Computer werden schneller, alles wird schneller, warum dann nicht auch die Psychotherapie und das Coaching. Egal wie groß Ihr psychisches Problem ist, es gibt einen schnelleren Weg zum Erfolg als jahrelange Pilgergänge.

„Warum sollte etwas lange dauern, wenn es doch auch schnell gehen kann?"

„Man sollte sich aber auch die Zeit nehmen, die es braucht, um zu heilen!"

Wie Psychotherapie oder Coaching, basierend auf physikalischen und physiologischen, besonders elektrischen, Prinzipien funktionieren kann, stelle ich Ihnen hier vor.

In diesem Sinne lade ich Sie zu einer Reise in unsere Psyche an. Wie Victor Hugo schon schwärmte: „Es gibt ein Schauspiel, das großartiger ist als das Meer, das ist der Himmel; es gibt ein Schauspiel, das größer ist als der Himmel, das ist das Innere der Seele" („Fantine" – Les Miserables). „Komm mit mir ins Abenteuerland – der Eintritt kostet den Verstand – und tu's auf Deine Weise." (PUR – Songtext)

Achtung! Bevor Sie, verehrte Kolleg:innen, an dieser Stelle beleidigt aufhören zu lesen („meine Methoden wirken auch") – ja, tun sie. Eine große Anzahl von Studien belegt dies. Aber das heißt ja nicht, dass man sie nicht noch verbessern kann und diese Verbesserungen in die bestehenden Strukturen integrieren kann.

Die hier vorgestellten Methoden habe ich selbst weiterentwickelt. Hierbei habe ich intensives Recycling betrieben. Ich habe positive Aspekte bereits bestehender Therapiemethoden aufgenommen und ausgehend von meiner Ausbildung als Elektriker und Dipl.-Ing. für Elektrotechnik und Informatik sowie Doktor der Psychologie, habe ich die Psychotherapie mit elektrisch-physikalischen Prinzipien kombiniert. Die Bausteine sind alle bekannt und wissenschaftlich belegt – aber die

Kombination ist neu. Und vor allem habe ich sie zu einer Ultrakurzzeittherapie entwickelt, also das Tempo extrem beschleunigt.

Gerade in Zeiten, wo viele Patienten sehr lange auf einen Therapieplatz warten müssen, ist schnelle effektive Therapie wichtig.

☺

Steigt ein Therapeut in ein Taxi. Der Taxifahrer fragt: „Na, wo soll es denn hingehen?" „Egal wohin – ich werde überall gebraucht."

☺

Die Entwicklung der Methoden war geleitet von etwas, was in einem amerikanischen Lehrbuch sehr eindrücklich beschrieben wird: „Ich glaube, dass, wenn jemand sich ins Feld der Psychotherapie oder der Beratung/des Coachings begibt, dann die beste Theorie und Methodologie eine Eigene sein muss. Der Leser wird weder erfolgreich noch glücklich werden, wenn er eine Methode nutzt, die nicht seiner Persönlichkeit entspricht. Wirklich erfolgreiche Therapeuten passen an oder entwickeln eine Therapie und Methodologie, die kongruent mit ihrer eigenen Persönlichkeit ist." Insofern ist dies auch ein sehr persönliches Buch und Sie werden auch viel über mich erfahren und mich kennenlernen.

Bei der Entwicklung der Therapie wurde ich von Steve Jobs' unvergessenen Worten inspiriert:

Aus der Apple Think Different Werbekampagne (1997 – 2002)

„An alle, die anders denken:
Die Rebellen,
die Idealisten,
die Visionäre,
die Querdenker,
die, die sich in kein Schema pressen lassen,
die, die Dinge anders sehen.
Sie beugen sich keinen Regeln,
und sie haben keinen Respekt vor dem Status quo.
Wir können sie zitieren, ihnen widersprechen, sie bewundern oder ablehnen.
Das einzige, was wir nicht können, ist sie zu ignorieren,

weil sie Dinge verändern,
weil sie die Menschheit weiterbringen.
Und während einige sie für verrückt halten,
sehen wir in ihnen Genies.
Denn die, die verrückt genug sind zu denken,
sie könnten die Welt verändern,
sind die, die es tun."

Folgende Personen wurden in dem Spot gezeigt:

Albert Einstein, Bob Dylan, Martin Luther King Jr., Richard Branson, Miles Davis, John Lennon, Richard Buckminster Fuller, Thomas Edison, Muhammad Ali, Ted Turner, Maria Callas, Mahatma Gandhi, Amelia Earhart, Alfred Hitchcock, Martha Graham, Jim Henson, Jerry Seinfeld, Frank Lloyd Wright und Pablo Picasso.

Quelle: Spot Think Different von Apple

Weblinks:

https://www.youtube.com/watch?v=Rzu6zeLSWq8

https://www.youtube.com/watch?v=nmwXdGm89Tk

https://www.youtube.com/watch?v=Ypp09Hq7T9g

https://de.wikipedia.org/wiki/Think_Different

Erst wenn man „out of the box" denkt, entstehen große Lösungen.

Genau das machen wir.

Dr. Christian Hanisch

Hinweise zum Lesen dieses Buches

Es ist gedacht für Laien, für Patienten, für angehende Therapeuten und für erfahrene Therapeuten und Coaches. Die unterschiedlichen Gruppen werden unterschiedliche Informationen interessant finden.

Daher ist es in Teile gegliedert. Am Anfang jedes Teils stehen ein/zwei Sätze, in denen erklärt wird, für welche Leserschaft dieser Teil primär gedacht ist. Aber es ist so geschrieben, dass auch Laien alles lesen und verstehen können sollten! Durch diese Gliederung ergeben sich vereinzelt Wiederholungen, damit der Leser auch an späterer Stelle „einspringen" kann.

Ab und zu ist ein grauer Kasten eingeschoben. Dann sind dort Anekdoten oder zusätzliche Informationen enthalten.

Ebenso zitieren wir an einigen Stellen Witze über Therapien, gekennzeichnet durch Smileys ☺. Lachen ist gesund und macht Spaß. Probieren Sie es aus! Kinder lachen bis zum 400-mal am Tag – Erwachsene nur noch ca. 15-mal.

Noch eins: Aus Gründen der Lesbarkeit verwenden wir nicht die politisch korrekte Formen Therapeut:in, sondern nur die männliche Form. Wir bitten die weiblichen Leser, uns dies zu verzeihen – es ist keineswegs als Diskriminierung gemeint!

☺

Zum Trost für die Frauen:
Warum ist eine Psychotherapie bei Männern viel kürzer als bei Frauen? Wenn es Zeit ist, mental in die Kindheit zurückzukehren, sind die Männer schon da.

☺

Oder auch:

☺

Intelligenztest für Neugeborene: Auf den Po hauen, bei den Intelligenten fällt der Schwanz ab.

☺

Um die Begriffe klarzustellen: Wir reden meist von „Therapeut". Darin sind eingeschlossen Coaches, Berater, Psychotherapeuten und Psychiater (die unterschiedlichen Begriffe werden am Anfang des Buches definiert. Ebenso reden wir meist über „Klient" – was selbstverständlich auch Patienten einschließt (ein Coach darf nur keine „Patienten" haben, weshalb wir uns für den neutraleren Begriff entschieden haben).

Also – auf und viel Spaß und Lerntreue beim Lesen des Buches!

Disclaimer

Die hier getroffenen Informationen und Aussagen sind kein Ersatz für eine ärztliche oder heilpraktische Behandlung. Wir treffen keine Heilaussagen und schon gar keine Heilversprechen im rechtlichen Sinne und möchten diese auch nicht so verstanden wissen.

Ebenso ist das Lesen dieses Buches kein Ersatz für eine Ausbildung in emotion*Sync*®-Methoden. Es dient zur Unterstützung einer Ausbildung und zum Nachschlagen. Falls Sie emotion*Sync*® noch nicht kennen, macht es Sie hoffentlich neugierig auf mehr – sowohl als Coach und Therapeut als auch als Klient.

Teil 1 – Die klassische Sicht

Große Teile dieses Kapitels sind erfahrenen Therapeuten bekannt – oder sollten es sein. Wer mehr aus der geisteswissenschaftlichen Tradition kommt, wird aber auf jeden Fall in dem neurowissenschaftlichen Teil Neues lernen.

Die drei Psychos und ein weitverbreiteter Irrtum

Psychologie, Psychotherapie und Psychoanalyse – im alltäglichen Sprachgebrauch prallen die Worte aneinander wie steuerlose Boote in einem reißenden Strom. Manchmal kommt noch die Psychiatrie hinzu. Wir neigen dazu, sie alle gleichzusetzen. Das ist leider grundfalsch.

☺

Bevor wir weitermachen, zwei Witze zur Auflockerung: Mit der Psychoanalyse verbinden die meisten den Namen Sigmund Freud – und mit Sigmund Freud die Begriffe des Ödipus-Komplexes und des Penisneids. Beide sind heftig umstritten, gerade auch aus der Historie der Frauenbewegung. Um dieser Auseinandersetzung zu entschärfen, nehmen wir dem Ganzen den Wind aus den Segeln: Definition „Penisneid": Das Verlangen, schrumpelig und klein sein zu wollen.

☺

Die Eltern haben ihren Sohn zum Psychoanalytiker geschickt. Nachdem er zu Hause ist, rückt er mit der Diagnose heraus: „Mama, ich habe einen Ödipuskomplex."
„Ach was", sagt die Mutter und drückt ihn tröstend an sich, „Ödipus oder Schnödipus! Hauptsache, du hast deine Mama lieb."

☺

Um auf die großen drei Psychos zurückzukommen: Der erste große Irrtum: „Ein Psychologe ist ein Psychotherapeut." Nein, ist er nicht. Ein Psychologe kann keine Psychotherapie. Er darf (ganz wichtig!) keine Psychotherapie machen. Er kann Psychotherapie lernen, aber mit einem Psychologiestudium lernt er sie zunächst nicht. Was lernt er also im Psychologiestudium? Psychologie ist eine empirische Wissenschaft, die sich mit mentalen Prozessen (Denken, Fühlen, Wahrnehmen) und Verhalten beschäftigt.

> *„Den Psychologen sagt man nach, sie würden das,*
> *was jeder weiß, in einer Sprache sagen, die niemand*
> *versteht."*

Friedemann Schulz von Thun, Professor für Psychologie

Der Fächer der Forschungsfelder ist also relativ groß, ebenso groß wie die Bandbreite all dessen, was wir denken (Wahrnehmungspsychologie), fühlen (Emotionspsychologie), was uns antreibt (Motivationspsychologie), wie wir zusammenleben (Sozialpsychologie), wie wir lernen (Lernpsychologie), wie unser Gedächtnis funktioniert (Gedächtnispsychologie), was uns bewusst ist – um nur einiges zu nennen. Es gibt noch viel mehr. Wichtig ist, dass es sich um eine Wissenschaft handelt – die erst seit relativ kurzer Zeit anerkannt ist. Erst seit 100 – 200 Jahren liegt der Schwerpunkt auf empirischer Forschung. Die Psychologie betreibt einerseits Grundlagenforschung, andererseits gibt es angewandte Fächer. Zu den angewandten Fächern gehört die Klinische Psychologie, die innerhalb der Psychologie mit der Psychotherapie am engsten verknüpft ist, da sie sich mit dem Forschungsgegenstand psychischer Störungen befasst und psychischen Aspekten somatischer Störungen befasst.

Was ist demgegenüber Psychotherapie? Für Psychotherapie gibt es viele verschiedene Definitionen, weil es eine große Vielfalt an Psychotherapiemethoden gibt (dazu später), was eine exakte Definition von Psychotherapie erschwert. Die vermutlich älteste überlieferte Definition stammt von Anna O. Sie gilt als eine der „klassischen" Patientinnen der frühen Psychoanalyse. Sie wurde behandelt von Josef Breuer, der neben Sigmund Freud als Mitbegründer der Psychoanalyse gilt. Ihre Definition ihrer Therapie war „talking cure" (Rede-Kur). Die Definition ist auf Englisch, da sie zu dem Zeitpunkt in ihrer Muttersprache Deutsch nicht sprechen konnte, sondern nur auf Englisch (zusätzlich konnte sie Französisch und italienisch lesen, übersetzte sie aber beim Vorlesen ins Englische).

☺

Reden kostet nichts – bis Du zu einem Therapeuten gehst.

☺

Ein großes amerikanisches Lehrbuch vertrat die Auffassung, dass eine Definition von Psychotherapie nicht möglich ist. Ein anderes nannte Psychotherapie eine undefinierte Methode, die mit nicht vorhersagbaren Ergebnissen auf unspezifische Probleme angewandt wird. Eine Art „... denn sie wissen nicht, was sie tun". Im gleichnamigen Film ringt James Dean um Liebe und Anerkennung. In vielen Therapiesitzungen geht es um genau dieses Thema.

Die Psychotherapie und das Coaching sind zunächst eine Interaktion zwischen mindestens zwei Menschen. Die Beziehung zwischen diesen beiden Menschen ist ein essenzieller Bestandteil der Therapie und seine Bedeutung kann de facto nicht unterschätzt werden.

Jeder seriöse Coach und Therapeut arbeitet menschenwürdig und menschenwürdigend, analog zu den Prinzipien der sogenannten „sanften Medizin". Der Coach und Therapeut stochert aber nicht nur im Nebel herum, sondern leitet bewusst und systematisch einen Veränderungsprozess, der das Ziel hat, Leidensdruck zu mindern oder Gutes noch besser zu machen. Das genaue Ziel (was soll erreicht werden) wird individuell zwischen Therapeuten und Klient abgesprochen (auch diese Erarbeitung ist Teil des Prozesses). Gute Therapie bietet die Möglichkeit zur Persönlichkeitsentwicklung und Selbsterfahrung, was Sinnstiftung und neue Bedeutung gibt. Sie eröffnet dem Patienten dadurch neue Handlungsoptionen.

Hier wird großer Wert daraufgelegt, dass die Herangehensweise und Überprüfung von emotion*Sync*® wissenschaftlich fundiert ist. Ob Psychotherapie und Coaching wissenschaftlich sind, wird in der Literatur kontrovers diskutiert. Einige betonen, dass Therapie durch die Einzigartigkeit jeder Therapiesitzung nie wissenschaftlich arbeiten könne. Es handele sich eher um eine Kunst als eine Wissenschaft. Die Kontroverse um die Wissenschaftlichkeit hängt zunächst von der Definition von

Wissenschaft ab. Psychotherapie und Coaching, so wie wir es verstehen, erweitert Wissen – sowohl innerhalb einer Sitzung als auch durch ihre systematische Weiterentwicklung, erforscht bestehende und neue Methoden, gibt dieses Wissen durch systematische Lehre weiter und trägt so zur Gesamtheit des Wissens bei. Alles das sind Kriterien von Wissenschaft. Ob alle Aspekte von Psychotherapie und Coaching insgesamt wissenschaftlich werden können oder schon sind, soll hier nicht abschließend geklärt werden. Dass in der individuellen Therapiegestaltung gegebenenfalls auch nicht-wissenschaftliche Aspekte eingesetzt werden können, ändert aber nichts daran, dass Psychotherapie wissenschaftlicher Forschung zugänglich ist. Schon der bekannte Philosoph und Wissenschaftstheoretiker Karl Popper merkte an, dass die Entstehungsbedingungen wissenschaftlicher Ideen oft nicht-wissenschaftlich sind. Eine der größten wissenschaftlichen Theorien, die Relativitätstheorie, entstand, weil Albert Einstein von der Vorstellung geleitet wurde, auf einem Lichtstrahl zu reiten. Nicht die wissenschaftlichste aller Vorstellungen.

Es ist allerdings unbestreitbar, dass auf dem Gesamtmarkt der Psychotherapiemethoden nicht alle Wissenschaftlichkeit erfüllen. Es gibt auch viele schwarze Schafe und Wölfe im Schafspelz. Immanuel Kant hielt Psychologie als „Wissenschaft" oder „Experimentierlehre" für unmöglich. Heute kann man die Wissenschaftlichkeit aus der universitären Psychologie nicht mehr wegdenken. Alltagspsychologie gibt es weiterhin. Susanne Berkenheger beschreibt in dem humorvollen Buch „Ist bestimmt was Psychologisches: Wie ich auf Therapien, Tricks & Tipps pfiff und unfassbar glücklich wurde", wie die Pseudo-Psychologie an allen Ecken und Kanten aus uns um Alltag lauert, der von küchenpsychologischen Weisheiten, pseudofreudianischen Erkenntnissen und angeblich psychotherapeutischen Allgemeinplätzen geprägt ist. Diese Seite der Psychologie und Psychotherapie (wobei beides nur Pseudos sind) wird an dieser Stelle nicht näher betrachtet, sondern es wird ein wissenschaftlicher, aber auch individueller und menschenwürdiger Ansatz verfolgt.

Wer darf was und wer bezahlt was – ein bisschen Jura

Vorab ein Disclaimer: Wir sind keine Juristen und dies stellt keine Rechtsberatung dar. Juristen, die hier Fehler entdecken, bitten wir vorab um Entschuldigung.

Also, los geht's: Wenn also weder Psychologen noch Mediziner noch Pädagogen per se Psychotherapeuten sind, wer darf dann Psychotherapie betreiben und wie wird man Psychotherapeut? In Deutschland wird das seit 1999 durch das Psychotherapeutengesetz geregelt. Demnach dürfen vier Berufsgruppen Psychotherapie betreiben:

- Ärzte mit psychotherapeutischer Weiterbildung (es gibt Fachärzte für Psychiatrie und Psychotherapie, Fachärzte für Psychosomatische Medizin und Psychotherapie und Fachärzte für Kinder- und Jugendpsychiatrie und -psychotherapie. Ferner gibt es Ärzte mit psychotherapeutischer Zusatzausbildung.)
- Psychologische Psychotherapeuten (Psychologen mit psychotherapeutischer Zusatzausbildung)
- Heilpraktiker für Psychotherapie: Diese stellen eine Besonderheit dar, weil ihnen die Erlaubnis zur Ausübung der Psychotherapie nach dem Heilpraktiker-Gesetz erteilt wird. Sie dürfen aber NICHT die üblichen Aufgaben eines Heilpraktikers ausüben und werden daher alltagssprachlich oft auch als „kleiner Heilpraktiker" bezeichnet.
- Kinder- und Jugendlichen-Psychotherapeuten: diese behandeln nur Kinder und Jugendliche. Sie sind Psychologen, Pädagogen oder Sozialpädagogen (einige Bundesländer lassen auch andere Berufsgruppen zu) und haben ebenfalls eine psychotherapeutische Zusatzausbildung.

Die Regelung, wer zur Ausübung der Psychotherapie berechtigt ist, ist länderspezifisch und derzeit gibt es nur in elf von 28 EU-Staaten überhaupt eine gesetzliche Regelung. Vielerorts ist es einfacher als in Deutschland als Psychotherapeut zugelassen zu werden. In Österreich z. B. sind die Zulassungsvoraussetzungen wesentlich weiter gefasst als in Deutschland. Besonders in den USA ist es relativ einfach eine Lizenz als „Health Service Provider" zu erwerben, – und sich das von den Krankenkassen bezahlen zu lassen. Und damit zum nächsten wichtigen Punkt: Wer bezahlt was?

Es gibt eine Vielzahl von unterschiedlichen Therapieverfahren. Psychoanalyse, tiefenpsychologisch fundierte Psychotherapie (vereinfacht gesagt, Weiterentwicklungen der Psychoanalyse), Verhaltenstherapie, Gesprächstherapie, systemische Therapie, Gestalttherapie, Kunsttherapie, Musiktherapie, Gruppentherapie, Psychodrama, Hypnotherapie, um nur einige zu nennen.

Wie auch bei der Zulassung an sich ist es länderspezifisch wie viele und welche Verfahren als „anerkannt" gelten. In Deutschland ist der Wissenschaftliche Beirat für Psychotherapie (WBP) für die Anerkennung zuständig. Von ihm anerkannte Therapieverfahren können von den gesetzlichen Krankenkassen bezahlt werden. (Achtung! Es gibt wissenschaftlich anerkannte Verfahren, die dennoch nicht bezahlt werden! Umgekehrt kann auf Sonderantrag auch eine andere Therapie bezahlt werden, wenn kein zugelassener Therapeut in zumutbarer Wartezeit zur Verfügung steht.) Private Krankenkassen sind letztlich frei in ihrer Entscheidung.

Dauer von Psychotherapien

Zur durchschnittlichen Dauer einer Psychotherapie gibt es unterschiedliche Angaben und die gesetzlichen Krankenkassen haben einen Ermessensspielraum, wie viele Stunden letztlich ersetzt werden. Um eine grobe Einschätzung zu geben:

- Verhaltenstherapie: in der Regel eine Stunde (eine Stunde bedeutet meist 45 Minuten) pro Woche, zwischen 45 und 100 Stunden insgesamt (kürzere Therapien sind gerade bei eng abgegrenzten Problemen möglich)
- Tiefenpsychologische Psychotherapie: in der Regel eine Stunde pro Woche, zwischen 50 und 100 Stunden insgesamt

- Psychoanalyse: normalerweise 2 – 3 Wochenstunden, 160 – 300 Stunden insgesamt (!!!)

Diese Zahlen sollte man im Kopf behalten, wenn es nachher um die Ultrakurzzeitmethode emotion*Sync*® und deren Effizienz geht.

☺

Sagt der Therapeut zur Klientin: „Noch drei Sitzungen, dann sind wir fertig." Die Klientin erfreut: „Dann bin ich geheilt?" „Nein, dann haben Sie mein Haus ganz alleine bezahlt!"

☺

Psychotherapeut versus Coach

Im Gegensatz zum Psychotherapeuten ist der Begriff des Coaches nicht geschützt. Juristisch darf sich jeder Coach nennen. Daraus ergibt sich eine geradezu inflationäre Situation im Coaching-Bereich. Immer mehr selbst ernannte oder in nicht von staatlichen Institutionen anerkannten ausgebildeten Coaches tummeln sich auf dem Markt. Die Bandbreite reicht von Scharlatanerie bis hin zu hochqualitativen Angeboten.

Oftmals wird angenommen, dass Coaching und Psychotherapie völlig verschieden sind. In einem bekannten Buch über Coaching wird zynisch sinngemäß gesagt „naja, Coaches verdienen halt besser". Einer der Hauptgründe hierfür ist, dass Coaches häufig von Unternehmen angeheuert werden. Gerade Führungskräfte gehen lieber zu Coaches als zu Psychotherapeuten und wenn sie zu Psychotherapeuten gehen, darf das Unternehmen nichts davon erfahren. Psychotherapie ist noch immer stigmatisiert.

Coaching im Business-Kontext wird häufig eher als Training betrachtet. Coaching bedeutet aber auch persönliche Weiterentwicklung und Hilfe bei psychischen Problemen. Insgesamt wird Coaching im persönlichen Bereich immer häufiger. Zusätzlich lassen sich Business und Privatleben immer weniger trennen, sodass Business-Coaching und persönliches Coaching (auch als „life coaching" bezeichnet) immer mehr verschmelzen. Dies hat zunächst einfach damit zu tun, wie sich die

Strukturen des Berufslebens entwickeln. Zusätzlich betonen einige Ansätze (insbesondere die systemischen), dass Probleme aus dem Privatleben ins Arbeitsleben getragen werden und vice versa. Zum Beispiel werden Familienkonflikte stellvertretend in der Firma „nachgespielt". Ein Mitarbeiter projiziert zum Beispiel die Probleme mit dem Vater auf den Chef (wie in der Transaktionsanalyse nach Eric Berne dargestellt).

Psychotherapie wird häufig in Verbindung gebracht mit der Behandlung der vom Arzt diagnostizierten psychischen Störungen, mit einer „wirklichen" Krankheit. Aber auch hier ist der Unterschied zwischen gesund und krank fließend. Aus den Problemen eines offiziell Gesunden kann sich eine diagnostizierbare psychische Störung entwickeln. Aber Achtung: Aus juristischen Gründen darf ein Coach nicht behaupten, dass er psychische Störungen behandelt. Aber er darf coachen, psychische Störungen besser zu ertragen.

Letztlich hängt die Frage, inwieweit sich Coaching und Psychotherapie unterscheiden von der genauen Definition von Coaching ab. Einige sehen eine scharfe Grenze, andere sehen einen eher fließenden Übergang. Auf jeden Fall steht fest, dass sowohl im Coaching als auch in der Psychotherapie dieselben Methoden verwendet werden können. Die hier im Buch vorgestellten Methoden können in beiden Kontexten verwendet werden.

Um das abschließend ein bisschen zu karikieren: Psychotherapie komplett abzugrenzen von Coaching, Beratung, Seelsorge, nachbarschaftlicher/freundschaftlicher Hilfe oder auch Selbsterfahrung ist kaum möglich! Zum Nachbarn zu sagen „Wenn du mich brauchst, bin ich für dich da" kann schon helfend sein, z. B., weil er sich nicht mehr so allein fühlt. Schwere Traumata oder Phobien oder Krankheiten, heilt dieses Mitgefühl allerdings nicht.

Wer darf Coaching machen? Im Prinzip jeder. Das Thema Coaching ist nicht geschützt. Es wäre aber grob fahrlässig, ohne eine gute Coachingausbildung in diesen Beruf zu gehen. Es ist wichtig, nicht nur dieses

Buch zu lesen, sondern diese Methoden in einem Seminar zu erlernen. (www.emotion*Sync*.de)

Und um den Unterschied verschiedener Therapie- und Coachingmethoden aufzuzeigen und dabei etwas zum Lachen zu haben, hier der berühmte Bahnhofswitz. Sollten Sie einer dieser Berufsformen angehören, aber nie und nimmer so etwas sagen, bitte nicht grämen. Daran, dass es ab und zu auch zwei Antworten gibt, sehen Sie, dass keineswegs perfekte Einigkeit besteht. Schließlich wäre die Welt ja auch langweilig, wenn wir alle perfekt und einig wären.

Außerdem ist dies eine Übung für Sie, wie unterschiedlich man über ein und dieselbe Sache denken kann – was wichtig für den therapeutischen Prozess ist, wie Sie im Laufe des Buches noch sehen werden.

Hier zunächst die, die im weitesten Sinne mit psychischer/geistiger Therapie zu tun haben (auch wenn man einige der Berufsbezeichnungen als etwas dubios bezeichnen kann):

☺

Atemtherapeut: „Der Atem wird Ihnen den Weg zeigen."

Bioenergetiker: „Schau mal, dein Körper kennt schon die Antwort. Mach mal: Sch –sch –sch.! Geht doch!"

Coach 1: „Wenn ich Ihnen die Lösung vorkaue, wird es das Problem nicht dauerhaft beseitigen."

Coach 2: „Sind Sie Teil der Lösung oder Teil des Problems?"

Familienaufsteller: „Wenn Sie ihren Vater hinter sich spüren würden, hätten Sie den Bahnhof schon längst gefunden!"

Familientherapeut 1: „Für wen in der Familie ist es besonders wichtig, dass Sie zum Bahnhof gehen?"

Familientherapeut 2: „Was glauben Sie, denkt Ihre Schwester, was Ihre Eltern fühlen, wenn die hören, dass Sie zum Bahnhof wollen?"

Familientherapeut 3: „Was ist dein sekundärer Gewinn, wenn du mich nach dem Weg zum Bahnhof fragst. Möchtest du meine Bekanntschaft machen?"

Freudianer: „Sagen Sie mir doch bitte, inwiefern Sie vielleicht selbst der Bahnhof sind!"

Geistheiler: „Für die Antwort brauchen wir viel positive Energie. Lass uns einen Kraftkreis bilden und Deinen Schutzgeist anrufen!"

Gesprächstherapeut 1: „Sie möchten wissen, wo der Bahnhof ist."

Gesprächstherapeut 2: „Sie möchten wissen, wo der Bahnhof ist, und das macht Sie nicht nur traurig, sondern auch ein Stück weit wütend."

Gesprächstherapeut 3: „Sie möchten gerne wissen, wie Sie zum Bahnhof kommen, nicht wahr? Und das macht Sie nicht nur ratlos, sondern vielleicht auch schon ein Stück weit wütend?"

Gestalttherapeut: „Du, lass' das einfach voll zu, dass Du zum Bahnhof willst!"

Humanistischer Psychologe: „Wenn Sie wirklich dahin wollen und einfach nur ganz fest an sich glauben, dann werden Sie den Weg auch finden."

Hypnotherapeut 1: „Wenn Sie so beim sanften Ausatmen den Gedanken entstehen lassen, sie seien jetzt bereits beim Bahnhof, --- jaaa, sooo, geeenau, einfach immer mehr und immer tiefer, intuitiv und neugierig, beim Ausatmen, welche Schritte mögen Sie da wohl vorher schon unternommen haben --- immer mehr, Schritt um Schritt tiefer und mehr davon wahrnehmen, was sich zeigt um dahin zu kommen? Vielleicht können Sie das jetzt schon spüren, wie sich das anfühlt, wenn Sie ganz sanft mit der Fußsohle ...

Hypnotherapeut 2: „Schließen Sie die Augen. Ihr Unbewusstes kennt den Weg zum Bahnhof."

Hypnotherapeut 3: „Schließen Sie die Augen. Entspannen Sie sich. Fragen Sie ihr Unterbewusstsein, ob es Ihnen bei der Suche behilflich sein will."

Imago-Therapeut: „Ich höre du sagst, du fragst dich, wo es hier zum Bahnhof geht. Habe ich alles gehört?"

Integrativer Therapeut: „Was empfindest Du dabei, wenn Du gerade mir diese Frage stellst? Spür mal genau hin! Was macht das mit dir? Woran erinnert dich das?"

Kreativitätstherapeut: „Hüpfen Sie solange auf einem Bein herum, bis ihr Kopf eine spontane Idee erzeugt!"

Logotherapeut: „Welchen Sinn macht es, dass Sie zum Bahnhof gehen?"

Lösungsorientierter Therapeut 1: „Stellen Sie sich vor: Plötzlich geschieht ein Wunder und Sie sind schon am Bahnhof. Was ist anders dadurch?

Lösungsorientierter Therapeut 2: „Gab es schon mal die Ausnahme, dass Sie den Bahnhof gefunden hatten? Was haben Sie da anders gemacht?"

NLP'ler: „Stell Dir vor, Du bist schon im Bahnhof. Welche Schritte hast Du getan?"

Provokanter Therapeut: „Ich wette, Sie werden den Weg zum Bahnhof nie finden!"

Psychiater: „Bahnhof? Zugfahren? Sie? Welche Kasse, ähm, welche Klasse? Nehmen Sie dieses Medikament".

Psychoanalytiker 1: Erster reagiert nicht schnell genug, sodass sich der Suchende lieber von jemand anderem einen Termin im nächsten Jahr geben lässt.

Psychoanalytiker 2: „Sie meinen diese dunkle Höhle, wo immer etwas Langes rein und raus, rein und raus, rein und raus fährt?"

Psychodramatherapeut: „Zum Bahnhof? Fein. Das spielen wir jetzt mal durch. Geben Sie mir Ihren Hut, ich gebe Ihnen meine Jacke und dann brauchen Sie sich nur noch jemanden zu suchen, der den Bahnhof spielt."

Rational-emotiver Therapeut: „Nennen Sie mir nur einen vernünftigen Grund, weshalb Sie zum Bahnhof wollen."

Reinkarnationstherapeut: „Geh zurück in die Zeit vor Deiner Geburt. Welches Karma lässt Dich immer wieder auf die Hilfe anderer angewiesen sein?"

Systemischer Aufsteller: „Wählen Sie einfach unter den Vorübergehenden jemand für den Bahnhof aus! Was ändert sich für Sie, wenn Sie sich ihm nähern? Gibt es vielleicht etwas dabei, um das es eigentlich auch noch geht, außer dem Bahnhof?"

Systemischer Therapeut 1: „Ich frage mich, was Ihre Mutter dazu sagen würde, wenn Ihr Vater ihr diese Frage stellt."

Systemischer Therapeut 2: „Was glauben Sie, was es für Ihre Frau bedeutet, wenn sie erfährt, dass Sie zum Bahnhof wollen? Und was glauben Sie, wird Ihre Schwiegermutter vermuten, was Ihre Frau sagen wird?"

Tiefenpsychologe 1: „Sie wollen also verreisen? Eigentlich wollen Sie nur abhauen und alles hinter sich lassen."

Tiefenpsychologe 2 (langsam, gedehnt): „Sie ... wollen verreisen?"

Tiefenpsychologe 3: „Sie verspüren wieder diesen Drang zu reisen?"

Tiefenpsychologische Traum-Analytikerin: „Bahn? Hof? Die Bahn als Lebensbahn ... der jetzige Abschnitt Ihres Lebensweges ... Den Anschluss können Sie also nicht alleine finden – aber immerhin suchen Sie schon! Was assoziieren Sie mit Hof? Haben Sie Schweine? Höfische Vorstellungen? Bestimmte Hoffnungen? Ja? Großartig! Übrigens: Hier gibt es keinen Bahnhof ..."

Transaktionsanalytiker: „Und wenn Sie nun diese Frage klären: Was genau soll meine Rolle dabei sein?"

Verhaltenstherapeut: „Heben Sie zuerst den rechten Fuß und strecken Sie ihn aus, schieben ihn nach vorne. Dann setzen Sie ihn wieder auf. Sehr gut! Und jetzt mit dem linken Fuß ... Prima ... und noch einen Schritt. ... Super .... Super! Hier haben Sie ein Bonbon!

Und damit auch andere Berufsgruppen und Gruppierungen ihr Fett wegbekommen und um Ihren Horizont zu erweitern (wie denkt DER denn?), hier noch ein paar mehr:

Allgemeinarzt: „Sind Sie privat versichert?"

Anthroposoph: „Durchgeistern Sie Ihre oberen Wesensglieder, vergessen Sie die unteren, bürsten Sie Ihren Astralleib mit Demeter-Gerste in jeglicher Zubereitungsart und üben Sie Selbstlosigkeit durch unentgeltliche Mitarbeit. Dann lesen Sie die Gesamtausgabe von Herrn Dr. Rudolf Steiner, bis Sie wirklich Bahnhof verstehen."

Arzt: „Das kann ich Ihnen nicht sagen, dafür gibt es keine Tarifposition."

Aus der analytischen Philosophie stammender logischer Grundlagenforscher: „Nimm Bahnhof = b, potenzieller Reisender = r, intendiertes Reiseziel = i, Menge der möglichen anderen Reiseziele, wenn er falsch einsteigt = I, Ort des Aufenthalts von r zum Zeitpunkt t = O(r,t); Distanz vom Bahnhof zu O(r,t) = d b, O(r,t)) (Ohne Beschränkung der Allgemeinheit sei der Ort des Bahnhofs mit b identifiziert und für den Zeitraum der Fragestellung als fix anzunehmen.) – Betrachten wir nun die Menge der partiellen potenziellen Modelle für (B,r,i,I, O(x,y), d(z,w)) in Abhängigkeit vom Zeitmodell (relativistisch oder newtonsch, verzweigte oder lineare Zeit ...), so ergibt sich aufgrund der Braithwaite-Ramsey-Vermutung bei geeigneten Vorbedingungen eine prognostische Relevanz, die sehr interessant wäre, wenn der Kerl mir weiter zugehört hätte!"

Autofahrer: „Keine Ahnung, ich dachte den Bahnhof gibt es schon gar nicht mehr."

Benchmarker: „Wer kann das Problem am besten lösen? Nehmen Sie sich den als Vorbild."

Caritasmitarbeiter: „In Deutschland werden die Menschen nicht über den Weg zum Bahnhof informiert!"

Esoteriker: „Wenn Du dahin sollst, wirst Du den Weg auch finden."

Frischzellentherapeut: „Darf ich Ihnen tief in die Augen schauen. Oh, Sie müssen eine Spritzenkur bei mir machen, Frühlingssonderangebot 4.500,- Euro die erste Serie. Bald finden Sie ganz von alleine zur Bahnhofsmission."

Gedächtnistrainer: „Angenommen, ich würde Ihnen den Weg beschreiben. Mit welcher Eselsbrücke könnten Sie sicherstellen, dass Sie sich jederzeit wieder daran erinnern?"

Homöopath: „Wie hat das angefangen, dass Sie den Bahnhof suchen, wann wird das besser oder schlechter, was fühlen Sie dabei, hat sich seither noch etwas verändert und wann menstruieren Sie?"

Jogger: „Einfach gerade aus, und wenn Sie schnell sind, schaffen Sie es in fünf Minuten."

Journalist: „Das ist ja ein Skandal. Offensichtlich gibt es viel zu wenige Hinweisschilder, damit man sich als Gast in dieser Stadt auch zurechtfindet. Da muss doch jemand dafür verantwortlich sein!"

Kassenarzt: „Hier haben Sie das Rezept. Ach so, wohin wollten Sie noch mal?"

Lehrer: „Wenn Sie aufgepasst hätten, müssten Sie mich nicht fragen."

Logopäde: „Das heißt nicht „Bannhoff", sondern „Baahhnhoof". Versuchen Sie's noch einmal!"

Manager: „Fragen Sie nicht lange. Gehen Sie einfach hin."

Mediator: „Welche Lösungswege haben Sie sich schon überlegt? Schreiben Sie bitte alles hier auf diese Kärtchen."

Moderator: „Schreiben Sie alle möglichen Lösungswege auf diese Kärtchen."

Neurologe: „Sie haben also die Orientierung verloren! Passiert Ihnen das öfter?"

Pädagoge: „Ich weiß natürlich, wo der Bahnhof ist. Aber ich denke, dass es besser für Sie ist, wenn Sie es selbst herausfinden."

Positiv-Denker: „Schließen die Augen und sagen Sie zu sich selber: Ich bin wunderbar und einzigartig und ich vertraue meinem Unterbewusstsein, dass es den für mich richtigen Weg weiß."

Priester: „Heiliger Antonius, gerechter Mann, hilf, dass er ihn finden kann. Amen!"

Releaser: „Da musst Du erst mal Deine Widerstände loslassen, die Dich hindern, den Bahnhof zu finden. Probiere doch mal den Satz: „Ich lasse los die Angst vor den Konsequenzen, wenn ich wirklich den Bahnhof finde!"

Sozialarbeiter 1: „Keine Ahnung, aber ich fahre Sie schnell hin."

Sozialarbeiter 2: „Bleiben Sie, wo Sie sind. Ich gehe schon für Sie."

Sozialarbeiter 3: „Keine Ahnung – aber gut, dass Sie fragen!"

Sozialpädagoge: „Ich weiß es auch nicht, aber ich finde es total gut, dass Sie fragen und wir beide so offen darüber reden können."

Soziologe: „Kommt drauf an, welche Klasse Sie fahren."

Spieler: „Wollen wir wetten, dass Sie den Weg nicht finden?"

Stadthistoriker: „Ja früher, so um 1900, da hätten Sie von hier aus den Bahnhof noch sehen können."

Tarot-Berater: „Ziehen Sie eine Karte. Die wird Ihnen die Richtung zeigen."

Tourist: „Ich habe auch schon gehört, dass der Bahnhof sehr sehenswert ist. Da komme ich doch gleich mit Ihnen mit."

Trendscout: „Sie sind schon der Zweite, der mich nach dem Bahnhof fragt. Mir scheint das ist der neue Place to be."

Unternehmensberater: „Da müssen wir erst mal einen klaren Kontrakt machen und ein Lenkungsteam installieren, bevor wir an dieser Frage arbeiten können."

Vox populi: „Zum Bahnhof? Da gehse ersma die zweite Ampel links, dann wieder rechts, bis dahin, wo früher der Aldi war, dann an unsern Vereinsheim vorbei, dann wo der Willi wohnt rechts und dann frachse da noma nach!"

Zahnarzt: „Das kann ich Ihnen sagen, aber das zahlt Ihnen keine Kasse."

Zeitplanexperte: „Haben Sie genügend Pufferzeit für meine Antwort eingeplant?"

☺

Ein bisschen Geschichte – was war wann?

Diese Darstellung soll helfen, emotion*Sync*® besser in den Kontext bestehender Methoden einzuordnen und die Vorteile dieser Methode zu erkennen.

Die Ursprünge von Psychotherapie oder wie alles begann

Psychotherapie bedeutet das Lindern oder sogar Heilen menschlichen Leidens. Die Tradition ist aber schon alt und viele frühere Heilmethoden wurden und werden auch immer wieder entdeckt. Früher kannte man religiöse, spirituelle und schamanistische Traditionen. Naturvölker kannten keine Trennung zwischen körperlichen und seelischen Krankheiten, daher hatten Medizinmänner und Priester die Rolle des Arztes und Psychotherapeuten inne. Einiges war erstaunlich weit entwickelt. Schon aus der Steinzeit entstammen Indizien für sehr komplizierte Operationen, die später in abgewandelter Form auch in der Moderne zum Kurieren von psychischen Erkrankungen eingesetzt worden sind.

In der griechischen Antike entstand eine systematische medizinische Auseinandersetzung mit der Psyche, die die Entwicklung der Psychotherapie Jahrtausende lang beeinflusste und einige Psychotherapieformen auch immer noch prägt. Spiritualität verschwand nicht gänzlich, die Größe ihres Einflusses war aber sehr stark von Nation, Kultur und Religion abhängig. Auch heute wird noch sehr kontrovers diskutiert, wie weit Spiritualität in der Psychotherapie erlaubt, erwünscht und sinnvoll ist – in Österreich wird dies vom Bundesministerium für Gesundheit sogar explizit verboten.

Die Entstehung der modernen Psychotherapie

Die Entstehung dessen, was wir heute Psychotherapie nennen, begann ca. Ende des 18. Jahrhunderts. Im Folgenden werden die Psychotherapieformen, die für emotion*Sync*® von Bedeutung sind, kurz erläutert. Die Darstellungen werden auf den Kern der für diesen Kontext relevantesten Verfahren beschränkt.

Psychoanalyse: Die Psychoanalyse ist eng mit dem allseits bekannten Namen Sigmund Freud verknüpft. Sie versucht dem Menschen Einsicht in die meist unbewussten Hintergründe seines Leidens zu vermitteln. Oft wird kritisiert, dass daraus keine konkreten Lösungsansätze entstehen. Psychoanalytische Verfahren sind dadurch gekennzeichnet, dass sie sehr lange dauern, oftmals viele Jahre. Im Rahmen der Weiterentwicklung der Psychoanalyse (Tiefenpsychologie) sind kürzere Therapiemethoden entwickelt worden, dennoch dauern sie relativ lange.

Verhaltenstherapie: Die Verhaltenstherapie entstand in den 1950er Jahren, nachdem sich in der Erforschung von Lernen entscheidende Fortschritte ergeben hatten. Verhaltenstherapie ändert Verhalten, ohne die Gründe für das ursprüngliche zu betrachten. Der Patient wird sozusagen re-trainiert. Die Verhaltenstherapie ist zeitlich effektiver als die Psychoanalyse.

Kognitive Verhaltenstherapie: Etwas später als die Verhaltenstherapie entwickelten sich kognitive Verfahren. Maßgeblich für die Entwicklung war eine zunehmende Frustration damit, dass die Verhaltenstherapie die kognitive Seite des Menschen nicht in Betracht zog. Kognitive Verfahren arbeiten, wie der Name schon sagt, auf der verstandesmäßigen Ebene des Menschen, der Trainingsaspekt steht im Hintergrund. Aus der Kombination von Verhaltenstherapie und kognitiven Verfahren entwickelte sich die Kognitive Verhaltenstherapie, die versucht, die Vorteile beider Verfahren zu kombinieren.

Kurze Geschichte des Coachings

Der Begriff des Coachings ist noch viel weniger umgrenzt als der der Psychotherapie. Daher fällt es hier noch schwerer, die Geschichte zu beschreiben, zumal der Einsatz dieses Begriffes in diesem Kontext eher neueren Datums ist.

Der englische Begriff „Coaching" geht historisch zurück auf den Fahrer von Kutschen und später Omnibussen (beides englisch „coaches"). Später wurden Sporttrainer als „Coaches" bezeichnet und das Verb „to coach" bedeutete trainieren bzw. betreuen. Von Coaches wurde erwartet, dass sie sich nicht nur um die sportlichen Leistungen ihrer Schützlinge, sondern auch um deren Motivation und Fokus kümmern. In Deutschland erreichte dies eine besondere Bekanntheit durch die Motivationsreden von Jogi Löw während der WM. Ein Beispiel: Vor dem Endspiel gegen Argentinien wurde er zitiert mit „Ihr müsst so viel geben wie noch nie, dann werdet ihr das bekommen, was ihr noch nie hattet!"

Vom Sport zu einem internationalen Management-Konzept – wie kam es dazu? In den ca. 70er bis 80er Jahren zogen psychologische Konzepte immer mehr in Unternehmen und insbesondere ins Management ein.

Konkret ging es dabei um Ziele wie

- Weiterentwicklung von Mitarbeitern
- Training im Verkauf, Kommunikation, Führung
- Teamentwicklung
- Motivation, Zeitmanagement
- Gruppendynamik

- Gezieltes Delegieren und dadurch die Förderung der Selbstständigkeit der Mitarbeiter
- uvm.

Vorgesetzte wurden in die Verantwortung gezogen, ihre Mitarbeiter nach psychologischen Konzepten zu führen. Kombiniert wurde dies mit Mentoring und Tutoring und konnte teilweise davon gar nicht getrennt werden. Etwas später kam dieser Trend auch diesseits des Atlantiks an.

Auch heute kann Coaching in diesen Bereichen helfen, hat sich aber durchaus darüber hinaus entwickelt, wie wir bereits an der Definition von Coaching gesehen haben. Vor allem reicht es mehr und mehr in private Bereiche hinein. Coaching bedeutet heute Lernen, Weiterbildung, Training und vor allem psychologische Unterstützung nach dem Wissen und den Konzepten der modernen Psychologie. Coaching wird immer mehr zur Businesstherapie. Das ist auch gut so, weil diese Leistung im Business immer mehr gebraucht wird. Nicht umsonst werden die Themen Burnout und Gesundheit immer wichtiger. Ein moderner guter Coach kann damit umgehen.

Verbindung zu den Neurowissenschaften

Psychotherapie und Neurowissenschaften

Was das Wort „Neurowissenschaft" genau bedeutet, ist vielen nicht bekannt. Neurowissenschaftler erforschen das Gehirn. Das Gehirn erforschte schon der berühmteste Arzt der Antike Hippokrates, das Wort Neurowissenschaft wurde erst 1970 offiziell. Neurowissenschaft ist eine äußerst multidisziplinäre Disziplin. Zu ihr tragen die Psychologie, Medizin, Biologie, Physik, Mathematik, Informatik, Anthropologie, Physiologie und Robotik sowie die Elektrotechnik bei. Die Bedeutung von Letzterem wird häufig unterschätzt, sie ist aber sehr groß. Unser Gehirn ist ein elektrisches System, wie an späterer Stelle näher erläutert wird.

Die Ergebnisse der Neurowissenschaften bieten Erkenntnisse zu den neuronalen Grundlagen von Denken und Kognitionen. Auf dieses Wissen bei Therapieentwicklung zu verzichten, hieße wertvolle Information nicht mit einzubeziehen. Leider ist dies bei den üblichen Therapierichtungen immer noch der Fall. Als die moderne Psychotherapie entstand, gab es Neurowissenschaften in dem Sinne noch nicht.

Anekdote: Was wenig bekannt ist: Sigmund Freud hatte auch eine ganz andere als die psychoanalytische Seite. Im Bereich der Synthese von Psychotherapie und Neurowissenschaften war er seiner Zeit weit voraus und wird von einigen als einer der ersten Neurowissenschaftler bezeichnet. In einem visionären Manuskript von 1895 („Entwurf einer Psychologie") konzipierte er die Behandlung auf der Veränderung von Hirnzuständen und nahm spätere Entdeckungen vorweg. Kurz nach dem Verfassen des Manuskripts wurde er selbst allerdings wieder skeptisch („Den Geisteszustand, in dem ich die Psychologie ausgebrütet, verstehe ich nicht mehr"). Wie dem auch sei – das Manuskript verschwand in der Schublade und wurde erst ein Jahrhundert später flächendeckend veröffentlicht.

Traditionell gab es einen Spalt zwischen beiden Disziplinen. Der Nobelpreisträger Eric Kandel (selbst Psychoanalytiker und Neurobiologe) forderte eine engere Zusammenarbeit zwischen Psychotherapie und Neurowissenschaften. Bevor die mangelnde Kooperation näher beleuchtet wird, hier ein kleiner Überblick über die bekanntesten Methoden der Neurowissenschaften.

Methoden der Neurowissenschaften

Zellableitungen: Bei Zellableitungen werden Elektroden in das Gehirn eingeführt. Da dafür die Schädeldecke geöffnet werden muss, ist dies aus ethischen Gründen beim Menschen verboten und darf nur bei Tieren eingesetzt werden. Ausnahme: Bei bestimmten Krankheiten werden aus medizinischen Gründen Elektroden implantiert. In diesen Fällen können diese Elektroden mit Einverständnis des Patienten auch für Forschungszwecke genutzt werden.

EEG: Beim Elektroenzephalogramm (abgekürzt EEG) werden Elektroden auf die Kopfhaut des Patienten aufgeklebt und die elektrische Hirnaktivität aufgezeichnet. Vorteil ist, dass dies zeitlich sehr hoch aufgelöst ist. Nachteile sind, dass das Signal sehr unpräzise ist, da die Schädeldecke „im Weg" ist und dass das Signal räumlich sehr ungenau ist.

Bildgebende Verfahren: Zu den bildgebenden Verfahren zählen die Computertomografie (CT), die Positronenemissionstomographie (PET) und die Magnetresonanztomographie (MRT). Das CT arbeitet mit Röntgenstrahlung, das MRT mit Kernspinresonanz, das PET ist ein Verfahren der Nuklearmedizin. Alle liefern Bilder vom Inneren des Gehirns. Sie sind räumlich sehr präzise, dafür aber zeitlich sehr schlecht aufgelöst, d. h. man erhält sehr ungenaue Daten über den zeitlichen Verlauf der Aktivität im Gehirn.

Wie man sieht, haben alle Methoden gravierende Nachteile.

Wie kann man jetzt daraus Erkenntnisse über den Zusammenhang von neuronaler Aktivität mit Psychotherapie gewinnen? Bislang liegt der Schwerpunkt der Forschung auf Studien, in denen die neuronale Aktivität vor der Therapie mit der neuronalen Aktivität nach der Therapie verglichen wird.

Die Ergebnisse sind uneinheitlich. Viele Studien berichten eine Veränderung, woraus meistens geschlossen wird „Ah ha, das Gehirn ändert sich, also ändert sich die psychische Verfassung". Es gibt aber auch Studien, wo sich die Symptomatik zwar verbessert, sich aber keine Veränderung der neuronalen Aktivität feststellen lässt. Umgekehrt gibt es auch Studien, wo sich eine Veränderung der neuronalen Aktivität zeigen lässt, sich der Patient aber keineswegs besser fühlt.

Zusätzlich zu diesem Problem bleibt die Frage, was diese Studien aussagen. Hier nur einige Kernpunkte:

- Niemand weiß letztlich, was die Veränderung wirklich bedeutet.
- Niemand weiß, wann im Therapieprozess sie passiert, es gibt bislang de facto keine seriösen Verlaufsstudien, da einfach die technischen Möglichkeiten nicht gegeben sind.
- Niemand weiß, warum die Veränderung entsteht – es gibt kein Modell dazu, was wie warum passiert. Mit anderen Worten es gibt kein Modell, wie die neuronale Veränderung mit dem Therapieprozess zusammenhängt und was die Therapie auf neuronaler Ebene bewirkt.

Eine wirkliche Brücke ist also bei den klassischen Methoden noch nicht entstanden.

Coaching und Neurowissenschaften

Die wissenschaftliche Forschung, die explizit das Wort „Coaching" beinhaltet, steckt mit wenigen Ausnahmen noch in den Kinderschuhen. Ein Beispiel für eine solche Ausnahme: Bei koronarer Herzerkrankung wurde gezeigt, dass Coaching hilfreich ist, um ein bestimmtes Cholesterin-Niveau zu erreichen. Problematisch für die Beurteilung der wissenschaftlichen Erforschung von Coaching ist natürlich, dass in den Studien häufig Coaching-Methoden verwendet werden, dies aber als „Beratung", „Training" oder Ähnliches bezeichnet wird. Zusätzlich muss angemerkt werden, dass viele Psychotherapiemethoden Coaching-Methoden ähneln oder sogar mit diesen identisch sind. Von daher können viele Psychotherapiestudien auch auf Coaching übertragen werden.

Direkte neurowissenschaftliche Studien zu Coaching sind uns bisher nicht bekannt. Es gibt zwar Bücher zu Coaching und Neurowissenschaften. Diese konzentrieren sich aber darauf, neurowissenschaftliche Erkenntnisse, die für das Coaching von Bedeutung sind, Coaches zu vermitteln. Leider wurden dadurch noch keine Methodenkompetenzen entwickelt. Dr. Christian Hanisch hat sich als Neurowissenschaftler darauf spezialisiert, die Brücke zwischen Coaching und Psychotherapie zu schaffen. Die Veränderung der neuronalen elektrischen Vorgänge können dazu genutzt werden, PTBS Posttraumatische Belastungssyndrome nachhaltig aufzulösen. Seine Doktorarbeit hat dazu den wissenschaftlichen Nachweis erbracht. Die Methode emotion*Sync*® ist ein Ergebnis dieser Arbeit.

Neuromodulation

Die Neuromodulation ist eine Therapieform, in der neurophysiologische Signale initiiert oder beeinflusst werden, um therapeutische Wirkungen zur Verbesserung der Funktionen und Leistung des Nervensystems zu bekommen.

Dadurch kann Heilung und Gesundheit initiiert werden.

Genau das will emotion*Sync*® erreichen. Durch die starke Überreizung der Sinneskanäle wird ein höherer elektrischer Impuls erzeugt, der diesen Effekt auslöst.

Was ist Neurocoaching?

Neurocoaching ist eine relativ neue Methode im Coaching-Bereich, die Erkenntnisse aus der Neurowissenschaft und angewandten Psychologie mit klassischen und modernen Coaching-Techniken kombiniert, um persönliche und berufliche Entwicklung zu fördern. Es basiert auf einem tiefen Verständnis darüber, wie das Gehirn funktioniert und wie Veränderungen im Denken und Verhalten gezielt gesteuert werden können.

Zentral für das Neurocoaching ist der Einsatz neurowissenschaftlicher Grundlagen. Dabei wird das Wissen über die Funktionsweise des Gehirns, insbesondere in den Bereichen Lernen, Gedächtnis, Emotionen und Motivation, genutzt, um effektive Strategien für Veränderungen zu entwickeln. Dieses Verständnis ermöglicht es, gezielte Verhaltensänderungen herbeizuführen, indem die neuronale Plastizität – die Fähigkeit des Gehirns, sich zu verändern und anzupassen – gezielt gefördert wird. So können neue, positive Verhaltensweisen entwickelt und alte, hinderliche Muster überwunden werden.

Ein weiterer wichtiger Aspekt des Neurocoachings ist die Stressbewältigung und die Förderung von Resilienz. Durch das Wissen über die neurobiologischen Grundlagen von Stress können individuelle Strategien zur Stressbewältigung entwickelt und in den Coaching-Prozess integriert werden. Auch die kognitiven und emotionalen Prozesse, die unser Denken und Verhalten steuern, spielen eine zentrale Rolle. Durch die Analyse und Veränderung dieser Prozesse können Neurocoaches ihren Klienten helfen, Denkmuster zu erkennen und zu verändern, was unter anderem das Selbstbewusstsein stärkt, und die emotionale Intelligenz fördert.

Zielsetzung und Motivation sind ebenfalls wesentliche Bestandteile des Neurocoachings. Neurowissenschaftliche Erkenntnisse werden genutzt, um Techniken wie emotion*Sync*®, EMDR+ und Brainspotting+ zur Steigerung der Motivation und zur Erreichung von Zielen zu entwickeln. Hierbei liegt der Fokus auf der Arbeit an der intrinsischen Motivation und der Entwicklung einer positiven Einstellung gegenüber Herausforderungen.

Da jeder Mensch ein einzigartiges neuronales Muster besitzt, legt das Neurocoaching großen Wert auf individualisierte Ansätze. Die Techniken und Interventionen werden an die spezifischen Bedürfnisse und Ziele des Klienten angepasst, was zu einer effektiveren und nachhaltigeren Veränderung führt.

Insgesamt ist Neurocoaching eine ganzheitliche Methode, die wissenschaftlich fundierte Ansätze verwendet, um individuelle Entwicklungsprozesse zu unterstützen und nachhaltige Veränderungen im Denken und Verhalten zu bewirken.

Neurocoaching und emotion*Sync*®

emotion*Sync*® ist eine innovative Technik im Bereich des Neurocoachings, die noch tiefer und nachhaltiger als bisherige Methoden wirkt. Sie konzentriert sich auf die *Sync*hronisation von Emotionen und Körpersignalen, um das emotionale und körperliche Wohlbefinden zu verbessern. Dabei kombiniert emotion*Sync*® Ansätze aus Neurowissenschaften, Psychologie und Coaching, um Menschen zu helfen, ihre emotionalen Zustände besser zu verstehen und zu regulieren.

Ein zentraler Aspekt von emotion*Sync*® ist die emotionale Selbstregulation. Die Methode unterstützt Menschen dabei, ihre Emotionen bewusst wahrzunehmen und gezielt zu steuern. Negative emotionale Steuerungsprozesse werden durch neuronale Techniken gelöscht, und neue, positive Prozesse werden initiiert. Dies führt zu einer nachhaltigeren Veränderung als bei herkömmlichen Methoden.

emotion*Sync*® betont zudem die enge Verbindung zwischen Körper und Emotionen. Die Methode nutzt das Bewusstsein für Körpersignale wie Herzschlag, Atmung und Muskelspannung, um negative Reaktionen durch neuronale Stimulation umzukehren. Diese Umkehrung des Pawlowschen Prinzips ermöglicht es, tief verwurzelte emotionale Muster zu dekonditionieren und nachhaltig zu verändern – ein Ansatz, der in dieser Tiefe und Wirksamkeit bisher einzigartig ist.

Die Technik stützt sich auf umfassende neurowissenschaftliche, psychologische, elektrische und biologische Erkenntnisse über die Funktionsweise des Gehirns und des Nervensystems. Dieses Wissen wird genutzt, um gezielt bestimmte emotionale Zustände hervorzurufen und positiv zu verändern.

Ein weiterer wichtiger Bestandteil von emotion*Sync*® ist die Stressbewältigung. Durch die *Sync*hronisation von Körper und Geist können Menschen lernen, stressige Situationen besser zu bewältigen und ihre Resilienz zu stärken. Dies trägt maßgeblich zur Verbesserung des allgemeinen Wohlbefindens bei.

Emotion*Sync*® wirkt sich auch positiv auf die Kommunikation und zwischenmenschliche Beziehungen aus, indem es die emotionale Intelligenz der Menschen fördert. Dadurch können sie besser auf andere eingehen und die Qualität ihrer Beziehungen verbessern.

Diese Technik findet sowohl im Coaching als auch in therapeutischen Kontexten Anwendung. Sie hilft Klienten, ihre emotionale Balance zu finden und persönliche oder berufliche Herausforderungen effektiver zu meistern.

Zusammengefasst ist emotion*Sync*® eine integrative Methode, die darauf abzielt, emotionale und körperliche Zustände zu *Sync*hronisieren, um das allgemeine Wohlbefinden zu verbessern. Durch die Kombination neurowissenschaftlicher Erkenntnisse mit praktischen Techniken bietet emotion*Sync*® einen effektiven Ansatz, um Emotionen besser zu verstehen und zu regulieren.

Definition der neuronalen Methode „emotion*Sync*®"

emotion*Sync*® ist eine physikalische neuronale Stimulusmethode, die durch die Anwendung eines beschleunigenden, positiven energetischen Impulses wirkt. Diese Methode zielt darauf ab, alte neuronale Verbindungen im Gehirn zu löschen, um Platz für neue, optimierte Verbindungen zu schaffen. Gemäß einem physikalischen Gesetz erfordert das Auflösen einer bestehenden Struktur im Gehirn mehr Energie als die Energie, die zur Aufrechterhaltung des gespeicherten Problems notwendig ist. Durch die gezielte Erhöhung dieser Energie wird die neuronale Struktur destabilisiert und kann effektiv durch eine neue, bessere Struktur ersetzt werden.

Was bedeutet "Konditionierungen löschen"

Dr. Christian Hanisch beschäftigte sich über viele Jahre intensiv mit den Themen Lernen und Konditionierung. Die Grundlagen für seine Forschung legte der russische Physiologe Prof. Dr. Iwan Pawlow, der durch das berühmte Experiment der Pawlowschen Hunde bekannt wurde. In diesem Experiment entdeckte Pawlow, wie eine Konditionierung – also das Erlernen einer Assoziation zwischen einem Reiz und einer Reaktion – im Gehirn erfolgt.

Dr. Hanisch ging einen Schritt weiter und erforschte, wie solche Konditionierungen wieder rückgängig gemacht, also dekonditioniert, werden können. Diese Forschung mündete in die Entwicklung der Methode emotion*Sync*®. In seiner Doktorarbeit belegte Dr. Hanisch diese Methode wissenschaftlich und erregte damit internationales Interesse. Seine Arbeit führte schließlich zu einer Einladung nach St. Petersburg, dem Ort, an dem Pawlow die Grundlagen der Konditionierung legte. Dort stellte Dr. Hanisch das Konzept der Umkehrung und Löschung von Konditionierungen vor und erhielt dafür Anerkennung.

Das Löschen einer Konditionierung im Gehirn, auch als „Dekonditionierung" oder „Extinktion" bekannt, ist ein Prozess, bei dem eine zuvor gelernte Assoziation zwischen einem Reiz und einer Reaktion abgeschwächt oder vollständig eliminiert wird. Dieser Prozess kann durch verschiedene Ansätze und Techniken unterstützt werden:

- **Expositionstherapie:** Bei der Exposition mit Reaktionsverhinderung (ERP) wird eine Person wiederholt dem konditionierten Reiz in einer sicheren Umgebung ausgesetzt, ohne dass die erwartete negative Konsequenz eintritt. Dadurch lernt das Gehirn allmählich, dass der Reiz nicht mehr mit der negativen Reaktion verbunden ist.

- **Systematische Desensibilisierung:** Diese Technik kombiniert Exposition mit Entspannungstechniken. Die Person wird schrittweise und kontrolliert dem konditionierten Reiz ausgesetzt, während sie sich gleichzeitig entspannt. Ziel ist es, die konditionierte Reaktion zu schwächen und letztendlich zu eliminieren.

- **Kognitive Verhaltenstherapie (CBT):** CBT hilft, dysfunktionale Gedankenmuster zu identifizieren und zu verändern, die mit der konditionierten Reaktion verbunden sind. Durch diese Veränderung können konditionierte Reaktionen abgeschwächt werden.

- **Neurofeedback:** Diese Technik nutzt Echtzeit-Daten über Gehirnaktivität, um Individuen zu helfen, ihre Gehirnprozesse besser zu verstehen und zu verändern. Es kann dabei helfen, unerwünschte konditionierte Reaktionen zu reduzieren.

- **Achtsamkeit und Meditation:** Achtsamkeit und Meditations-techniken erhöhen das Bewusstsein und die Kontrolle über automatische Reaktionen, was hilft, die Reaktionen auf konditionierte Reize zu verringern.

- **Medikamentöse Behandlung:** In einigen Fällen können Medikamente wie Antidepressiva oder Anxiolytika helfen, die Intensität der konditionierten Reaktion zu reduzieren, besonders wenn diese stark mit Angst oder Stress verbunden ist.

- **Verhaltensmodifikation:** Durch das Belohnen von alternativen, nicht-konditionierten Verhaltensweisen kann die konditionierte Reaktion allmählich abgeschwächt werden.

- **Neuronale Reizüberflutung – emotion*Sync*®:** emotion*Sync*® nutzt einen starken neuronalen Reiz, um alte Reiz-Reaktions-Konditionierungen sofort und nachhaltig zu löschen. Diese Methode, zusammen mit Weiterentwicklungen wie EMDR plus und Brainspotting plus, bietet eine schnelle und effektive Möglichkeit, neuronale Verbindungen zu ändern. Im Vergleich zu traditionellen Methoden, die oft einen langfristigen Prozess erfordern, ist emotion*Sync*® eine der schnellsten und nachhaltigsten Methoden zur Dekonditionierung.

In der Praxis erweist sich emotion*Sync*® als besonders effektiv, da es die Dekonditionierung beschleunigt und nachhaltig unterstützt. Für Therapeuten und Coaches, die auf schnelle und wirksame Lösungen setzen, stellt emotion*Sync*® daher eine wertvolle Ergänzung ihrer Arbeit dar. Warum sollte etwas lange dauern, wenn es auch schnell gehen kann? Emotion*Sync*® bietet genau diese schnelle und effektive Methode.

Systemische Familien-/Business-Aufstellungen plus emotion*Sync*®

Systemische Familien- und Business-Aufstellungen, auch bekannt als „Familienaufstellungen" oder „systemische Aufstellungen", sind eine therapeutische Methode, die darauf abzielt, verborgene Dynamiken innerhalb eines Familien- oder Unternehmenssystems sichtbar zu machen und zu verändern. Diese Methode wurde in den 1980er Jahren von Bert Hellinger entwickelt und basiert auf der Annahme, dass viele persönliche und familiäre Probleme aus unbewussten Verstrickungen innerhalb des Systems resultieren. Die theoretischen Grundlagen dazu stammen unter anderem aus der Transaktionsanalyse (TA).

Grundprinzipien der systemischen Aufstellungen

1. Systemische Sichtweise

Menschen werden als Teil eines größeren Systems betrachtet, insbesondere ihrer Familie oder ihres Unternehmens. Probleme und Symptome werden nicht isoliert, sondern im Kontext des gesamten Systems analysiert und verstanden.

2. Familiäre Verstrickungen

Es wird angenommen, dass Familienmitglieder oft unbewusste Bindungen und Loyalitäten zueinander haben, die zu emotionalen und psychischen Problemen führen können. Diese Verstrickungen können über mehrere Generationen hinweg bestehen und müssen aufgedeckt werden, um eine Lösung zu finden.

3. Ordnungen der Liebe:

Hellinger postulierte bestimmte Ordnungen oder Prinzipien, die in einem gesunden Familiensystem eingehalten werden sollten. Dazu gehören die Anerkennung der Zugehörigkeit jedes Familienmitglieds, die richtige Rangfolge und der Ausgleich von Geben und Nehmen.

Der Prozess einer Familienaufstellung

1. Einführung und Zielsetzung:

Der Klient beschreibt seine Situation und formuliert das Ziel der Aufstellung.

2. Auswahl der Stellvertreter

In einer Gruppenaufstellung wählt der Klient Personen aus der Gruppe als Stellvertreter für sich selbst und andere relevante Familienmitglieder. In Einzelaufstellungen werden oft Figuren oder Symbole verwendet.

3. Aufstellung im Raum

Der Klient positioniert die Stellvertreter im Raum gemäß seinem inneren Bild der familiären Beziehungen und Dynamiken. Die räumliche Anordnung symbolisiert dabei die Beziehungen und emotionalen Bindungen innerhalb des Systems.

4. Beobachtung und Intervention

Der Therapeut beobachtet die Interaktionen und Bewegungen der Stellvertreter und leitet gezielte Interventionen ein, um verborgene Dynamiken und Verstrickungen sichtbar zu machen und zu lösen. Bei Blockaden im System wird diese oft mit emotion*Sync*® gelöst, bevor die systemische Aufstellung fortgesetzt wird.

5. Integration

Nach der Aufstellung reflektiert der Klient das Erlebte und bespricht mit dem Therapeuten, wie die gewonnenen Erkenntnisse in sein Leben integriert werden können.

Anwendungsbereiche

Systemische Aufstellungen finden Anwendung bei:

- Familienkonflikten
- Partnerschaftsproblemen
- Psychosomatischen Erkrankungen
- Depressionen und Ängsten
- Suchtproblemen
- Beruflichen Konflikten, oft durch die Reinszenierung von Familienkonflikten

Wissenschaftliche Fundierung: Die Methode ist umstritten und wird von der wissenschaftlichen Gemeinschaft teilweise kritisch betrachtet, da es an empirischen Studien zur Wirksamkeit mangelt. Trotzdem ist sie inzwischen vom Wissenschaftlichen Beirat für Psychotherapie als Methode anerkannt.

Methodische Vorgehensweise: Die Durchführung von Aufstellungen ist stark von der Intuition des Therapeuten abhängig, was zu variierenden Ergebnissen führen kann. Dr. Christian Hanisch hat jedoch die Systemgesetze, die in Aufstellungen angewendet werden, umfangreich zusammengefasst, erklärbar und lernbar gemacht, um mehr Klarheit und eine zielorientierte Herangehensweise zu gewährleisten.

Integration von emotionSync® in systemische Aufstellungen

Bei systemischen Aufstellungen kommt es häufig zu energetisch geladenen Vorwürfen, die tief in alten Verletzungen und Traumata aus der Kindheit verwurzelt sind. Diese Themen lassen sich mit traditionellen Methoden oft nur schwer und langwierig lösen, wobei Klienten und Stellvertreter häufig zu lange in negativen Energien verharren.

Hier setzt emotion*Sync®* an. Diese Methode ermöglicht es, die negativen Energien und Vorwürfe schnell und effektiv zu löschen, indem die Aufstellung unterbrochen und die belastenden Emotionen direkt adressiert werden. Nach der Anwendung von emotion*Sync®* kann die Aufstellung fortgesetzt werden, was zu einer schnelleren und nachhaltigeren Lösung und Aussöhnung führt. Dadurch wird der gesamte Prozess effizienter und lösungsorientierter gestaltet.

Wirksamkeit

Wenn Sie dieses Buch lesen, sind Sie höchstwahrscheinlich geneigt zu glauben, dass es therapeutische Methoden gibt, die wirken. Trotzdem sollten Sie dieses Kapitel lesen, um sich gegen Kritik zu wappnen. Das betrifft sowohl angehende Therapeuten als auch angehende Klienten.

Beide werden immer wieder konfrontiert mit Äußerungen wie „ist doch eh alles Humbug", „Was soll dieses Psychogeschwafel?" etc. Da ist es gut, ein paar hieb- und stichfeste Gegenargumente in der Tasche zu haben. Tatsächlich hat es auch berühmte Psychologen (hier sieht man wieder die Kluft zwischen Psychologie und Psychotherapie!) gegeben, die die Wirksamkeit von Psychotherapie anzweifelten bzw. das Gegenteil behaupteten.

Es gibt eine Vielzahl an Studien, die Belege für die grundsätzliche Wirksamkeit von bestimmten (nicht allen!) psychotherapeutischen Verfahren liefern. Beim Coaching ist das etwas schwieriger (siehe letztes Kapitel), aber einige gibt es auch dort und einige psychotherapeutische Studien können auch hierauf wie besprochen übertragen werden.

Die Ergebnisse sind Placebo-Effekte, wenden die Kritiker ein. Natürlich gibt es immer wieder erstaunliche Placebo-Effekte. Es gibt auch Nocebo-Effekte – als das Gegenteil. Es gibt auch die sogenannte Spontanremission – also, dass die Krankheit „von alleine" verschwindet. Was bedeutet von alleine? Es bedeutet lediglich, dass man die Ursache nicht kennt. Es können Änderungen in den Lebensumständen des Klienten eingetreten sein und zur Heilung beigetragen haben. Er kann unprofessionelle Hilfe aus seinem privaten und beruflichen Umfeld, von der Familie, von Freunden, vom Priester und –und –und bekommen haben.

Gerade da dieses Thema so heikel ist, ist es wichtig, Therapien wissenschaftlich kritisch zu durchleuchten und zu evaluieren.

Teil 2: Geist oder Materie – was ist der Mensch?

Dieses Kapitel beschäftigt sich mit einem Thema, das von Wissenschaftlern unterschiedlichster Disziplinen, aber auch im Alltag (Tageszeitungen, Zeitschriften ...) immer wieder kontrovers diskutiert wird und letztlich eine der Kernfragen des menschlichen Seins darstellt. Das Lesen dieses Kapitels wird daher allen Lesern empfohlen.

Die Diskussion, ob der Mensch eher geisteswissenschaftlich oder naturwissenschaftlich betrachtet werden sollte, beschäftigt oft nicht nur Wissenschaftler, sondern auch die Presse. Diese Debatte ist sehr alten Datums, ihre Ursprünge können mindestens bis in die Antike zurückverfolgt werden. Sie beschäftigt schon Psychologen und Psychotherapeuten untereinander, aber die Neurowissenschaftler heizen die Diskussion weiter an. Zitate wie „Unser Bewusstsein ist reine Biologie", „Wir sind nur Materie" oder Ähnliches sind bei einigen an der Tagesordnung. Diese Kluft zwischen Geistes- und Naturwissenschaften trägt zur Kluft zwischen der Psychotherapie und den Neurowissenschaften bei, wobei allerdings betont werden muss, dass auch die Psychotherapeuten diesbezüglich in zwei Lager gespalten sind.

Ganzheitlich denkende Forscher betonen, dass die Psychotherapie (und somit auch das Coaching) durch die Multidimensionalität der Psyche zwischen beiden Wissenschaftstraditionen steht, sie beide braucht und der Dialog zwischen Forschern beider Richtungen notwendig und möglich ist. Aber reicht die Trennung in zwei Dimensionen? Dieser Frage wird im Folgenden nachgegangen.

Die Ebenen des menschlichen Seins

Dies ist ein Vorschlag, die Ebenen des menschlichen Seins, wie sie von verschiedenen Disziplinen und Gebieten betrachtet werden, zusammenzutragen. Das Modell ist offen für weitere Ebenen und es mag auch Leser geben, die eine oder mehrere Ebenen ablehnen oder nicht beachten wollen. Das ist ok – wir bitten Sie nur, offen zu sein, zuzuhören.

Die Ebenen des menschlichen Seins
von Dr. Christian Hanisch

Gesundheit

Kosmische Ebene
In anderen Dimensionen, nicht von dieser Welt, aus dem Körper

Spirituelle Ebene
Die Seele, unser Bauplan, feinstofflicher Körper

Energetische Ebene
Der elektrische und energetische Körper

Automatische Ebene
Talente, der konditionierte und unbewusste Körper

Denkende Ebene
Der Bewusstseins-Körper

Verhaltens Ebene
Der tuende Körper

Mechanische Ebene
Der physikalische und chemische Körper

Dr. Christian Hanisch   www.EmotionScience.com

Ebene 1: Mechanische Ebene

Die erste Ebene betrifft den physikalischen und chemischen Körper. Das ist der materielle Körper mit seinen Gliedmaßen, seinen

Körperteilen und auf kleinerer Ebene seinen Molekülen, Elementen, Atomen und allem, was sonst noch dazugehört. Diesen Körper betrachten die klassischen Naturwissenschaftler.

Auf dieser Ebene arbeitet die Schulmedizin. Klassische Ärzte bedienen sich Wirkmechanismen, die auf dieser Ebene ansetzen. Chirurgen sind ein gutes Beispiel dafür. Wenn der Knochen gebrochen ist, braucht man einen Arzt, der einen Gips oder Walker anlegt. Wenn der Knochen gesplittert oder verschoben ist, braucht man einen Arzt, der einen zusammenflickt. Allopathische Medikamente, also die Medikamente der klassischen Schulmedizin, wirken auf der molekularen chemischen Ebene, sind also ebenso dieser Ebene zuzurechnen. Physiotherapeuten arbeiten auf dieser Ebene.

Diese Ebene ist für bestimmte Krankheitsbilder sehr wichtig und wir können auf sie nicht verzichten. Aber Arbeiten auf dieser Ebene können nicht alle Krankheitsbilder und alle Aspekte von Krankheiten hinreichend behandeln.

Ebene 2: Verhaltensebene

Die zweite Ebene betrachtet den tuenden Körper. Hier geht es um das beobachtbare Verhalten, das, was wir tun. Auch dies betrifft zu einem gewissen Grad die Naturwissenschaften, z. B. Forscher, die sich mit Motorik und Kinematik beschäftigen.

Verhaltenstherapie ist ein sehr gutes psychotherapeutisches Beispiel für diese Ebene. Jede Form von Verhaltenstraining und Üben von Fähigkeiten gehört dazu. Rehabilitationsmaßnahmen sind ebenfalls hier angesiedelt. Teile des Neurolinguistischen Programmierens (NLP) arbeiten ebenfalls stark auf der zweiten Ebene.

Ebene 3: Denkende Ebene

Bei der dritten Ebene geht es um unser bewusstes Denken, unseren Bewusstseins-Körper. Dies ist unser rationaler Verstand, unsere Ratio. Den Teil unserer Gedanken, auf die wir bewusst Zugriff haben.

Alles, was mit bewusstem Denken, Diskutieren und Kontrollieren zu tun hat, ist auf dieser Ebene angesiedelt. Dazu gehören Beratungen, Schulungen und Wissensvermittlung. Kognitive Therapien operieren hier. Gute Beispiele kommen aus der Gesprächstherapie, Erklärungen, Schulungen und der Logik.

Ebene 4: Automatische Ebene

Auf diese vierte Ebene haben wir nur schwer bewussten Zugriff. Bei dieser Ebene geht es um Talente, die wir schwer beeinflussen können, sowie um den konditionierten und unbewussten Körper. Hier ist all das angesiedelt, was unser Denken und Handeln, unser Tun beeinflusst, ohne dass wir das auf der denkenden Ebene wissen.

Das Unbewusste ist Kernpunkt der Psychoanalyse. Durch Hypnose können wir Zugriff auf diese Ebene bekommen. Suggestionen erreichen diese Ebene und erzeugen so ihre Wirkung. Kinesiologie ist ein weiteres Beispiel. Bei der Kinesiologie wird durch Stärke bzw. Schwäche getestet, ob und wenn ja welche Störungen bestehen bzw. ob Harmonie im System herrscht. Systemische Aufstellungen wirken durch diese Ebene und sind daher vom rationalen Verstand (Ebene 3) schwer zu verstehen. Bei systemischen Aufstellungen werden Personen oder Gegenstände stellvertretend für andere bzw. reale Personen in Verbindung gebracht.

Ebene 5: Energetische Ebene

Die fünfte Ebene ist der elektrische und energetische Körper. Wir sind im Grunde elektrische Wesen und Elektrizität. Auf diese Ebene wird noch im Detail eingegangen, da emotion*Sync*®® auf dieser Ebene arbeitet.

Die Physik hat diese Ebene intensiv erforscht. Therapeutische Methoden sind Eye Movement Desensitization and Reprocessing (EMDR; eine Methode zur Behandlung von Traumata. Hier werden im Wachzustand Augenbewegungen aktiviert, die sonst nur im Schlaf vorkommen). Bei einer Schocktherapie wird durch plötzlich einsetzende Reize eine starke

Energie erzeugt. Umgekehrt wird durch Desensibilisierung die Energie heruntergefahren. Die Wirkung homöopathischer Arzneimittel kann nur durch diese Ebene erklärt werden. Frequenz-Therapie nutzt gezielt bestimmte Frequenzen, um Resonanz zu erzeugen. Biofeedback ändert elektrische Aktivitäten im Körper.

Ein weiter Bereich in der medizinischen Behandlung psychischer Krankheiten beschäftigt sich mit direkter elektrischer Stimulation. Am bekanntesten ist die Elektrokrampftherapie (EKT), die vor allem zur Behandlung von therapieresistenten Depressionen eingesetzt werden. EKT macht vielen Menschen Angst, weil sie in ihren Ursprüngen sehr quälend war. Inzwischen sind schonendere Verfahren entwickelt worden, die Stimulation bleibt aber relativ unspezifisch, es werden weite Bereiche des Gehirns aktiviert. Bei der Behandlung von Krankheiten wie Parkinson mit invasiven Elektroden entdeckte man, dass diese Methoden auch psychische Störungen bessern können. Die Liste der möglichen Nebenwirkungen ist allerdings – neben dem Operationsrisiko – sehr lang. Selbst Parkinson wurde schon erfolgreich mit emotion*Sync*®® behandelt.

Ebene 6: Spirituelle Ebene

Hier angesiedelt ist die Seele, unser Bauplan, der feinstoffliche Körper.

Auf dieser Ebene ist alles angesiedelt, was mit Spiritualität zu tun hat. Dazu gehören Geistheiler, spirituelle Führer und Glaube an Religionen. Ebenso zählen Schamanismus und Huna (Neoschamanismus für den modernen Menschen) und die heilende Wirkung von Licht. Prana, Chi, Reiki können mit ihrer feinstofflichen Energie nur auf dieser Ebene erklärt werden.

Ebene 7: Kosmische Ebene

Die siebte Ebene wird hier bewusst nicht göttliche Ebene genannt, damit das Konzept religions- und kulturunabhängig ist.

Auf dieser siebten Ebene verlassen wir den Körper und befinden uns in anderen Dimensionen, die Ebene ist nicht von dieser Welt, sie ist aus dem Körper. Hier geht es um viele Elemente, die sehr unterschiedlich gesehen und betrachtet werden. Gemeint sind das Universelle und die Schöpfung. Interessanterweise kann aber auch die als naturwissenschaftlich angesehene Quantenphysik dieser Ebene zugerechnet werden.

Sind alle diese Ebenen richtig vernetzt und interagieren, sind sozusagen miteinander verschaltet, dann entsteht Gesundheit. Zunächst auf psychischer Ebene, aber diese erfolgreiche Vernetzung trägt auch auf psychosomatischer Ebene zur physischen Gesundheit bei.

Im Folgenden beschäftigen wir uns mit der energetischen Ebene, da emotionSync®-Methoden auf dieser Ebene arbeiten.

Ein Therapeut arbeitet meist nur auf einer Ebene, weil er nur eine gelernt hat und oder nur dieser Philosophie glaubt. Viele Therapeuten sind dann dogmatisch auf ihrer Ebene tätig und lassen keine andere Ebene zu. Es darf keine Ebene außer Acht gelassen werden, wenn man ganzheitlich arbeiten will. Wenn eine Wunde nicht heilen will, macht es oft keinen Sinn weiter auf der ersten Ebene zu arbeiten. Oft heilt die Wunde aus, wenn die energetische Ebene bearbeitet wird. Albert Einstein sagte schon, dass man Probleme oft nur auf einer nächst höheren Ebene lösen kann. Manchmal braucht man einen guten Arzt und manchmal einen guten Coach und manchmal auch beides.

Teil 3 – Die Idealos (was macht Therapeuten und Klienten erfolgreich?).

Dieser Teil ist primär für Anfänger gedacht. Interessierte Klienten kann es zum kritischen Nachdenken über ihre derzeitigen oder künftigen Therapeuten/Coaches anregen. Therapieprofis können ihn zum Nachdenken über ihre derzeitigen Praktiken und Gewohnheiten anregen, die sie hier kritisch reflektieren können. Die hier vorgestellten Regeln, Grundkonzepte und Leitlinien gelten für emotionSync®-Coaches, sollten aber nach Ansicht der Autoren generell für jede Therapie-/ Coaching-Form beachtet werden.

Der ideale Therapeut: Ein paar Regeln vorab – all das, was Sie nie tun dürfen oder immer tun müssen.

☺

So nicht! Sagt einer zum anderen: „Ach, Sie sind Psychotherapeut? Ist das nicht sehr anstrengend, den ganzen Tag anderen Menschen bei der Schilderung ihrer Sorgen und Probleme zuzuhören?" Worauf der Therapeut antwortet: „Ach, wissen Sie, wer hört denn schon zu!?"

☺

Regel Nr. 1: Auftragsklärung – wann dürfen Sie arbeiten und wann nicht?

Eine ganz wichtige Grundregel: arbeiten Sie nicht ohne Auftrag! Fangen Sie nicht an, Alles und Jeden zwangszutherapieren, sondern arbeiten Sie nur, wenn Sie darum gebeten werden. Sie können Hilfe anbieten. Sie können anhand von Referenzgeschichten aufzeigen, wie Sie in ähnlichen Fällen haben helfen können (was für Leidende häufig überzeugend ist). Aber Sie müssen auch akzeptieren, wenn der Andere Nein sagt. Manche Menschen wollen sich nicht helfen lassen. Manche beziehen auch einen Gewinn aus ihrer Krankheit. Falls Sie Schlaudeutsch reden wollen: Psychologen nennen das „Sekundärgewinn".

Ein Beispiel aus unserer Praxis: Ein Klient kam mit einer Pollenallergie, die ihn sehr quälte. Es stellte sich heraus, dass seine Frau ihm das Rasen mähen abnahm (was er hasste), seit er die Allergie entwickelt hatte. Als der Therapeut ihm daraufhin die Konsequenzen einer erfolgreichen Therapie aufzeigte („Was wäre denn, wenn die Allergie weg wäre?"), kam die entsetzte Antwort „Bloß nicht, dann müsste ich ja wieder Rasen mähen!"

Das soll nicht heißen, dass Sie Ihren Klienten eine Therapie ausreden sollen. Aber Sie müssen prüfen, ob er mit den Konsequenzen einer Therapie umgehen kann. Und die können – wie im Beispiel mit dem Rasen mähen – durchaus ein bisschen im Verborgenen liegen. Wenn jemand eine Allergie loswerden will – wer denkt dann im ersten Moment daran, dass er dann Rasen mähen muss oder Ehekrieg riskiert. Das Problem ist übrigens lösbar, wenn man mit dem Klienten eine Strategie erarbeitet, wie ein Kompromiss zwischen den Ehepartnern aussehen könnte und das anschließend mit dem Ehepartner bespricht. Zum Beispiel: Sie übernimmt weiterhin das Rasenmähen, dafür nimmt er ihr etwas anderes ab oder führt sie regelmäßig in ihr Lieblingslokal aus. Oder sie wechseln sich ab – oder, oder, oder.

Das Problem des Sekundärgewinns stellt sich besonders, wenn der Patient durch die Therapie verwöhnt wird – oder ihm eben dadurch unangenehme Arbeiten abgenommen werden. Insbesondere Patienten mit chronischen Schmerzen erfahren durch die Krankheit oft sehr viel Zuwendung. Dann muss vor Therapiebeginn geklärt werden, dass die Zuwendung nicht nach der Therapie aufhört. Ansonsten kann die Therapie nicht langfristig erfolgreich bleiben, denn die Klienten werden rückfällig oder ein anderes Krankheitsbild entsteht neu, damit die Zuwendung aufrechterhalten wird.

Regel Nr. 2: Was ist das Ziel?

Im ersten Moment erscheint das ganz klar. Der Klient will, dass es ihm besser geht. „Besser gehen" ist ziemlich vage. Was soll wann genau wie besser sein? Es lohnt sich, darüber nachzudenken, um es mit dem Klienten besser durchgehen zu können. Was GANZ GENAU soll besser werden? Und wann? Dazu sollten Sie die Vergangenheit (wie war es bisher?), die Gegenwart (wie ist es jetzt?) und die Zukunft (wie soll es werden?) durchgehen. Und lassen Sie sich nicht mit Phrasen wie „Ich möchte, dass es mir gut geht" abspeisen. Was bedeutet „gut"? Was bedeutet „schlecht"? Woran mangelt es jetzt oder woran mangelte es in der Vergangenheit? Leider wird dieser Faktor in unserem Gesundheitssystem oft übersehen. Es wird gar nicht darüber geredet, was das Ziel ist. Aber: Nur wenn das Ziel klar ist, kann Heilung entstehen. Und es gilt nach wie vor, was schon Goethe erkannt hat: „Sobald der Geist auf ein Ziel gerichtet ist, kommt ihm vieles entgegen".

Regel Nr. 3: Die leidige Frage nach dem Geld

Jeder, der schon therapeutisch gearbeitet oder gecoacht hat, kennt die immer wiederkehrende Frage, ob man für Helfen Geld nehmen darf. Bei Ärzten (die ja auch helfen!!!) ist es selbstverständlich – aber im psychologischen Bereich gibt es viele Menschen, die damit Probleme haben. Viele Helfer trauen sich nicht, eine Bezahlung zu verlangen, insbesondere wenn sie nicht hauptberuflich helfen, sondern dies nur eine Nebenbeschäftigung ist.

Erstens vorab – die „Bezahlung" muss ja nicht immer Geld sein. Man kann auch andere Güter als Bezahlung annehmen und Äpfel gegen Birnen tauschen. In bestimmten Kulturen war es üblich, dass Medizinmänner kein Geld annahmen, aber mit Essen und dem, was sie sonst benötigten, versorgt wurden und insbesondere im Alter abgesichert waren.

In kleinen Gesellschaften mit enger sozialer Bindung kann das sehr gut funktionieren. In großen Gesellschaften wie heutigen Staaten mit häufiger räumlicher Fluktuation und wo kurzfristige soziale Beziehungen üblich sind, ist das eher kompliziert und unüblich und wird durch das gegen alles eintauschbare Geld ersetzt. Aber unter Bekannten oder wenn der Klient über etwas verfügt, was der Helfer benötigt (Güter, Dienstleistungen oder was auch immer), kann das durchaus auch mal funktionieren. Oder man deutet die Bezahlung um. Einige Helfer nehmen keine Bezahlung, sondern bitten um eine freiwillige Spende. Erstaunlich vielen Menschen fällt es dadurch leichter zu bezahlen – obwohl es ja eigentlich exakt dasselbe ist.

Aber einige Eigenschaften unserer Psyche sind eben kompliziert. Dazu zählt auch noch eine weitere Komponente. Albert Einstein prägte den Aphorismus „Was nichts nutzt, ist auch nichts wert". Viele Helfer machen tatsächlich die Erfahrung, dass die Arbeit für Klienten, die sie umsonst behandelt haben, tatsächlich „umsonst" war. Die Klienten waren nicht bereit etwas zu investieren – die Heilung war ihnen im Wortsinn nichts wert.

Das hat auch mit dem Ausgleich von Geben und Nehmen zu tun – der Helfer gibt, der andere gibt zurück. Das hat mit Wertschätzung für die Leistung des anderen und mit Dankbarkeit zu tun. Wenn Sie selber Klient sind, sollten Sie sich klar machen, dass der andere etwas für Sie tut – und alleine die Anstrengung sollte Ihnen etwas wert sein.

Außerdem, wenn Sie als Therapeut hauptberuflich helfen, wie wollen Sie ohne Bezahlung auskommen? Und wenn Sie trotzdem damit immer noch ein Problem haben, Geld anzunehmen, sollten Sie sich von einem Kollegen helfen lassen und diese Blockade auflösen.

Um den Punkt des „Wertes" noch mal etwas auszuführen: Es ist in der Tat gezeigt worden, dass, wenn der Patient glaubt, eine Therapie sei kostspielig, sie wirksamer ist als wenn er glaubt, sie sei billig. Das gilt übrigens nicht nur in der Psychotherapie, sondern auch bei Medikamenten. Generika also die billigere, aber wirkstoffgleiche Variante eines Markenmedikaments wird als unwirksamer eingeschätzt. Dieses Prinzip gilt nicht nur für den medizinischen/therapeutischen Sektor, sondern auch für Lebensmittel und Getränke. Ebenso gilt es nicht nur für die Dimension Geld, sondern auch Qualitätsmerkmale. Bio-Lebensmittel schmecken besser, wenn man glaubt, sie seien Bio. Als Fazit: Seien Sie nicht zu bescheiden in Ihren Honorarforderungen!

Achtung – ist dies nicht ein Widerspruch dazu, dass eingangs gesagt wurde, dass Therapien bezahlbar sein sollten – für Sie privat und für die Krankenkasse. Es geht hier lediglich um ein Quid pro Quo.

Regel Nr. 4: „Einfach mal die Klappe halten" – Verschwiegenheitspflicht.

Von der Verschwiegenheitspflicht hat jeder schon mal gehört. Bestimmte Berufsgruppen sind zur Verschwiegenheit verpflichtet. Für den Kontext von emotion*Sync*® ist von Bedeutung, dass Ärzte und Psychotherapeuten auf jeden Fall dazu verpflichtet sind. Für Heilpraktiker gilt die Verschwiegenheitspflicht nicht, sie ist aber in die Berufsordnung von Heilpraktikern aufgenommen worden. Wenn Sie „nur" als Coach oder Heiler arbeiten, gilt sie juristisch auch nicht. Aus ethischen Gründen sollten Sie sich allerdings dazu verpflichten. Mal ehrlich – wenn Sie selber sich behandeln lassen (von wem auch immer) würden Sie ja auch wollen, dass nicht gleich die ganze Stadt davon weiß. Dies kann durch eine Schweigepflichtserklärung geregelt werden, die in einen Coaching-Vertrag, den Sie aus juristischen Gründen mit jedem Klienten treffen sollten, aufgenommen werden kann.

Regel Nr. 5: Lachen Sie!

Viele hängen dem Irrglauben an, eine Therapie sei eine todernste Sache. Schließlich geht es um (schmerzhafte) Probleme. Das Gegenteil ist richtig. „Lachen ist gesund", „Lachen ist die beste Medizin" weiß schon der Volksmund. Und zwar auch der Internationale. „Jede Minute, die man lacht, verlängert das Leben um eine Stunde" (chinesisches Sprichwort). „Lachen reinigt die Seele, und wenn man lacht, bekommt man ein Lachen zurück" (afrikanisches Sprichwort).

Lachen lindert Schmerz. Physischen wie Psychischen. Das ist inzwischen auch in der modernen Wissenschaft angekommen. Das Fachgebiet der Gelotologie (von griechisch „gelos", was „lachen" bedeutet) beschäftigt sich mit den physischen und psychischen Auswirkungen von Lachen und deren therapeutischer Wirkung.

Lachen hat auch noch einen zwischenmenschlichen Aspekt. Lachen verbindet. Wenn man gemeinsam herzlich lacht, kann man keine negativen Emotionen gegenüber dem anderen hegen. „Ein Lächeln ist die kürzeste Entfernung zwischen zwei Menschen" (der Musiker und Komödiant Victor Borge).

Das heißt nicht, dass die Kunst des therapeutischen Lachens einfach ist. „Es ist schwieriger, jemanden zum Lachen zu bringen als zum Weinen" (Cath Crowley in Graffiti Moon). Ganz wichtig: Sie können über sich selber lachen. Klar. Aber der Klient darf sich nicht ausgelacht fühlen! Er muss ehrlich mitlachen können, aber darf sich nicht gedemütigt fühlen. Sie können schon die komische Seite der Probleme des Klienten aufzeigen. Diese Kunst brachte Frank Farrelly mit seiner provokativen Therapie zur Perfektion (dazu später mehr).

Quintessenz: „Jeder Tag, an dem du nicht lächelst, ist ein verlorener Tag" (verschiedene Urheber, u. a. Charlie Chaplin). In diesem Sinne: Jede Therapiestunde, in der nicht mindestens einmal gelacht wird, ist eine verlorene Therapiestunde!

Regel Nr. 6: Lassen Sie den Klienten nicht ohne Erfolg aus der Tür!

Bei vielen Therapieformen lässt der Erfolg der Therapie auf sich warten, was schon an der Länge der Therapie deutlich wird. Das frustriert und viele Klienten kommen entweder nicht wieder oder sind nach jahrelanger Therapie ohne fühlbare Erfolge zermürbt. Insofern sollte man immer den Klienten nur dann aus der Tür lassen, wenn mindestens ein Mini-Erfolg erreicht ist, der Klient sich besser fühlt und wieder Hoffnung verspürt. Gerade emotion*Sync*® hilft dabei.

Klient zum Therapeuten: „Ich bin Napoleon". Therapeut therapiert. Klient geht hinaus. Therapeut sagt: „Geht es Ihnen jetzt besser?" Antwort: „Gestern fühlte ich mich wie Napoleon – heute bin ich ein Niemand!"

Die großen Irrtümer von Therapeuten und Ausbildungssystemen

Es gibt einige große Irrtümer, was therapeutische Regeln angeht. Diese geistern durch die Laien- wie die Profipresse und sitzen in vielen Köpfen fest.

Ich kann es nicht. Das geistert in den Köpfen vieler angehender Therapeuten herum. „Ich weiß noch nicht genug", „ich kann das noch nicht" etc. Irgendwann müssen Sie anfangen. Nur durch Bücherlesen werden Sie keine Referenzerfahrung gewinnen. Auch wenn Sie glauben, es noch nicht ganz zu können. Ist Ihr erster Klient Ihr Versuchskaninchen? Naja, ein bisschen schon. Ist das schlimm? Nein! Was war der erste Herztransplantationspatient? Noch viel mehr ein Versuchskaninchen. Und jeder wusste, er stirbt eh. Aber so weit wird es bei Ihnen nicht kommen.

Vernünftige und seriöse Ausbildungsinstitute mit einem hohen Praxisanteil in der Ausbildung sollten für Sie als erste Wahl gelten. Dort können Sie in einem geschützten Rahmen lernen. Sie üben mit Ihren angehenden Kollegen gegenseitig und die Gruppe kann Sie auffangen, wenn etwas schief geht. Sie bekommen die Supervision eines erfahrenen Ausbilders, dem am Herzen liegt, dass Sie die Methoden richtig lernen. Das beste Buch kann Ihnen keine Ausbildung ermöglichen, es verleiht Ihnen nur theoretisches Wissen. Ein großer Fehler in unserem Bildungssystem ist es, zu viel Wert auf Theorie und zu wenig auf die Praxis zu legen.

Ganz wichtig auch: Sie müssen ja nicht gleich mit den schwersten Fällen anfangen. Sind Sie Anfänger und haben einen Patienten mit schwerer Schizophrenie oder der hochgradig suizidgefährdet ist, ist es klüger, ihn an einen erfahreneren Kollegen zu verweisen. Aber was soll passieren, wenn Sie jemanden mit Spinnenphobie behandeln? Dass er hinterher immer noch Angst hat? Dann haben Sie vielleicht nicht geholfen, aber auch nicht geschadet.

Das Schwierigste ist, das Problem sauber zu definieren. Dazu, wie bereits diskutiert, benötigt man eine sehr gezielte Gesprächsführung. Dem

Anfänger fällt das oft schwer. Wichtigste Grundregeln: Haben Sie keine Angst, Ehrenrunden zu drehen. Dann brauchen Sie eben etwas länger. Na und. Dem Klienten fällt das gar nicht auf, dass Sie sich im Kreis gedreht haben. Irgendwann kommen Sie schon ans Ziel. Und wenn Sie mit der Intervention nicht beim wichtigsten Problem anfangen, sondern dem Zweitwichtigsten, ist das auch ok. Und wenn Sie nicht alles auf einmal schaffen, dann fangen Sie eben mit einem Teilerfolg an.

„Wenn Sie glauben, dass Sie zu klein sind, um mächtig zu sein, dann versuchen Sie mal zu schlafen, wenn ein Moskito im Zimmer ist." (Dalai Lama).

Ich darf den Klienten nicht berühren. Falsch. Gerade bei diesen Methoden müssen Sie ihn unter Umständen berühren. Berührung bedeutet viel und übermittelt viel. Der Körper ist ein Teil unserer Sinne. In der klassischen Wissenschaft wird er oft vernachlässigt. Über ihn können Sie viel positive Energie übertragen – aber auch negative. Zwei Grundsätze müssen Sie allerdings beachten, bevor Sie Körperberührungen einsetzen:

- Bestimmte Körperzonen sind TABU.
- Der Klient muss einverstanden sein.

☺

Klientin zum Therapeuten: „Küssen Sie mich!" Therapeut: „Streng genommen dürfte ich noch nicht mal auf Ihnen liegen."

☺

Ich darf nichts falsch machen. Mal ganz ehrlich – wer macht immer alles nur richtig? Wie soll das möglich sein? In vielen Situationen können Sie die Reaktion ihrer Klienten nicht vorhersagen. Jeder reagiert anders. Oder Sie können nicht vorhersagen, welche Probleme noch auftauchen. Wenn etwas nicht klappt, dann probieren Sie etwas anderes aus. Dafür ist Methodenvielfalt so wichtig.

Ich darf nie von mir selbst erzählen. Das wird in vielen Therapieformen so gelehrt. Warum denn eigentlich nicht? Die Idee dahinter ist, dass die Person des Therapeuten „außen vor" bleiben sollte. Aber wie kann sie das? Der Therapeut ist Teil des therapeutischen Prozesses und seine Persönlichkeit, seine Fähigkeiten spielen doch automatisch eine Rolle.

Wichtig ist allerdings, dass der Therapeut seine eigenen Probleme gelöst hat und daran arbeitet, neu auftauchende kontinuierlich zu lösen. Sie dürfen NIE den Klienten dazu benutzen, Ihre eigenen Probleme zu lösen. Natürlich dürfen Sie an ihm lernen. Aber: Inhalt des Therapieprozesses sind die Probleme des Klienten, nicht Ihre eigenen. Wenn (Betonung auf WENN) Sie Ihre Konflikte gelöst haben und mit sich selbst im Reinen sind, warum sollten Sie nicht von sich selbst erzählen? Viele Klienten fragen danach. Warum sollten Sie nicht antworten? Es macht Sie menschlich. Sie sind nicht der Superhero, sondern ein Mensch, der auch Probleme hatte und sie hat lösen können. Sie wollen ein Superhero sein? Dann haben Sie noch wesentliche Konflikte mit sich selbst nicht gelöst. Tun Sie sich selbst und Ihren Klienten den Gefallen und lösen Sie die Probleme, bevor Sie auf ihre Klienten losgehen.

Ich darf selbst keine Probleme haben. Hier kommt ein Falsch, aber ... Sie dürfen sie haben, Sie müssen aber damit umgehen können. Psychotherapeuten haben den Ruf, dass sie selbst Probleme haben, sonst hätten sie einen anderen Job. Oft stimmt das auch, eigene Probleme sind ein wichtiger Motivator, um anderen helfen zu wollen. Das ist auch legitim. Wichtig ist nur, dass Sie wesentliche Probleme lösen, bevor Sie sich um andere kümmern. Solange Sie zu sehr mit sich selbst beschäftigt sind, werden Sie weder einem anderen helfen können noch authentisch und überzeugend dahingehend wirken, dass die Probleme überwindbar sind. Die klassische Psychoanalyse verlangte 200 Stunden sogenannte Lehranalyse, in der man sich selbst einer Analyse unterzog, bevor man selbst therapieren durfte. Andere Therapieformen, besonders die hier vorgestellte, können dies drastisch reduzieren. Seriöse Therapieausbildungen verlangen, dass Sie sich auch als Klient zur Verfügung stellen. Nutzen Sie dies, sich helfen zu lassen. Seien Sie bereit, an sich selbst zu arbeiten.

Wenn Sie diese Bereitschaft nicht haben, bitte überlegen Sie sich im Interesse Ihrer Klienten einen anderen Beruf.

Sie müssen deshalb kein problemfreies Leben führen. Das gibt es gar nicht. Sie müssen nur mit schwerwiegenden Problemen (starke Depression, akute Selbstmordgefährdung, Süchte inklusive sozial akzeptierte Süchte wie Alkohol und Tabak usw.) umgehen können. Auch uns, den Autoren dieses Buches – sind einige dieser Probleme nicht fremd. Nach dem wir aus dem Tal heraus waren, konnten wir anderen helfen. Vielleicht – wahrscheinlich! – sogar besser helfen als jemand, der solche Probleme nie selbst erlebt hat. Und das Feedback, das wir dann von den Klienten bekamen, hat uns in unserem Weg gestärkt. Trotzdem hatten und haben wir immer wieder Wehwehchen und Probleme. Und die werden wir immer haben. Schon Konfuzius sagte „Ein Arzt, der selber nie krank war, ist kein guter Arzt". Wir sind aber bereit (und dazu müssen Sie, als Therapeuten, auch bereit sein), daran immer wieder mit Kollegen zu arbeiten, um uns selbst „aufzufrischen". Das ist nicht finanzierbar? Auch das ist ein Irrtum. Sie können einen Kollegen als „Sparringspartner" suchen und helfen sich gegenseitig. Quid pro Quo. Sie können nicht gleichzeitig Therapeut und Klient sein? Auch das ist ein Irrtum. Sie als zwei Profis können das machen. Das müssen Sie auch in der Ausbildung. Was gefährlich ist, ist beispielsweise, wenn Sie einen Klienten therapieren, der Ihnen selbst im Drogenentzug begegnet ist – der Ihnen aber die Hilfe nicht zurückgeben kann, weil er selbst nicht so weit ist. Von dem sollten sie sich nicht therapieren lassen. Also – entweder Sie begegnen sich auf Augenhöhe (was Problemlage und Hilfestellung betrifft) – oder die Rolle ist, Sie sind Therapeut und der andere ist Klient (aber dann kennt er nur die Schwächen, mit denen Sie umgehen können) – oder Sie sind nur Klient. Auch wenn Sie schon Therapeut sind, dürfen Sie sich nicht schämen, sich in die Rolle des Klienten zu begeben.

Der Klient muss mich ansehen. Nein. Ganz im Gegenteil. In vielen Situationen ist es sogar hilfreich, wenn der Klient die Augen schließt – sofern er dazu bereit ist. Augenschließen richtet automatisch die

Aufmerksamkeit nach innen, auf die eigenen internen Repräsentationen, was sehr hilfreich sein kann. Darauf wird noch im Einzelnen eingegangen.

Als Zusammenfassung – Die Kriterien eines guten Therapeuten/Coaches

- Er hat Probleme gehabt und hat sie gelöst.
- Er ist bereit an allen weiteren eigenen Problemen zu arbeiten.
- Er hat eine seriöse Ausbildung.
- Er bildet sich kontinuierlich weiter.
- Er kann lachen.
- Er hat keine Angst nicht perfekt zu sein und Ehrenrunden zu drehen.
- Er definiert das Ziel der Therapie bzw. hilft dem Klienten, es zu definieren.
- Er akzeptiert ein Nein, wenn jemand sich nicht helfen lassen will.
- Bei Klienten, die sich helfen lassen wollen, bietet er Erfolge.
- Er ist selbstreflektiert.

Der ideale Klient und wie man schwierige Klienten schnell erkennt

☺

Wie viele Therapeuten braucht man, um eine Glühbirne zu wechseln? Einen –aber die Glühbirne muss es auch wollen!

☺

Was sind auf Seiten des Klienten die Bedingungen für eine erfolgreiche Therapie/ein erfolgreiches Coaching?

Kein Sekundärgewinn durch die Krankheit. Sekundärgewinn wurde bereits angesprochen Hierbei zieht der Kranke meist unbewusst, manchmal auch bewusst, Vorteile aus seinem Krankheitsstatus. Diese Vorteile können sein, dass man umsorgt wird, gehätschelt wird, bemitleidet wird, die Aufmerksamkeit bekommt, die man gesund nie bekommen hat. Eine sehr häufige Kategorie von Sekundärgewinnen ist, dass dem Kranken unangenehme Aufgaben abgenommen werden. Seine Frau nimmt ihm das Rasenmähen ab, weil er eine Pollenallergie hat. Bewusst oder eben oft unbewusst ist ihm aber klar, falls die Pollenallergie verschwindet, muss wieder er den Rasen mähen. Was er aber hasst.

Wenn die Kranke Kopfschmerzen hat, nimmt ihr der Ehemann den Haushalt und das Kinderhüten ab – wenn sie gesund ist, hat sie keine freie Minute. Achtung: Das heißt nicht, dass die Kranke simuliert oder ein Hypochonder ist. Das bedeutet lediglich, dass durch die Krankheit Vorteile entstehen, die dem Klienten oftmals gar nicht bewusst sind, die er aber nicht aufgeben möchte.

Hier gilt es, Lösungsansätze aufzuzeigen, die es dem Klienten ermöglichen, die Vorteile auch ohne die Krankheit zu erhalten. Beispiel: Bei Menschen, die sich ohne Krankheit von ihrer Familie bzw. ihrem sozialen Umfeld so ausnutzen lassen, dass sie sich fühlen als würden sie sich selbst aufgeben, steckt häufig ein Selbstwertkonflikt dahinter – sie fühlen sich wertlos und nur zu etwas nutze, wenn sie sich um andere kümmern. Bringt man ihnen mehr Selbstwertgefühl bei, sind sie in der Lage, auch sonst mehr für sich einzustehen und eine gerechtere Aufgabenverteilung einzufordern. Dann „brauchen" sie die Krankheit nicht mehr. Zur Auflösung von solchen limitierenden Konflikten sind emotion*Sync*®-Methoden sehr gut geeignet, wie in den nächsten Kapiteln erläutert werden wird.

- Er ist neugierig auf die Erfahrung.
- Er ist bereit mitzumachen.
- Er will die Auflösung des Problems.

Bei den letzten drei Punkten kann und muss man als Therapeut pädagogisch und strategisch mitarbeiten. Wichtig dabei ist:

- **Die Methoden gut erklären.** Hierbei muss man sich auf den Klienten einstellen. Beispiele: Einem Techniker oder Manager erklärt der

Therapeut die Techniken am besten rational. Bei einem Esoteriker geht man auf entsprechende Schlüsselwörter und Denkweisen ein.

- **Die Vorteile einer Lösung des Problems müssen aufgezeigt werden.** Die Auflösung muss wirklich begriffen werden als das, was das Wort Lösung in der Psychologie bedeutet: die Überführung eines unbefriedigenden Zustands in einen besseren.

- **Vermeidliche Nachteile müssen bearbeitet werden.** Hierzu gehört wie beim Sekundärgewinn, dass Vorteile, die durch die Krankheit entstehen, durch die Auflösung nicht aufgegeben werden müssen.

- **Ganz wichtig sind Referenzgeschichten.** Das sind Erzählungen von anderen Klienten mit dem gleichen oder einem ähnlichen Problem und dessen erfolgreicher Auflösung. Dadurch entsteht ein „Ich auch"-Effekt – man möchte dieselbe Erleichterung erleben. Außerdem zeigt es dem Klienten, dass der Therapeut das Problem kennt und damit umgehen kann. Die Geschichte kann auch den Therapeuten selbst betreffen! Oft wird davon abgeraten, aber warum? Solange der Therapeut das Problem gelöst hat, kann er auch davon erzählen. Es macht ihn menschlich und schafft Verbundenheit („Ach, er weiß, wie ich mich fühle!").

Woran merkt man als Therapeut, dass der Klient nicht wirklich bereit ist mitzumachen? Es gibt ein verräterisches Wort – „ABER". Wenn der Klient dauernd antwortet, „aber ..." oder „Ja, aber ...", ist etwas faul. Wenn der Therapeut vorschlägt, an einem Thema zu arbeiten und die Antwort des Klienten ist „Aber da war noch was, was auch noch wichtig ist", will er nicht wirklich am Thema arbeiten. Natürlich mag es noch ein weiteres wichtiges Thema geben, aber es spricht nichts dagegen, das aktuelle Thema zu bearbeiten.

Das „Aber" gehört zu dem Programm der Ausbüchs- und Ablenkungsmanöver. Im Englischen gibt es dazu den schönen Begriff des „red herring" (manchmal auch im Deutschen in der Lehnübersetzung „roter Hering" anzutreffen) in Anlehnung daran, dass früher geräucherte Heringe verwendet wurden, um Spürhunde von einer Fährte abzulenken.

Diese Manöver sind letztlich Schutzprogramme, weil der Klient sich weigert bzw. nicht in der Lage ist, sich dem Konflikt zu stellen. Er hat Angst vor dem Prozess der Aufarbeitung. Besonders verbreitet ist dieses Muster bei Missbrauchsopfern, die letztlich Angst haben, dass ihr Problem sich wieder verschlimmert, dass verdrängte Dinge wieder hervortreten. Es ist schon richtig, dass es bei der Aufarbeitung erst mal wieder schlimmer wird – die sogenannte Erstverschlimmerung –, aber schlimmer als das Originalerlebnis wird es nicht. Und das Originalerlebnis hat der Klient ja auch überstanden. Und nach der Aufarbeitung wird es besser als der Jetzt-Zustand. Dieses Vertrauen muss der Therapeut dem Klienten geben.

Als Coach bemerkt man bei Ausbüchsmanövern des Klienten ein Sekundärgefühl – man fühlt sich veräppelt. Sätze des Klienten, die eigentlich emotional sein sollten („Ich liebe meine Frau"), wirken nicht authentisch.

Der Begriff „Sekundärgefühl" entstammt der Transaktionsanalyse und der systemischen Arbeit. Dazu später mehr.

Ein weiteres Phänomen ist das „Sonnenscheinkinder-Syndrom". Die Klientin kommt an und erzählt von einem Ohr bis zum anderen grinsend „Mein Sohn hatte gestern einen Unfall. Alles war voll Blut. Die ganze Hand ist zerquetscht. Er muss mindestens noch fünfmal operiert werden." Hier sind ausgedrückte Emotionen und Inhalt der Botschaft völlig konträr. Auch das dient zum Schutz.

Körpersprache gibt auch Hinweise. Zum Beispiel: der Klient gibt sich superlässig. Er sitzt extrem asymmetrisch. Das sind weitere Indizien, dass etwas im Argen ist.

Viele Klienten wollen den Konflikt nicht wirklich loswerden. Warum? Weil das ihr ganzes Leben ändern würde. Und große Änderungen machen Angst. Die Aufgabe des Therapeuten ist es, dem Klienten diese Angst zu nehmen und ihm die Vorteile der Änderungen aufzuzeigen.

Aber eines muss auch klar sein: Es gibt Menschen, die wollen einfach nicht. Und dann muss man als Therapeut in der Lage sein, sie in Frieden ziehen zu lassen. Oder sie kommen doch wieder. Einfach um zu reden. Ein Psychiater hatte eine Klientin, eine alte Dame, die einmal pro Woche zu ihm kam, um von Börseninvestitionen und Bankanlagen in beachtlicher Höhe bis zum Geburtstagsgeschenk des Enkels alles mit ihm zu bereden. Sie wollte gar keine Antworten von ihm, sie brauchte nur jemanden, mit dem sie über alles reden konnte und zog jedes Mal befriedigt wieder von dannen. Jetzt kann man fragen, ob das eine ärztliche Dienstleistung ist. Seine Antwort darauf war: „In früheren Zeiten wäre sie vermutlich zum Pfarrer gegangen. Versteht man die Aufgabe des Arztes, sich darum zu kümmern, dass der Mensch sich rundum wohlfühlt und wenn es „nur" darum geht, sich mal auszusprechen, dann kann man das schon als ärztlichen Dienst verstehen. Außerdem – wenn ich ihr das verweigern würde, bin ich mir sicher, dass sie kurzum mit einer Krankheit wieder bei mir wäre."

Es gibt verschiedene Gründe zum Therapeuten zu gehen.

Schwaben beim Psychotherapeuten:

Ein Paar aus Stuttgart sitzt beim Therapeuten. Der fragt: „Was kann ich für sie tun?" Der Mann antwortet: „Würden Sie uns bitte beim Sex zuschaue?" Der Therapeut ist erstaunt über dieses Anliegen, stimmt aber zu. Als das Paar fertig ist, sagt der Therapeut: „Es tut mir leid, aber ich finde nichts Außergewöhnliches an Ihrer Art, Sex zu haben" und verlangt 80 Euro für die Sitzung. Im folgenden Quartal wiederholt sich das Ganze: Zwei Mal in der Woche kommt das Paar, hat Sex, bezahlt die 80 Euro und geht wieder. Nach einigen Wochen fragt der Therapeut: „Entschuldigen Sie die Frage, aber was genau versuchen Sie eigentlich herauszufinden?"

Sagt der Mann: „Nix! Aber sie isch verheiratet, zu ihr könnet mer net, i bin au verheiratet, zu mir könnet mer also au it. Das Holiday Inn verlangt 150 Euro für oi Zimmer, das Graf Zeppelin 360 Euro.

Wenn mir zu Ihne kommet, dann henn mir:

a) a guat's Alibi

b) 's koscht uns nur 80 Euro und

c) die Krankekass erstattet uns 67,50 Euro zurück."

☺

Tipps im Umgang mit schwierigen Klienten

Ein Sekundärgewinn ist kein Gewinn

Kommunizieren Sie dem Klienten, dass ein Sekundärgewinn KEIN Gewinn ist. Ein Sekundärgewinn ist ein Ersatz für etwas, was man wirklich will, – aber nie erreicht. Eben eine Ersatzbefriedigung.

Solange der Klient nicht sehen will, worin der Sekundärgewinn ihn wirklich limitiert– und er nicht bereit ist, sich davon zu trennen, wird er es nicht schaffen, das limitierende Muster aufzulösen. Zum Beispiel: Kopfschmerzen haben, um Zuneigung zu bekommen. (Achtung! Die Kopfschmerzen sind nicht simuliert, sondern psychosomatisch wirklich existent!).

Neben den Nachteilen der Krankheit entstehen durch Sekundärgewinn meistens Folgeprobleme – mit dem Lebensgefährten/ Ehepartner, mit der Familie, am Arbeitsplatz, im gesamten sozialen Umfeld. Der Sekundärgewinn ist einerseits erforderlich, weil irgendwo dort schon Probleme vergraben liegen – umgekehrt verschärft er aber die Probleme weiter, weil die wenigsten den Kranken verstehen, irgendwann genervt sind und sich überfordert fühlen. Nicht wenige Ehen sind durch Krankheiten mit Sekundärgewinn geschieden worden und Lebensgemeinschaften auseinandergebrochen, weil der Partner die Situation des Umgangs mit dem Kranken nicht mehr ertragen konnte. Ebenso ist dies oft ein Kündigungsgrund.

Diese Problematik kann man einem Klienten mit Sekundärgewinn erklären – und ihm so die Vorteile des Lösens des eigentlichen Problems offenlegen.

Kommen durch die Therapie neue Probleme ans Licht?

Viele Menschen haben Angst, dass durch die Therapie erfolgreich „gedeckelte" Probleme nach oben ins Bewusstsein gespült werden und es ihnen hinterher schlechter als vorher geht. Das ist ein – leider weitverbreiteter – Irrtum. Es gibt kein erfolgreiches Deckeln. Es gibt Verdrängen. Dadurch können im Extremfall Probleme, Erinnerungen oder Traumata tatsächlich vom Bewussten bis komplett ins Unbewusste rutschen (es gibt auch Zwischenstufen, wo sie meist ignoriert werden, aber ab und zu an die Oberfläche kommen). Dadurch sind sie jedoch nicht weg. Erinnern Sie sich an die Ebenen des menschlichen Seins. Bei vermeintlich erfolgreichem Verdrängen gehen die Probleme auf Ebene 4 (der automatischen, unbewussten Ebene). Alle Ebenen wirken jedoch nach oben und unten und sind miteinander verknüpft. Das Problem ist also nicht weg, sondern höchst gegenwärtig. Und es wirkt sich negativ aus. Verdrängen bringt also gar nichts – es macht es höchstens schlimmer, weil diese Ebene schlecht kontrolliert werden kann – sie ist ja unbewusst. Die einzige Lösung besteht in einer Lösung des Problems – auch wenn das bedeutet, dass das Problem schmerzhaft ins Bewusstsein geholt werden muss. Dieser Schmerz ist nichts im Vergleich zu dem, was das Problem anrichtet, wenn es im Unbewussten herumgeistert und von dort aus Schaden anrichtet.

Ich halte das nicht aus!

Klienten, insbesondere traumatisierte Klienten, leiden unter der Furcht, sie könnten es nicht aushalten, sich dem Problem zu stellen. „Ich halte es nicht aus, das noch mal durchzumachen!" ist geradezu ein Standardsatz solcher Klienten.

Hier sollten Sie auf die denkende, die rationale Ebene einwirken. Nehmen wir eine Klientin, die vergewaltigt worden ist. Sagen Sie ihr: „Zugegeben, das war schrecklich für Sie. Aber Sie haben es doch überlebt, oder?" Da muss die Klientin bejahen. „Das zweite Mal – nur in der Phantasie, nicht in der Realität – kann doch nicht schlimmer werden." (Achtung, nicht zu zaghaft als Frage, sondern mehr als Statement, sonst denkt die Klientin sich noch Konstrukte aus bzw. kommt ins Grübeln, ob es nicht doch irgendwie schlimmer sein könnte). Wiederum „ja". „Also, wenn Sie das erste Reale überstanden haben, werden Sie das Zweite, nicht so Schlimme doch auch überstehen." Wiederum „ja". „Und wenn es Ihnen hinterher dann besser geht, dann lohnt es sich doch, das Thema noch mal anzugehen." Dieses Vorgehen zielt darauf ab, der Klientin den Wind aus den Segeln zu nehmen, denn auf der denkenden Ebene (Ebene 3) gibt es dagegen nichts einzuwenden.

Hinweis: Hier ist es von Vorteil, mit Statements oder auch bestimmten (nicht zu zögerlichen) Fragen zu arbeiten, bei denen dem Klienten fast nichts anderes übrigbleibt, als mit „Ja" zu antworten. Je mehr einzelne „Ja" 's Sie sammeln desto größer die Wahrscheinlichkeit, dass die endgültige, abschließende Antwort „Ja" lautet.

Zeigen Sie unbedingt die Vorteile auf, die eine erneute Konfrontation mit dem Trauma bietet. Die Furcht davor, dass es wieder passiert, dass man es noch mal durchmacht, ist ein großer Teil des Schreckens, des Traumas und des Problems. Ist dieser Schrecken genommen, kann das Problem gelöst werden und der Klient zu viel mehr Lebensfreude gelangen.

Mancher Klient muss noch ein Weilchen leiden

Das mag jetzt zynisch klingen und wir hören einige Kollegen förmlich aufheulen. Aber machen Sie sich eines klar: Wenn Sie alles pädagogisch wertvoll unter Wertschätzung der Probleme des Klienten erklärt haben – und er dennoch nicht zu einer Therapie bereit ist, dann gibt es nichts, was Sie zu diesem Zeitpunkt noch tun können. Manchmal ist der

Leidensdruck einfach noch nicht hoch genug. Dann muss er eben noch etwas leiden, bevor der Schwellenwert überschritten ist und er bereit ist zu einer Therapie.

Was Sie sich selbst dann nicht antun sollten: Mitleid. Denn dann leiden Sie buchstäblich mit. Mitgefühl ja. Mitleid nein. Ein gutes Motto ist: „Ich mute Dir Dein Schicksal zu – in Liebe." Und wenn er dann bereit ist, können Sie ihn ja mit „therapeutischer Liebe" wieder aufnehmen.

Teil 4 – Finde das Problem

Dieser Teil ist primär für Anfänger und Studenten gedacht – aber auch erfahrene Coaches können hier ihr Wissen auffrischen und Neues entdecken.

Wie bekommen Sie heraus, wo das Problem ist?

☺

Zwei Therapeuten gehen durch einen Park und sehen einen Mann im See, der immer wieder untergeht. Schließlich schreit der Mann: „Hilfe, ich ertrinke!" Sagt der eine Therapeut zum anderen: „Wurde auch Zeit, dass er erkennt, was sein Problem ist!"

☺

Viele Klienten wissen gar nicht, was genau ihr Problem ist. Sie haben einen neuronalen Link in ihrem Kopf, aber merken nur die Symptome. Sie fühlen sich schlecht, sind deprimiert, haben eine medizinische Diagnose bekommen – aber was sind eigentlich die Denkmuster, die dahinterstecken (siehe dazu Teil 5)? Die müssen Sie herausbekommen. Und dazu müssen Sie fragen, fragen, fragen. Sie können auch mal ein Postulat in den Raum stellen. Z. B. „Sie denken, dass Sie ein Versager sind." Sie müssen auf Worte achten, die auf Muster hindeuten. Beispiele für solche Muster sind „alle" (Alle Menschen sind schlecht), „immer" (Immer räumt meine Tochter ihr Zimmer nicht auf), „dauernd", „ewig" (Bis ich eine E-Mail-Antwort bekomme, dauert das immer ewig), „nie" („Nie bekomme ich etwas geschenkt"), „niemand" („Niemand mag mich"), „man" („Das macht man ja nicht") oder bestimmte Gruppen von Menschen, Tieren oder Dingen („Deutsche mögen kein Risiko", „Hunde sind bösartig", „Gebäude stürzen ein").

Gesprächsmuster

Und dann müssen Sie als Nächstes auch dies hinterfragen. Zum Beispiel kann es tatsächlich sein, dass die Tochter das Zimmer nicht aufräumt. Aber was bedeutet nicht aufgeräumt? Dass ein Pullover auf dem Stuhl liegt und nicht im Wäschekorb – oder dass der ganze Kleiderschrank ausgeleert ist? Wann ist eine Antwort ewig überfällig – nach fünf Minuten oder zwei Jahren? Die Grundregel ist, nichts als gegeben hinzunehmen – die Definitionen Ihrer Klienten sind vermutlich ganz anders als die Ihren.

Das hat viel mit Kommunikation zu tun. Ganz wichtig für jeden guten Therapeuten: Lernen Sie zu kommunizieren. Friedemann Schulz von Thun, ein bekannter Psychologe und Kommunikationswissenschaftler, gründete ein ganzes Institut für Kommunikation. Kommunikation ist eine der Hauptquellen, vielleicht sogar DIE Hauptquelle für Missverständnisse und sogar Feindschaften zwischen Menschen. Häufig meint nämlich ein Mensch etwas ganz anderes, als sein Kommunikationspartner versteht. Das ist eine Herausforderung für Therapeuten, die auch ihren Klienten falsch verstehen können. Sie müssen daher sehr selbstkritisch in Ihrer Interpretation der Worte des Klienten sein und versuchen zu ergründen, was ihr Klient wirklich meint.

Dazu ist es wichtig, auf bestimmte Muster zu achten. Ein paar Beispiele:

- „Das muss man tun". Hier stecken viele Muster drin. Erstens ist unter Umständen noch nicht mal klar definiert, was „das" ist. Zweitens – wer sagt das überhaupt? Ist das ein Gesetz aus dem Bundesgesetzbuch, hat das die Mutter gesagt und es ist als Zwang übernommen worden? Drittens – wer ist man? Alle Deutschen, alle Menschen auf der Welt, alle Frauen ...?

- „Meine Frau ist begeistert". Worüber ist sie begeistert? Woher weiß er überhaupt, was sie fühlt? Genauso bei unvollständig beschriebenen Verben: „Ich leide ja so sehr". Worunter denn? Wie zeigt es sich? (Schmerzen, Schlaflosigkeit, Depressionen)?

- „Ich weiß sowieso, dass mir eine Behandlung nichts nützt". Mit solcher Skepsis umgehen zu können, ist wichtig für einen Therapeuten, insbesondere wenn der Klient von anderen Personen (Ehepartner, Chef etc.) geschickt wurde und nicht aus Eigenmotivation gekommen ist. Woher weiß der Klient das? Kann er hellsehen oder verfügt er über eine Kristallkugel? Hat er schon andere Therapien oder Therapeuten ausprobiert? Welche Therapie kann ihm nicht helfen? Gar keine oder nur eine Bestimmte? Wenn gar keine, woher weiß er, dass alle gleich erfolglos sind? Kann ja tatsächlich sein, dass eine Psychoanalyse nicht hilft, aber das heißt ja nicht, dass emotion*Sync*® nichts hilft. Was würde denn passieren, wenn die Therapie nichts hilft? Würde es ihm hinterher schlechter gehen?

Sie sehen also, wie wichtig es ist, bestimmte Sätze Wort für Wort zu zerlegen und jedes Wort zu hinterfragen. Das kann man auch mal auf einer Cocktailparty oder im Familienkreis üben. Aber Achtung – ohne therapeutischen Auftrag nicht übertreiben. Sonst laufen Sie Gefahr, irgendwann keine Freunde mehr zu haben, weil diese nur noch entnervt sind. Und wenn ihre Tochter in den Arm genommen werden will, weil sie sich schlecht fühlt, will sie nicht auseinanderdividiert haben, warum sie sich schlecht fühlt und was genau sich eigentlich schlecht anfühlt usw.

Emotionen und Sprache

Eine sehr sorgfältige Analyse der Sprache des Klienten ist auch wichtig, um seinen Umgang mit Gefühlen einschätzen zu können, zu erkennen, ob er sich deren bewusst ist oder ob er sie verdrängt. Viele Menschen antworten eher mit Beschreibungen und Erklärungen, statt wirklich mal zu sagen, wie sie sich fühlen. Zum Beispiel: „Was fühlst du, wenn dein Lebenspartner dominant mit dir umgeht?" Antworten wie „Ich fühle, dass ich mich nicht wehren kann" beschreiben keine Gefühle, sondern sind nur Feststellungen. Sie deuten darauf hin, dass die Person die Emotionen vermutlich eher unterdrückt. Antworten wie „ich fühle mich hilflos" oder „ich werde traurig" geben Emotionen preis. „Ich fühle mich schlecht" sind zu unpräzise. Sie sollten nachhaken, ob es Wut, Angst, Verzweiflung, ein schlechtes Gewissen oder ganz etwas anderes ist.

Teil 5 – Elektrizität und der Mensch.

Die hier vorgestellten Konzepte sind die Kernessenz von emotionSync® und für das Verständnis der Methoden von Bedeutung. Unbedingt lesenswert! Diese Konzepte muss man als Therapeut jederzeit den Klienten erläutern können.

Der Mensch – ein elektrisches, energetisches Wesen

Selbst brillante Physiker fordert es auf das Äußerste heraus zu verstehen, was Energie wirklich ist. Physiker können Energie messen – aber was ist sie? Albert Einstein formulierte es so: Alle Materie ist Energie. Eins ist klar: Ohne Energie bewegt sich nichts. Was bewegt uns Menschen (und auch andere Tiere)?

Dass diese Frage nicht trivial ist, sieht man daran, dass Forscher sich mit Energie und was sie für Heilung bedeutet beschäftigen. Ein paar Zitate:

„Alle lebenden Organismen strahlen ein Energiefeld aus."
Semyon D. Kirlian

„Die Zukunft der Medizin wird daraus basiert sein, die Energie im Körper zu kontrollieren".
Professor William Tiller, Stanford University"

„Menschen zu behandeln ohne das Konzept von Energie, bedeutet tote Materie zu behandeln."
Albert Szent-Gyorgyi, Nobelpreis-Gewinner

Wir Menschen sind vom Grund her elektrische Wesen. Unsere Alltagssprache spiegelt das auch wider. Wir sprechen von „unter Strom stehen", „elektrifiziert sein", „unter Spannung stehen" und vieles mehr. Unser Körper wird auf noch viel mehr Ebenen betrachtet – z. B. der chemischen. Natürlich spielen beim Körper auch viele chemische Stoffe und Prozesse eine Rolle und man kann diese naturwissenschaftlich betrachten. Aber was passiert bei chemischen Reaktionen eigentlich genau? Wie man sich aus dem Schulunterricht erinnern mag (all die liebevoll gekritzelten Gleichungen, bei denen „ –" und „+" ausgetauscht und akribisch ausgerechnet werden!) – es werden elektrische Ladungen ausgetauscht. Chemielehrer, die etwas offener sind, sprechen manchmal auch von einer „Hochzeit von Elektronen". Chemie ist nichts anderes als der elektrische Ladungsausgleich auf der äußeren Atomhülle. Das heißt, dass Chemie nichts anderes ist als eine Unterdisziplin der Elektrizität.

Man kann den Körper auch auf z. B. der rein mechanischen Ebene betrachten (Ebene 1!). Aber mechanischen Bewegungen liegen Muskelaktivitäten zugrunde und Muskeln werden durch elektrische Impulse gesteuert.

Letztlich ist unser Körper aus Zellen aufgebaut. Jede Zelle ist eine kleine Batterie. So gesehen ist unser Körper ein Gesamtkunstwerk aus ganz vielen kleinen Batterien. Zellen sind in der Lage Elektrizität zu erzeugen. Verliert die Zelle diese Fähigkeit, stirbt sie. Leben ist die Fähigkeit, selbst Elektrizität zu produzieren. Wir nehmen es zwar nicht wahr – aber wir verbreiten ein elektrisches/elektromagnetisches Feld, was physikalisch messbar ist. Die Esoteriker nennen es die Aura. Andere Tiere können das präzise wahrnehmen.

Dazu gehören Maden. Bei einigen Urvölkern in anderen Teilen der Welt war Madentherapie bei Wunden bekannt. Später verbreitete sich die Methode auch in westlichen Teilen der Welt und ihre Wirkung wurde wissenschaftlich anerkannt. (Achtung! Bitte nicht in den Garten gehen und sammeln und graben – es handelt sich natürlich um sterile, speziell gezüchtete Maden). Sie mag allerdings nicht gerade die appetitlichste

Behandlung sein. Bei korrekter Anwendung verspeisen die Maden nur nekrotisches Gewebe und Bakterien, sind also sozusagen die Straßenreiniger der Wundversorgung. Die Methode basiert darauf, dass die Maden wahrnehmen, ob eine Zelle Elektrizität erzeugt oder nicht – und Zellen ohne Elektrizität schmecken besser als die, bei denen man „eine gewischt kriegt". Parallel zu einer der berühmtesten Arbeiten der modernen Philosophie- und Bewusstseinsforschung „What is it like to be a bat?" mag man sich an dieser Stelle fragen, wie sich wohl eine Made fühlen mag.

Exkurs (Tierschützer möchten ihn angucken, bevor sie selbst die Madentherapie ausprobieren!)

Blutegel kommen vielen Menschen widerlich vor. Tatsächlich sind sie aber eines der ältesten Therapiemittel. Überlieferungen zufolge wurden sie seit mindestens 3300 v. Chr. In Mesopotamien eingesetzt. Die Therapieform ähnelt der der Madentherapie, da bei beiden von dem Therapietier menschliches Material aufgenommen wird. Wer sagt – ach, ein Blutegel ist egal – ok, das ist seine Sichtweise. Aber viele spirituelle Wesen, die alle sieben Ebenen des Seins verstehen, werden durchaus darüber nachdenken. Dies bedeutet aber nicht, dass man sich gegen eine Blutegeltherapie entscheiden muss. Entscheidungen sind immer sehr individuell und wichtig ist nur, dass man sich als Patient bewusst danach entscheidet, was man selber möchte und was nicht, dass man die Entscheidung nicht immer anderen überlässt. Insofern ist dieses Buch auch ein Aufruf an die Patienten, die dies lesen, dass jeder nicht einfach alles dem Behandler überlassen sollte, sondern sich über die eigenen Wünsche im Klaren sein sollte.

Der Blutegel braucht sehr sauberes Wasser und ist in den meisten Ländern Europas vom Aussterben bedroht, da er insbesondere im 19. Jahrhundert sehr erfolgreich zur Therapie eingesetzt wurde. Die Gewässerverschmutzung mag ein Übriges tun. Daher dürfen nur noch Blutegel aus speziellen Farmen oder der Türkei verwendet werden.

Blutegel sind sensibler als man so denkt. Eine Reihe von Dingen mögen sie nicht, z. B. starke Raucher, auch Reste von Duschgels und Salben oder vorangegangene Injektionen von Cortison. Vor allem: Sie brauchen nach der Reise zu ihrer Bestimmung eine Erholungsphase von etwa 24 Stunden.

Das größte Problem, das vielen Anwendern Kopfschmerzen bereitet ist – was passiert hinterher mit ihnen? Früher wurden sie einfach irgendwo ausgesetzt. Das ist inzwischen strikt verboten. Dann gab es „Rentnerbecken". D. h. sie wurden zum Züchter zurückgeschickt und durften dort ihren Rentnerabend verbringen, bis sie auf natürliche Weise starben. Dabei ist zu bemerken, dass Egel eine Lebenserwartung von bis zu 20(!!!) Jahren haben. Inzwischen sind Rentnerbecken (zumindest in Deutschland) als Infektionsrisiko eingestuft und dürfen nicht mehr existieren.

Was bleibt? Sie werden in Alkohol ertränkt oder tiefgefroren. Dann sind sie infektionspräventive Abfälle und müssen entsprechend entsorgt werden.

Vielen Therapeuten bereitet dies Kopfzerbrechen. Einige Züchter bieten daher an, dass sie den Tötungsprozess übernehmen. Ob das humaner ist, bleibt zweifelhaft. Denn sie haben den Stress des Rücktransports aushalten müssen (ja, wie gesagt auch Blutegel erleben Stress!!!).

Einige Therapeuten setzen Blutegel trotz Gegenverbots aus. Sie sehen sich damit als Tierfreund. Aber leider hatte Kurt Tucholsky recht: „Gut ist das Gegenteil von gut gemeint". Erstens schaden feindliche Blutegel der schon unter Naturschutz stehenden einheimischen Population. Und zweitens sind oft die Lebensbedingungen in deutschen Gewässern gar nicht für Laboregel geeignet – und was passiert? Sie sterben. Aber wenigstens der Therapeut hat ein „gutes Gewissen".

Der Mensch – ein Auto?

Viele Menschen, insbesondere Männer, neigen zwar dazu, sich über ihr Auto zu definieren. Nein, natürlich fahren wir nicht brummend durch die Gegend.

Udo steigt aus seinem neuen Porsche. Sein bester Freund fragt, wie er zu dem Wagen gekommen sei. „Also, da stehe ich als Anhalter an der Autobahn und dann kommt diese Frau mit dem Porsche. Sie hält an, ich steige ein und am nächsten Rastplatz hält sie an und zieht ihr Höschen aus. Sie sagte: 'Du kannst jetzt von mir haben, was du willst.' Na, da habe ich natürlich den Porsche genommen."

„Klar, das Höschen hätte dir ja auch wahrscheinlich gar nicht gepasst."

☺

Ein Fiat und ein Ferrari an der Ampel. Der Ferrari zieht ab. Nach drei Kilometern kommt der Fiat an eine scharfe Kurve. Die Leitplanke ist kaputt, und der Ferrari steckt im Teich. Ruft der Fiat-Fahrer: „Na, geben Sie Ihren Pferdchen zu saufen?"

☺

Das Auto wird von Benzin getrieben. Benzin ist auf chemischer Ebene ein Kohlenstoff. Kohlenstoffe sind Kohlenwasserstoffe in flüssiger Form. Wir Menschen nehmen Kohlenstoff in Form von Kohlenhydraten zu uns. Die verbrennen sehr schnell – das ist also sozusagen unser Benzin, – deshalb helfen sie uns, wenn wir kurzfristig einen Energieschub brauchen. Fette verbrennen langsam – und wandern dann in die Depots, unsere Depots. Bei jedem sitzen sie an einer anderen Stelle.

Kohlenstoff wird verbrannt mit Sauerstoff. Im Automotor handelt es sich um eine offene Flamme, im Körper findet Kaltverbrennung ohne offene Flamme statt. Aus der „Hochzeit" von Kohlenstoff und Sauerstoff entsteht Energie.

Dies sorgt dafür, dass im Körper eine konstante Temperatur von ca. 36,5 Grad herrscht. Regelkreise sorgen dafür, dass es Notprogramme gibt, falls Abweichungen von dieser Temperatur entstehen und damit wir diese Temperatur halten. Wenn es zu kalt wird, sorgt Muskelzittern für Aufwärmung. Wenn es zu warm wird, schwitzen wir.

Zur Steuerung des Körpers wird Elektrizität benötigt. Erstes Stichwort: Wasser! Im Gegensatz zur Autobatterie können wir Menschen nicht mit destilliertem Wasser leben. Elektrisch neutral, kann keine

Elektrizität produziert werden. Trinken wir große Mengen destilliertes Wasser, sterben wir.

Elektrische Gehirnsteuerung: Salz und Wasser!

Dass der Körper ein elektrisches Wesen ist, haben wir bereits kennengelernt. Wie produziert der Körper Energie und wie fließt sie durch den Körper? Unser Körper besteht zu einem großen Anteil aus Wasser. Wie viel Prozent es sind bzw. sein sollten, hängt ein bisschen von der Studie ab (unterschiedliche Wissenschaftler sind sich nicht immer einig) und ändert sich auch mit dem Alter (Säuglinge haben einen prozentual wesentlich größeren Wasseranteil als alte Menschen). Aber auf jeden Fall ist der Anteil hoch. Wasser ist aber elektrisch zunächst nicht leitfähig. Es kann leitfähig werden, wenn ihm Salze beigefügt werden. Deshalb als Ernährungsempfehlung: Viel unraffiniertes Salz zu sich nehmen, am besten mit Wasser!

„Salz ist doch ungesund" wird hier häufig als Gegenargument verwendet. Ja, stimmt. Aber nur das sogenannte Industriesalz, Speisesalz oder Kochsalz. Das ist eigentlich kein „Salz" im ursprünglichen Sinne. Es kommt beim Raffinierungsprozess mit über 200 Chemikalien in Berührung. Hinterher sind nur noch Natrium und Chlorid erhalten und es wird gegebenenfalls mit Trennmitteln für Rieselfähigkeit mit Aluminiumoxiden versetzt. Diese gelten eher als Nervengift. Bei den Deos hat man jetzt angefangen auf das Aluminium zu verzichten. Warum noch nicht beim Salz?

Echtes Natursalz hingegen, wie es vor 100ten Millionen von Jahren entstanden ist, enthält alle notwendigen Mineralien und Spurenelemente (z. B. Kalium, Kalzium, Magnesium, Eisen, Zink, Phosphor und Selen). Es verleiht Energie – einer Studie nach bieten Natursalze eine bis zu 44% höhere Energiegewinnung, wohingegen Speisesalze einen Energieverlust (!) von –17% bewirken.

Bild: Energie und die elektrische Steuerung.

Nur mit Natursalz können Zellen, die ja kleine Batterien sind, Energie produzieren, während beim üblichen Speisesalz der Körper sogar noch Energie aufwenden muss, um es abzubauen (daher der Energieverlust).

Um elektrische Spannung aufzubauen, benötigen Zellen vor allem Natrium- und Kaliumsalze. Über die Zellmembran wird die elektrische Ladung getrennt und so die Zellspannung aufgebaut. Dies ist alles Standardwissen aus dem Schulunterricht (siehe „Intelligente Zellen" von Bruce Lipton).

Was noch spannender ist, ist die Sonderfunktion der Synapsen und der DNA dazu. Wozu haben wir einen synaptischen Spalt? Schaut man sich die Form von zwei Neuronen, zwischen denen ein solcher Spalt existiert, an, fällt auf, dass sie einem Bauteil ähneln, das nahezu in allen elektrischen Geräten eingesetzt wird: einem Kondensator. Bei einem Kondensator stehen sich zwei elektrisch leitfähige Flächen gegenüber, bei einer Synapse zwei Zellmembranen.

Bei einem Kondensator, also der Synapse, kann keine Gleichspannung lange aufrechterhalten werden. Das bedeutet, dass dadurch die elektrischen Ströme ressourcenschonend aufgebraucht werden. Gleichzeitig wirkt dieser Effekt als Filter, sodass nur die passenden Informationen durchkommen können. Ein Kondensator ist auch ein Energie- und Informationsspeicher! Genau wie ein USB-Stick. Auf gleiche Weise werden im Gehirn auch Traumatisierungen gespeichert. Das Wissen um diesen Effekt nutzen wir bei emotion*Sync*® zur Löschung der negativen elektrischen Energien, die die Probleme z. B. als Angst festhalten.

Wer sich mit Elektrizität auskennt, weiß, dass jetzt nur noch ein Bauteil fehlt, um eine resonanzfähige elektrische Schaltung herzustellen: eine Spule. Ein Bestandteil jeder Körperzelle hat tatsächlich ein spulenförmiges Aussehen: die DNS. Bruce Lipton betrachtet sie als Antenne.

Betrachtet man die Elektrizität im Körper auf dieser Ebene, eröffnen sich Möglichkeiten zur Interaktion innerhalb von und zwischen Zellverbänden.

An dieser Stelle soll auf einen Mann verwiesen werden, der bahnbrechendes im Bereich der Elektrizität geleistet hat: Nikola Tesla. Sein Spitzname: „Magier der Elektrizität". Er setzte auf Wechselstrom zur Elektrifizierung der Welt, lange bevor der Rest der Fachwelt daran glauben konnte. Sein Widersacher Thomas Edison vertrat die Auffassung, Wechselstrom sei zu gefährlich für die industrielle Nutzung und grillte in Shows viele Tiere, um auf die Gefahr von Wechselstrom hinzuweisen. Er arbeitete auch an der Erfindung des elektrischen Stuhls mit.

Tesla bewirkte eine Menge Gutes. Viele unserer elektrischen Geräte basieren auf seinen Arbeiten. Er soll die Röntgenstrahlung vor Röntgen entdeckt haben und in seinem Labor Neonleuchten verwendet haben, lange bevor die Industrie sie nutzte. Eine besondere Leidenschaft von ihm war die drahtlose Energieübertragung. Einen Empfänger für „freie Energie", der im Weltraum vorhandenen Energie, ließ er patentieren – ob das Gerät allerdings funktionierte, ist umstritten.

Weitere Informationen über Tesla:

https://www.tesla-info.de/index.htm

https://www.geo.de/GEO/heftreihen/geokompakt/die-100-wichtigsten-erfindungen-nikola-tesla-das-betrogene-genie-60006.html

Teil 6 – Was ist eine Krankheit eigentlich?

Dieser Teil richtet sich an alle Leser. Gerade, was neuronale Links angeht, werden hier auch erfahrene Therapeuten Neues entdecken. In diesem Kapitel gehe ich darauf ein, wie wichtig es ist, die Konzepte der Krankheitsentstehung jederzeit dem Klienten erläutern zu können, um sie von der Wirksamkeit der Methode zu überzeugen.

Die Theorie des neuronalen Links

Krankheiten und Probleme sind im Gehirn als elektrische Felder bzw. neuronale Links gespeichert (das Thema Mensch und Elektrizität kommt noch). Die Verarbeitung von Informationen aus der Umwelt erfolgt über verschiedene sensorische Kanäle. Diese sensorischen Kanäle sind miteinander vernetzt. Das Gehirn arbeitet sehr synästhetisch. Kommt z. B. ein visueller Input hinein, wird automatisch geschaut, welche Information dazu in anderen Kanälen gespeichert ist. Ein sehr wichtiger Kanal wird in einigen Schulen der „kinästhetische Kanal" genannt. Dieser Kanal enthält Information zu den Emotionen.

Für die Speicherung von Emotionen ist das limbische System von Bedeutung. Es handelt sich um ein stammesgeschichtlich sehr altes Teil des Gehirns, das aber weniger ein eng umgrenztes Areal ist, sondern vielmehr ein Netzwerk von verschiedenen Teilen des Gehirns. Auch die stammesgeschichtlich jüngeren Teile des Gehirns, die kortikalen Strukturen, üben einen Einfluss auf die Verarbeitung von Emotionen aus. Zum limbischen System gibt es verschiedene Theorien.

Die derzeit vermutlich populärste Theorie stammt von Joseph LeDoux, einem amerikanischen Psychologen und Hirnforscher, der sich hauptsächlich mit der Neurophysiologie der Angst beschäftigt. Seiner Theorie nach gibt es einen Verarbeitungsweg im Gehirn, den er als „quick and dirty" (frei übersetzt „schnell und unpräzise") bezeichnet. Dieser führt direkt zur Amygdala, den Mandelkernen, wo Emotionen direkt, also oft unbewusst, bewertet werden. Diese schnelle Verarbeitung dient vermutlich der Vorbereitung von Reaktionen, die schnell erfolgen müssen (z. B. Fluchtreaktionen in Gefahrensituationen).

Zusätzlich gibt es eine kognitive Verarbeitung, die wesentlich langsamer erfolgt und bewusst ist. Hier ist der Cortex cerebri, die Großhirnrinde, beteiligt, aber auch der Hippocampus, der Erinnerungen generiert, ist von Bedeutung.

Wie wir im Folgenden sehen werden, ist oft die Information der Amygdala so stark, dass sie die bewusste Information übertönen kann. Menschen mit Spinnenphobie wissen in der Regel, dass die Spinne nicht gefährlich ist (es sei denn, es handelt sich um eine Giftspinne, die in unseren Regionen aber eher selten ist). Aber die Reaktion der Amygdala ist so stark und schnell, dass sie der bewussten Verarbeitung keine Chance lässt. Die Amygdala ist eine Art elektrischer, energetischer Schwellenwertschalter. Ist die Information unter dem Schwellenwert, ist sie uninteressant und wird in den Mülleimer geschoben. Ist der energetische

Wert über dem Schwellenwert, dann wird diese Tatsache sofort neuronal gespeichert, ob das logisch richtig ist, spielt dabei keine Rolle.

So entstehen meistens Phobien.

Als Anekdote: Charles Darwin unternahm hierzu einen Selbstversuch. Er presste sein Gesicht an den Glaskäfig einer tödlichen Puffotter. Hierbei redete er sich ein, dass ihm nichts passieren könne und er wollte nicht reagieren. Kaum griff die Schlange jedoch an, sprang er in hohem Bogen zurück. Er stellte als Ergebnis fest, dass sein Wille und sein Verstand machtlos waren gegen eine Gefahr, die er niemals direkt erfahren hatte und die nicht real war.

Es ist auch möglich, dass man ein traumatisches Erlebnis hat, an das man sich hinterher gar nicht mehr erinnert bzw. die Verbindung zu der Phobie nicht erkennt. Zudem ist vor dem 4. Lebensjahr die kognitive Verarbeitung nicht möglich, weil die Verbindungen zwischen dem Hippocampus und der Großhirnrinde noch nicht ausgeprägt sind.

Bekommt man Informationen aus einem Kanal, wird automatisch geschaut, was die anderen Kanäle dazu „sagen". Liegt eine starke Emotion darauf, reagieren wir – im Positiven wie im Negativen (Angst, Furcht, Freude, Euphorie ...).

Kommt das Bild einer Spinne durch den visuellen Kanal hinein, sagt der kinästhetische Kanal bei vielen Menschen –10 (ganz negativ). Dann wird diese Information an das Drüsensystem weitergeleitet und das schüttet erst die angsterzeugenden Hormone aus. Es ist nicht das Bild der Spinne per se.

Bei unserer Geburt sind die meisten Kanäle leer. Sie werden im Lauf des Lebens mit unseren Erfahrungen „gefüllt".

Auf viele Dinge haben wir auch keine Emotionen – sie sind einfach neutral. Das ist auch gut so. Wenn wir auf alles ständig mit starken Emotionen reagieren würden, würden wir wahnsinnig werden.

Wie entsteht ein neuronaler Link?

Es gibt zwei Möglichkeiten: langsam und schnell. Es können viele kleine einzelne Ereignisse sein, die langsam zu einem neuronalen Link führen. Darauf basiert das klassische Konditionieren nach dem russischen Physiologen Iwan Pawlow aus St. Petersburg, der die berühmten Hunde dazu brachte, bei einem Glockenton Speichelfluss zu entwickeln (siehe hierzu auch das Kapitel 8 – EMDR+). Die Prozedur dauert relativ lange.

☺

Iwan Pawlow sitzt in einer Bar und trinkt ein Bier. Das Telefon läutet. Er springt auf und schreit: „Verdammt, ich habe vergessen, die Hunde zu füttern!".

☺

Schon Hippokrates sagte: „Die Krankheiten befallen uns nicht aus heiterem Himmel, sondern entwickeln sich aus den täglichen kleinen Sünden wider die Natur. Wenn diese sich gehäuft haben, brechen sie scheinbar auf einmal hervor."

Erst nach Pawlow und weit nach Hippokrates wurde erkannt, dass solche Konditionierungen auch sehr schnell gehen können. Das ist das sogenannte one-shot-conditioning. Durch ein einziges als traumatisch erlebtes Ereignis kann ein langzeitiger neuronaler Link entstehen. Auf diesem Prinzip basieren viele Krankheiten und psychischen Probleme. Die Amygdala schaltet direkt durch.

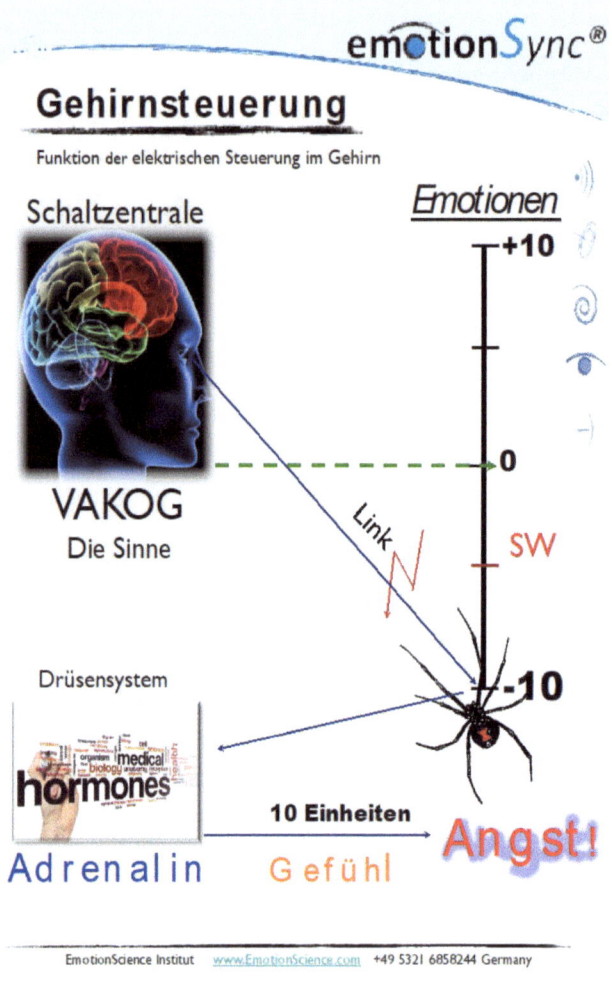

Bild: Die neuronalen Links und die Auslösung von Angst.

Auf neuronaler Ebene liegt der Theorie der neuronalen Links das Prinzip der synaptischen Plastizität zugrunde. Entdeckt wurde diesesPrinzip vom kanadischen Psychologen Donald O. Hebb. In Kurzform lässt sich das Prinzip zusammenfassen wie folgt: „Neurons that fire together wire together." Die deutsche Übersetzung klingt nicht ganz so knackig. Was das letztlich bedeutet, ist, dass sich zwischen Neuronen, die gleichzeitig erregt sind, die Synapsen verstärken (das genaue Timing ist etwas komplexer –

also „gleichzeitig" nicht allzu wörtlich verstehen, da tatsächlich die eine Zelle vor der anderen Zelle zu feuern beginnt).

Also kurz karikiert: „Spinnenneurone" werden durch die Spinne angeregt, andere Neurone reagieren auf den lauten Knall, man erschreckt sich. Daraus resultiert: „Spinne = Schreck", die Spinne ist auf dem kinästhetischen Kanal auf einmal mit Angst assoziiert.

Als „Hebbsche Lernregel" wird dieses Lernprinzip in vielen künstlichen neuronalen Netzen erfolgreich eingesetzt, um sie zu trainieren.

Hebb hat übrigens noch eine dunklere Seite, die nicht vielen bekannt ist. Seine Forschung zur Einschränkung der Wahrnehmungsfähigkeit trug zur Entwicklung spezieller Gehirnwäsche-Befragungsmethoden bei. De facto gilt er als Begründer der Deprivationsforschung.

Wie entstehen Krankheiten und psychische Probleme?

Hier kann nicht auf alle Krankheitsbilder eingegangen werden. Exemplarisch werden hier einige vorgestellt. Detaillierte Beispiele aus der Praxis sind in Kapitel 11 (Testimonials).

Dysfunktionale Gedankenmuster

Dysfunktionale Gedankenmuster, die bereits beschrieben wurden und sich meist in einem Satz oder einem Wort zusammenfassen lassen, können darauf beruhen, dass jemand einmal etwas als verletzend erlebt hat. Ein Kind, das gesagt bekommen hat „Du bist dumm". „Du bist faul." Wenn der Schwellenwert überschritten wird, kann dies durch die one shot conditioning zu einem Gedanken- und auch Verhaltensmuster führen, das einen sehr lange Zeit verfolgen kann.

Oft steckt hinter beruflichem oder schulischem Scheitern ein solches Muster – man glaubt etwas nicht zu können, zu dumm zu sein, sodass einem der Ruhm nicht zusteht ... Ein Klient litt unter mangelndem beruflichem Erfolg. Es stellte sich heraus, dass er sich bei einem seiner Kindergeburtstage sehnlichst gewünscht hatte, als Erster sein Stück Torte zu bekommen. Die Mutter antwortete: „Nein, erst kommen die Gäste dran, du stellst dich hinten an." Und dann tat er lange Jahre seines Lebens genau das – er stellte sich hinten an.

Der Unterschied zwischen negativen, dysfunktionalen Gedankenmustern und positiven, funktionalen Gedankenmustern lässt sich auch bezeichnen als der Unterschied zwischen Pessimisten und Optimisten. In diesem Bereich gibt es eine ganze Menge Forschung zu den Vorteilen von Optimismus. Optimismus (also funktionale Gedankenmuster).

- Hält gesund.
- Steigert die Lebenserwartung (einer Studie nach um im Mittel 7,5 Jahre).
- Führt zu besserem Umgang mit Stress.
- Verhindert Depressionen.
- Bringt psychische Stabilität.
- Führt zu sozialer Beliebtheit und dadurch mehr Unterstützung durch das soziale Netzwerk.
- Bringt mehr Leistungsfähigkeit.
- Fördert beruflichen Erfolg.
- Schützt vor Krankheit, vor allem Herz-Kreislauf-Erkrankungen.
- Bei Frauen sinkt das Brustkrebsrisiko und Schwangerschaftskomplikationen sind seltener.
- Führt zu kürzeren Genesungszeiten nach Krankheiten, z. B. Bypass-Operationen.
- Lässt geistigen Abbau im Alter langsamer verlaufen.
- Lässt Sinnesorgane besser funktionieren und Merkfähigkeit steigen.
- Wirkt sich auf Kreativität und Ideenfindung aus und bewirkt vielfältigere Problemlösestrategien.
- Steigert die Immunabwehr.
- Lindert Schmerzen.

Wer mehr lesen will: Elke Nürnberger: Optimistisch denken. Verlag: Haufe

Dem berühmten Erfinder Thomas Edison wird die folgende Anekdote zugeschrieben, an der sich sehr gut die Entstehung von Glaubenssätzen illustrieren lässt. Der Anekdote nach bekam Edison von einem Lehrer einen Brief mit, den nur seine Mutter lesen sollte. Die Mutter las ihrem Sohn mit Tränen in den Augen vor: „Ihr Sohn ist ein Genie. Diese Schule ist zu klein für ihn und hat keine Lehrer, die gut genug sind, ihn zu unterrichten. Bitte unterrichten Sie ihn selbst."

Viele Jahre später stieß Edison nach dem Tod der Mutter in alten Familiensachen auf diesen Brief. Tatsächlich stand in dem Brief: „Ihr Sohn ist geistig behindert. Wir wollen ihn nicht mehr in unserer Schule haben."

Obwohl er selbst schon ein berühmter Erfinder war, traf dieser Brief Edison so hart, dass er lange Zeit weinte. Dann schrieb er in sein Tagebuch: „Thomas Alva Edison war ein geistig behindertes Kind. Durch eine heldenhafte Mutter wurde er zum größten Genie des Jahrhunderts."

Hätte das schwerhörige kleine Kind den Originaltext vorgelesen bekommen, hätte er dann die Energie aufgebracht, mit zähem Ringen seine Erfindungen zu machen? Das lässt sich so eindeutig nicht sagen. Einige geben sich dann auf – und entwickeln dysfunktionale Gedankenmuster wie „Ich kann nichts", „Ich bin nichts wert" oder Ähnliches. Diese Gedankenmuster sind limitierend – und dann kommt man in der Regel nicht auf tolle Erfindungen. Es kann aber auch das genaue Gegenteil passieren – man entwickelt Gedankenmuster wie „Jetzt erst recht" oder „Denen werd ich's zeigen". Diese Gedankenmuster sind recht praktisch – und können zu sehr großen Erfolgen anspornen.

Depression

Depressionen sind – vereinfacht gesagt – ein oder meistens mehrere dysfunktionale Gedankenmuster. Durch diese Gedankenmuster – z. B. „Ich bin nichts wert", „das Leben hat keinen Sinn", „die Welt ist böse" etc. – kommt es zu den bekannten Symptomen:

- Kein Interesse
- Kein Antrieb

- Verlust von Freude und Lustempfinden
- Mangelndes Selbstwertgefühl
- Verlust von Leistungsfähigkeit

In abgeschwächter Form erleben wir das alle hin und wieder Mal. Beim als depressiv eingestuften Menschen ist das ein dauerhafter bzw. längere Zeit überdauernder und ggf. intensiverer Zustand.

Essstörungen

Auch bei Essstörungen stecken oft als verletzend erlebte Erfahrungen und Worte dahinter. Worte sind eben mächtiger als wir oft denken. Das muss nicht heißen, dass es vom Redner unbedingt böse gemeint war! Aber Kommunikation ist eben schwierig.

In einem Fall litt eine Klientin lange Jahre unter Anorexie. In ihrem Fall ging sie einmal vor ihrer Mutter im Teenageralter die Treppe hoch – und die Mutter sagte: „Du hast aber einen großen Hintern bekommen!"

Im umgekehrten Fall einer übergewichtigen Klientin aß sie mit ihrer Freundin Kuchen und es war noch ein Stück übrig. Sie hätte es gerne gehabt, aber die Mutter gab es der Freundin mit den Worten „Das bekommt unser Gast – du bist eh schon dick genug." Das führte bei ihr zu einem Verhaltensmuster, dass sie eben heimlich Süßigkeiten hortete und aß, wenn die Mutter es nicht sah.

Gerade bei Essstörungen muss man natürlich auch die verheerenden Schönheitsideale berücksichtigen, die bei Personen mit mangelndem Selbstbewusstsein viel Schaden anrichten können. Deshalb ja die aus therapeutischer Sicht löblichen Kampagnen, auch Models mit normaleren Körpermaßen zuzulassen.

Posttraumatische Belastungsstörung

Hier ist die Entstehung nach den oben genannten Prinzipien selbsterklärend. Ein Mensch erlebt ein belastendes, sehr energiegeladenes Ereignis (Autounfall, Naturkatastrophe, Überfall, Geiselnahme, Krieg ...) durch persönliches Erleben. Dann wird bei vielen Gelegenheiten, die in irgend-einer Weise daran erinnern, der neuronale Link aktiviert. Er erlebt Flashbacks, entwickelt sich daraus resultierende Folgeerkrankungen. Hier muss dieser neuronale Link gelöscht werden, sodass er nicht im All-tag aktiviert wird und belastende Träume sowie Flashbacks nicht mehr auftreten.

Phobien

Phobien sind schon verschiedentlich angesprochen worden. Man kann für bzw. gegen alles und jedes eine Phobie entwickeln. Die Listen im Internet sind beachtlich und viele Phobien ergeben keinen Sinn. Be-stimmte Therapien sind häufiger als andere. Von einer Knopfphobie oder einer Phobie gegen das Treten auf Ritzen auf dem Gehweg werden noch nicht viele gehört haben. Spinnen- oder Schlangenphobien sind schon häufiger. Einige Psychologen sprechen davon, dass bestimmte Phobien genetisch dispositioniert sind – z. B. gegen bestimmte Tierarten. Dennoch ergibt zumindest in unseren Breiten eine Spinnenphobie heut-zutage evolutionär betrachtet keinen Sinn – es gibt in unseren Breiten keine giftigen Spinnen.

Mit jeder neuen Erfindung entsteht eine neue Phobie. Das mag übertrie-ben klingen, ist aber im Prinzip so. Es gibt zu (fast) allem und jedem eine Phobie. Von A wie Arachnophobie (Angst vor Spinnen) bis Z wie Zelopho-bie (Angst vor Eifersucht), Zemmiphobia (Angst vor Nacktmullen) oder Zeurophobie (Angst vor Gott/Göttern). Eine weiter verbreitete Angst als wir uns im Alltag bewusst sind, ist Amaxophobie. Das ist die Angst vor dem Autofahren. Sie manifestiert sich auf verschiedenen Ebenen. Von „Ich kann durch keinen Tunnel fahren" zu „Ich kann auf keine Autobahn fahren" bis zu „Ich kann gar nicht fahren" oder sogar „Ich kann in kein Auto steigen". Das Resultat ist, dass man sich nicht ans Steuer setzt, ob-wohl man den Führerschein hat, oder gar nicht mehr in ein Auto steigt. Es ist weiter verbreitet, als man denkt. Der ADAC schätzt, dass ungefähr eine Million (!) Menschen in Deutschland darunter leiden. Je nach Schätzung sind 75 –90% davon Frauen. Schätzungen nach fahren rund 30% aller

Frauen ab 25 Jahren nicht, obwohl sie es dürften. Die Dunkelziffer liegt üblicherweise höher. Inzwischen wird darüber geredet.

Wie schlimm das im Alltag werden kann, schildert humorvoll und selbstironisch Sandra Winkler im Buch „Er nannte mich Fräulein Gaga: Macken, Ticks und meine Versuche, sie in 111 Tagen loszuwerden".

Der Angstforscher Borwin Bandelow fasst es so zusammen, dass die häufigsten Phobien mit Naturgegebenheiten zu tun haben:

- Tieren
- Dunkelheit
- Tiefes Wasser
- Schroffe Abhänge
- Blitz und Donner
- Blut
- Hier weiß der Verstand, dass viele davon keine reale Gefahr darstellen, aber die Angst ist trotzdem da.
- Reale Risiken hingegen sind selten Gegenstand einer Phobie, obwohl der Verstand weiß, dass sie gefährlich sind:
- Alkohol
- Nikotin
- Zu fettiges Essen
- Ungeschützter Sex
- Motorräder und Autos (aber: Angst vor dem Fahren existiert schon! Siehe oben!)
- Und vieles mehr

Eine mögliche Erklärung: Die Prädisposition für bestimmte Phobien stammt noch aus der Höhlenmenschenzeit.

Mehr in: Borwin Bandelow: Das Angstbuch. Woher Ängste kommen und wie man sie bekämpfen kann. Leider langen seine Methoden nicht hinreichend aus.

Genetische Disposition oder nicht – wichtig ist die persönliche Vergangenheit. Diese muss nicht selbsterlebt sein, sondern kann auf Beobachtung beruhen. Ein Mädchen hatte nie Angst vor Spinnen, sondern fand sie niedlich und spielte mit ihnen. Eines Tages kam sie nach Hause, sah eine Spinne und schrie wie am Spieß. Der Vater fragte, was geschehen sei – „Ich habe mit Charlotte gespielt und sie hat nur geschrien „Aaah, eine Spinne, die bringt dich um!" Auch so können Phobien entstehen.

Phobien können auch eine indirekte Bedeutung haben. Z. B. steckt bei Flugangst oder der Unfähigkeit im Auto auf einem anderen Platz, als am Steuer zu sitzen, meist Angst vor Kontrollverlust dahinter. Hier kommt es auf sorgfältige Analyse der individuellen Beweggründe an.

Bezieht sich die Phobie auf eine einzelne Art von Situation oder Objekt, spricht man von einer phobischen Störung oder auch einfachen Phobie. Weiten sich die Ängste aus bzw. werden sie situationsunspezifisch oder betreffen immer mehr Situationen, spricht man von einer Generalisierten Angststörung oder einer Panikstörung je nach Ausprägung der Symptomatik.

Angst ist normal und lebensrettend. Wann wird eine Angst krankhaft? Wie der bekannte deutsche Angstforscher Borwin Bandelow sagt, einmal „Huch" zu schreien, wenn man eine Spinne sieht, macht noch keine Phobie aus. Wir sind evolutionär darauf „geeicht", auf Bewegungen, die wir auf dem Augenwinkel wahrnehmen, mit Schrecken zu reagieren. So ist unser visuelles Sinnessystem ausgelegt – früher haben wir uns so vor dem Angriff des Säbelzahntigers gerettet. Wenn also die Spinne zappelt, neigen wir dazu, uns zu erschrecken – ohne dass das notwendigerweise eine Phobie darstellt.

Borwin Bandelow stellt eine Liste an Kriterien auf, woran wir eine „krankhafte" Angst erkennen können (siehe Das Angstbuch – Woher Ängste kommen und wie man sie bekämpfen kann):

- Die Angst beherrscht mindestens 50% des Tages.
- Man stellt sein Leben um.

- Man trinkt wegen der Angst zu viel Alkohol oder nimmt Beruhigungsmittel.
- Die Angst führt zu Niedergeschlagenheit oder Schwierigkeiten im Beruf oder Problemen in der Partnerschaft.

Im Zweifelsfall kann man diese Kriterien verwenden. Es reicht aber auch, zunächst die folgenden Kriterien zu beachten:

Wie negativ ist die Emotion auf der –10 bis +10-Skala? Spätestens bei –10 ist die Angst in der Regel krankhaft, es sei denn, es handelt sich um eine reale, wirklich lebensbedrohliche Gefahr.

Belastet die Angst den Klienten? Fühlt er sich unwohl damit, schränkt sie ihn in seinem alltäglichen Leben ein?

Wenn das zutrifft, sollte auf jeden Fall eingegriffen werden. Selbst wenn die Angst nur in bestimmten Situationen einschränkt, bedeutet ein therapeutisches Eingreifen auf jeden Fall eines: mehr Verhaltensflexibilität. Man muss ja nicht in den Spinnenkeller gehen – aber man hat ohne Angst vor Spinnen die Option, ob man sie nutzt oder nicht.

Zwangsstörungen

Zwangsstörungen sind sozusagen das Gegenteil von einer Phobie. Bei einer Phobie will man von etwas weg – bei einer Zwangsstörung darauf zu.

☺

Psychiater zum Patienten: „Sehr schön. Nur Ihre Zwangsstörung macht mir ein wenig Sorgen!"
Patient: „Oh, das muss sie nicht. Ich habe meine Zwänge völlig unter Kontrolle."

☺

Psychosomatik

Psychosomatik ist in aller Munde. Psyche und Körper sind miteinander verknüpft.

☺

„Mir geht es nicht gut", sagte die Seele, „aber der Mensch hört nicht auf mich." „Dann lass mich krank werden", sagte der Körper „dann muss er auf Dich hören."

☺

Wohlgemerkt, dass eine Krankheit auch psychische Ursachen hat, bedeutet nicht, dass jemand simuliert. Aber bestimmte Krankheitsbilder und Erkrankungen an bestimmten Körperteilen korrelieren mit bestimmten psychischen Mustern. Es zeigt sich, dass, wenn die psychischen Muster therapeutisch behandelt werden, dies dem physischen Heilungsprozess helfen und ihn unterstützen kann.

Disclaimer: Wie schon eingangs bemerkt, ersetzen die hier beschriebenen Therapien nicht das Aufsuchen eines Facharztes!

Allergien

Auch wenn viele Schulmediziner skeptisch sind, können auch Allergien durch neuronale Links entstehen. Es handelt sich um ein Schreckprogramm, das (wie Phobien auch) im Laufe der Evolution nützlich waren oder zumindest sein konnten. Wenn jemand fast an einer Fischgräte erstickt, entwickelt er häufig (hier ist es tatsächlich ein Schutzprogramm!) eine Fischallergie.

Wenn jemand vom Tod eines geliebten Menschen erfährt und es ist Pollenzeit und man steht gleichzeitig im Blütenansturm, man hat Pollen in der Nase? – woran erinnert sich der Körper dann im nächsten Jahr zur Pollenzeit? Und dann reagiert er häufig mit einer Pollenallergie. Übrigens, genau das hatte ich und es ist aufgelöst.

Teil 7 – Allgemeine Prinzipien aller emotion*Sync*®-Methoden

Dies sollten erfahrene emotionSync®-Coaches KENNEN! Wenn nicht, bitte hier auffrischen! Alle „Neulinge" sollten dies unbedingt lesen.

Dies trifft auf alle emotion*Sync*®-Methoden zu

Neuronale Plausibilität

Die Neurowissenschaft ist wie bereits erwähnt eine multidisziplinäre Wissenschaft. Sie geht von verschiedenen, sehr unterschiedlichen Wissenschaften aus, die die Psychologie einschließt, aber auch die Medizin, Biologie, Physik und Mathematik sowie die Informationstechnik, Elektrotechnik, Anthropologie, Physiologie, Informatik und Robotik. Inzwischen schießen Unterwissenschaften der Neurowissenschaften wie Pilze aus dem Boden. Man kann schon sagen, dass irgendwie alles „ein bisschen Neuro ist" und es in verschiedensten Fächern als schick gilt, wenn man ein Neuro vor den Namen hängen kann. Es gibt nicht mehr nur Neuropsychologie, Neurobiologie, Neurophysik, Neurochemie, Neurologie (die sind alle schon etwas älter), sondern neuerdings auch Neuromarketing, Neuroleadership (gehirngerechte Führung), Neurofinance, Neuroökonomie, um nur einige zu nennen.

Neuropsychotherapie wird auch von Wissenschaftszweigen thematisiert. Allerdings wird kritisiert, dass die Anbindung an Neurowissenschaften bei vielen6 Autoren eher vage ist. Hauptsächlich werden Vorher-Nachher-Studien gemacht. Die zeigen zwar häufig keine Unterschiede vor und nach einer Therapie, obwohl sich auf psychischer Ebene Verbesserungen ergeben haben. Es gibt Studien, da gibt es Unterschiede vor und nach der Therapie, aber auf psychischer Ebene hat sich nichts verändert.

Ein weiterer Kritikpunkt ist, dass viele Ansätze nicht darauf eingehen, warum sich was verändert und wie die Therapie dies erzielt. Warum ergeben sich stärkere Aktivitäten in einigen Gehirnteilen, wenn ich mit jemandem rede?

emotion*Sync*® stellt hier eine Ausnahme dar, da es eine schlüssige Theorie bietet, warum sich was durch die Interaktion verändert. Das trifft auf alle emotion*Sync*®-Methoden zu und ist für mögliche Weiterentwicklungen der Methode im Fokus.

Auch die Theorie der Entstehung vieler Krankheiten durch neuronale Links (siehe oben), die wir bereits kennengelernt haben, ist neuronal plausibel.

Löschung von neuronalen Links

Wie neuronale Links entstehen, war bereits thematisiert worden. Jetzt geht es bei emotion*Sync*® darum, negative neuronale Links zu löschen. Dies basiert auf chemischen und physikalischen Gesetzen. Die Wichtigsten:

- Säuren und Basen neutralisieren sich im gleichen Mischungsverhältnis!
- Plus und Minus neutralisieren sich bei einem Kurzschluss!
- Positive und negative Energien lösen sich gegenseitig auf!

In der Elektrotechnik ist dieses Prinzip ebenfalls bekannt (als destruktive Interferenz) und wird dort in verschiedenen Bereichen der Medizintechnik eingesetzt.

Diese Methoden des gegenseitigen Löschens stellen ein Grundkonzept von emotion*Sync*® dar.

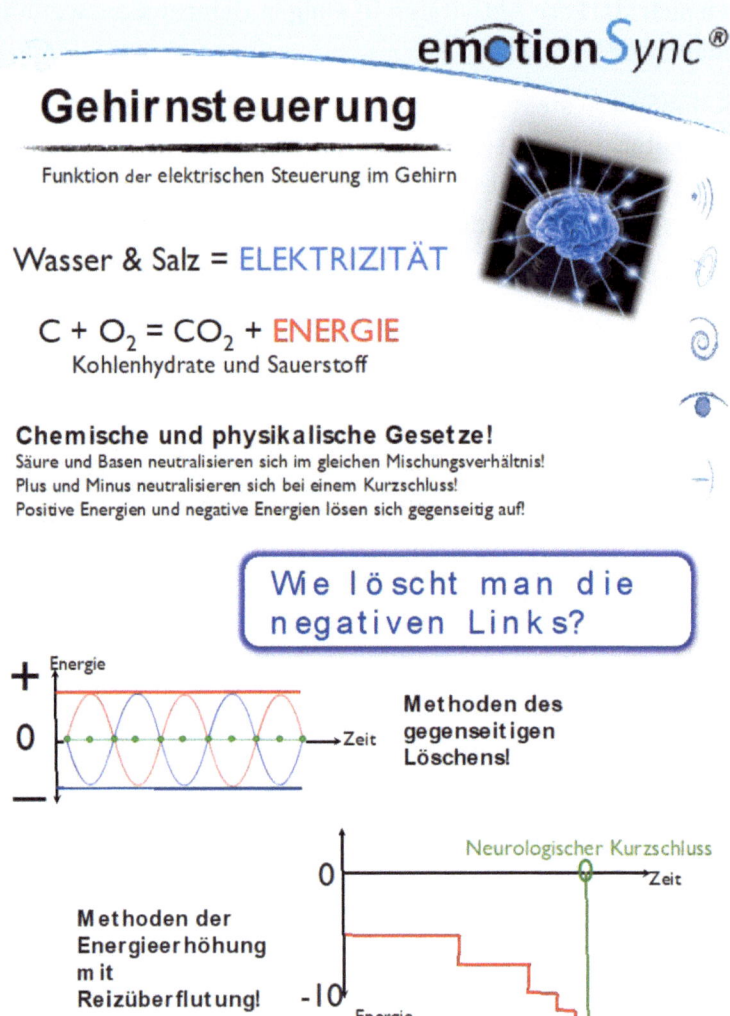

Bild: Löschung von neuronalen Links.

Reizkonfrontation hat anekdotisch eine lange Vergangenheit. Seiner Autobiographie nach bewältigte Goethe seine Höhenangst, in dem er auf das Gerüst vom Bau des Straßburger Münsters stieg und dort wartete, bis seine Angst verschwand. Der Anekdote zufolge war er dabei so erfolgreich, dass er und die Zimmerleute anschließend um die Wette turnten.

Der zweite Grundbaustein der Löschung durch emotion*Sync*® ist ebenfalls aus der Elektrotechnik bekannt. Es wird als Methode der Energieerhöhung mit Reizüberflutung bezeichnet. Das heißt, man steigert die Energie so lange, bis quasi ein neurologischer „Kurzschluss" entsteht, es „Knall" macht und die negative Energie auf 0 heruntergeht.

☺

Probleme sind wie Glühbirnen. Wenn sie durchbrennen, gehen sie aus!

☺

Kontraindikationen

Eine häufig gestellte Frage ist: Gibt es Kontraindikationen für emotion*Sync*®? Die Antwort ist wieder einmal ein klares „Jein".

Kontraindikationen sind bei Psychotherapien und Coaching sowieso eine eher heikle Frage. Grundsätzlich gibt es keine Definition dafür. Bestimmte Settings (z. B. Paar- oder Gruppentherapie) können durch das soziale Umfeld nicht möglich sein. Freie Assoziationen (z. B. bei einigen Psychoanalyse-Methoden) können durch Denkzwänge verhindert werden (siehe hierzu Gerhard Stumm & Alfred Pritz (2009). Wörterbuch der Psychotherapie. Springer).

Die Methode emotion*Sync*® ist an und für sich für viele Altersgruppen geeignet (wie auch in Teil 11 dargestellt). Die Voraussetzung ist die kognitive Fähigkeit, den Anweisungen zu folgen. Dies setzt natürlich eine Grenze bei Kleinkindern. Ebenso können Erkrankungen (z. B. Demenz,

Alzheimer) und Psychopharmaka den Einsatz der Methode behindern – was aber für viele, wenn nicht alle psychischen Interventionen gilt.

Auch alte, herzschwache Menschen können mit emotion*Sync*® behandelt werden. Zu beachten ist hier lediglich, dass energy*Sync*, also der Energieimpuls, hier der Verfassung des Klienten angepasst werden sollte und schwächer ausfallen muss als bei einem hart gesottenen Bodybuilder. Für den Klienten bleibt die Wirkung gleich, auch wenn sie objektiv etwas sanfter ausfällt.

Was die angesprochenen Denkzwänge angeht, die ggf. die Erarbeitung dysfunktionaler Kognitionen erschweren oder unmöglich machen – meist steckt auch hinter diesen Zwängen eine dysfunktionale Kognition! Dementsprechend ist das keine Kontraindikation, sondern ein Arbeitsauftrag!

Wie das im Einzelnen mit den Methoden geht, wird im nächsten Kapitel beschrieben.

Diese Bausteine werden bei allen emotion*Sync*®-Methoden verwendet

relation*Sync*

relation*Sync* bedeutet, dass Sie ein gutes Verhältnis zu Ihrem Klienten aufbauen MÜSSEN. Ein gutes Verhältnis und eine funktionierende Interaktion sind das A und O jeder Therapie – ohne das geht gar nichts. Selbst bei der Psychoanalyse, bei der man denken mag, der Therapeut sitze „nur passiv da", kommt es zu einer Interaktion zwischen Therapeuten und Patient – wenn auch zu einer sehr speziellen: Übertragung (der Patient projiziert Gefühle, Wünsche, Erwartungen etc. auf den Therapeuten als Stellvertreter für andere Personen, denen diese eigentlich gelten) und Gegenübertragung (der Therapeut projiziert auf den Klienten).

☺

Was ist das größte Problem bei der Selbstanalyse?
Die Gegenübertragung.

☺

In der Literatur ist auch der Begriff „Rapport" zu finden. Rapport ist ein Begriff, der ursprünglich aus der Hypnotherapie stammt und in andere Therapieformen übernommen wurde. Rapport bezeichnet genau das eingangs Erwähnte – ein vertrauensvolles Verhältnis zwischen Therapeut und Klient.

Sympathie kann man nicht beeinflussen? Doch können Sie. In der Therapie wie im Berufsalltag. In vielen Kontexten ist gezeigt worden, dass Ähnlichkeit zu Sympathie führt. Gleich und gleich gesellt sich eben doch gerne.

Wie können Sie da „nachhelfen"?

- Mit Körperhaltung und Körpersprache. Es läuft auf Folgendes hinaus: Wenn sich zwei Personen sympathisch sind, gleichen sie sich in ihrer Körperhaltung an. Aber nicht nur der Körperhaltung. Selbst die Atmung gleicht sich an – in der Atemfrequenz und in der Tiefe (flache Atmung versus tiefe Atmung). Das klingt wie Humbug? Testen Sie es mal im Alltag. Was wichtig ist – man kann es beeinflussen. Man kann bewusst auf den anderen achten und sich angleichen. Aber Achtung: auch nicht übertreiben. Nicht jedes Nießen, Hüsteln und jede einzelne Geste nachahmen. Dann fühlt der andere sich nur veralbert – und damit ist keinem geholfen. Und ebenfalls Achtung: Wenn der Klient durch seine Körpersprache völliges Verkrampftsein ausdrückt, sollten Sie ihn diesbezüglich natürlich nicht bestärken. Dasselbe gilt für Mimik und Gestik – gehen Sie auf ihn ein, aber nicht zu extrem. Bei Extrema sollten Sie immer ein bisschen hinter ihm zurückbleiben.

- Achten Sie auf Denkstrukturen – wie denkt Ihr Klient? Eher strukturiert oder unstrukturiert? Finden Sie eine gemeinsame Ebene. Klar, wenn Sie einen psychopathischen Mörder vor sich haben, wollen Sie sich nicht seinen Gedankenspielen anpassen (aber ganz ehrlich –

wie oft wird Ihnen das in Ihrem Alltag passieren?). Aber finden Sie heraus, wo er steht – und wo Sie ihn abholen können.

- Achten Sie auf den Beruf und die spirituelle Ader des Klienten. Betonen Sie beim rationalen Elektrotechniker die naturwissenschaftliche, elektrische Grundlage von emotion*Sync*®, beim Reiki-Großmeister knüpfen Sie Ihre Intervention an Ebene 6 und 7 (Kapitel 2) an. Verbinden Sie Ihre Intervention je nach Geschmack und Vorbildung des Klienten mit kombinierbaren Methoden (Kapitel 10).

- Passen Sie Ihre Sprachmuster denen des Klienten an. Menschen neigen dazu, eher visuell, auditiv, kinästhetisch/taktil/emotional oder olfaktorisch zu denken (auf Sinneskanäle und ihren Einsatz in der Therapie wird noch im Einzelnen in den Kapiteln 8 und 11 eingegangen). Dies kann situationsspezifisch sein, aber es gibt auch Theorien, dass unterschiedliche Menschen unterschiedliche Vorlieben haben. (Viele Theoretiker meinen, dass Menschen generell visuell bevorzugen – in der Praxis zeigt sich, dass das keineswegs so verallgemeinert werden kann.) Wie der Klient denkt, zeigt sich in seiner Vorliebe für bestimmte Wörter. Hinweise sind:

- Visuell
  Adjektive, die vermitteln, wie etwas aussieht, also Farben, Helligkeit, Aussehen, …
  - Redewendungen wie „Schauen Sie mal …", „Es sieht so aus …", „eine neue Sichtweise …", …

- Auditiv
  Adjektive, die vermitteln, wie sich etwas anhört, also Lautstärke, Tonlage (klirrend, kreischend, …), Verständlichkeit …
  - Redewendungen wie „Es klang als ob …", „Er hörte sich an wie …", „Das war Musik in meinen Ohren … , …

- Taktil/kinästhetisch/emotional
  Adjektive, die vermitteln, wie sich etwas anfühlt, also Oberflächenstruktur, Wärme, Schmerzempfinden.

- Redewendungen wie „Für mich fühlte es sich an ...", „Es war nicht greifbar ...", ...

- Olfaktorisch
  Adjektive, die vermitteln wie etwas riecht, also Intensität, Frische, Fäulnis, ...

  - Redewendungen wie „Das roch also ob ...", „Das stank förmlich nach..." oder „Das hat mir gleich gestunken ..."

- Sprache und Sprechweise sind essenziell! Erstens müssen Sie dieselbe Sprache sprechen bzw. jeweils den anderen verstehen. Seien Sie aber vorsichtig, wenn es um Dialekte geht. Spricht der andere bayrisch, sollten Sie nur darauf einsteigen, wenn Sie es selber fließend sprechen. Kaum etwas ist peinlicher, als wenn man in einem Dialekt herumstammelt, den man selbst nicht beherrscht – und Dialektsprecher fühlen sich dann häufig veräppelt.

- Orientieren Sie sich ein bisschen an der Sprechweise des Klienten. Redet er schnell, langsam, laut, leise, monoton, melodiös, akzentuiert ... Hier kommt auch die Stimmung mit ins Spiel. Gehen Sie ihm in bestimmten Situationen entgegen, aber setzen Sie ein Limit. Kommt der Klient todtraurig, geht er nicht auf Sie ein, wenn Sie als „Strahlemännchen" in den Raum geschneit kommen. Aber nur genauso mit Totengräbermiene passiv dasitzen, hilft auch nicht – es sei denn, Sie übersteigern es provokant und reißen ihn so aus der Rolle hinaus. Fantastisch in solchem „Stimmungsmanagement" war Frank Farrelly mit seiner Provokativen Therapie (siehe Kapitel 10).

- Achten Sie auf den Inhalt. Halten Sie den Klienten bei der Stange, wenn er „ausbüchsen" will (siehe Kapitel 3) und führen Sie ihn dann freundlich direktiv zurück. Aber zu einer Sitzung gehört auch mal ein bisschen Small Talk – und dann sollten Sie auf die Interessen des Klienten eingehen, auch wenn es Sie langweilt, und ihn auch mal die Themen bestimmen lassen.

Dieses aneinander angleichen wird auch als „Pacing/Spiegeln" bezeichnet. Pace ist im Englischen ein Begriff mit vielen Bedeutungen. Er wird im Pferdetraining benutzt – aber auch Ihr Herzschrittmacher ist ein „pace maker". Insofern fordert diese Aufgabe in der Therapie von Ihnen, dem Pace – der Geschwindigkeit und das, was Ihr Klient Ihnen vorgibt – zu folgen. Wenn Ihnen das gelungen ist, können Sie in die nächste Stufe gehen, das „Leading". Da führen Sie freundlich direktiv – immer einen Schritt vor dem Klienten – und wenn Ihr Klient Ihnen vertraut, wird er Ihnen wie ein Hund an der Leine folgen. Das hört sich komisch an? Ja, schon. Wir denken normalerweise nicht so. Aber der Hund an der Leine ist letztlich an Sie gefesselt, folgt Ihnen aber brav im Vertrauen. Und wenn Sie ihn nicht an der Leine hätten, würde er auf die Straße rennen und überfahren werden. Davor wollen Sie Ihren Klienten liebevoll bewahren. Das Leading setzt immer voraus, dass Vertrauen aufgebaut werden kann. Das hat Ihr Hund in Sie auch. Dazu ist der erste Schritt eine gute Beziehung.

Im NLP ist seit den 70ziger Jahren bekannt, dass ohne eine gute Beziehung kein Therapieerfolg möglich ist.

> *„Je höher die Synchronizität der Körpersprache von Therapeut und Patient, desto besser empfanden die Probanden die therapeutische Beziehung. Das meinten die Patienten, die ihr Leben in den Griff bekommen wollten. Ergebnis: Desto höher waren die Therapieerfolge."*
>
> *(Fabian Ramseyer, Wolfgang Tschacher)*

Manchmal ist schon interessant, dass Wissenschaftler einer solchen Erkenntnis erst 30 Jahre später den wissenschaftlichen Stempel aufdrücken. Das bedeutet, dass NLP wissenschaftlich sein kann.

Ganz wichtig: relation*Sync* ist ein „ongoing process"! Sie können nicht nach der ersten Sitzung sagen „naja, Vertrauen ist ja schon da, also kann ich das jetzt vergessen". Sie müssen in jeder Sitzung relation*Sync* betreiben. Eine gute Beziehung will gepflegt werden! In einer Liebesbeziehung sollten dies beide Partner tun – in einer therapeutischen Beziehung sind Sie als Therapeut der Hauptverantwortliche. Torpediert der Klient Ihre

Anstrengungen, liegt dem ein Problem zugrunde, das Sie analysieren und therapieren müssen. Ist der Klient dazu nicht bereit – sollten Sie ernsthaft überlegen, ob die Arbeit mit ihm möglich ist (siehe Kapitel 3).

description*Sync*

Ganz wichtig: Beschreiben Sie die Methoden sorgfältig. Es hat schon einige gegeben, die die Methoden zunächst für „etwas ungewöhnlich" hielten oder sie gar als esoterisch einstuften. Nicht, dass Esoterik an sich (wenn sie seriös ist) eine Beschimpfung darstellt – aber viele Klienten wollen das bewusst nicht. Wenn Sie die Beschreibungen anwenden, die hier vorgestellt werden – neuronale Plausibilität, die Verweise auf Elektrotechnik, Gesetze der Physik, wissenschaftliche Seriosität– dann sind auch hart gesottene Skeptiker schnell überzeugt. Außerdem merken sie sehr schnell ob dabei der Klient in „ja, aber"-Schleifen geht, also in seine Schutzprogramme. Dann dürfen Sie nicht mit den Methoden anfangen, sondern mit dem Problem des Schutzprogrammes. Dies ist also ein Test, ob der Klient bereit ist mitzumachen. Falls er mitmacht, ist es lösungsverstärkend nach dem Prinzip der „Selbsterfüllenden Prophezeiung".

energy*Sync* – der Energieimpuls -das muss man lernen!

Die Bedeutung von Energie ist bereits besprochen worden. Aus Erfahrung weiß man, wie sehr sich Lernen verfestigt, wenn es mit einer starken Energie verknüpft wird. Wenn die Intervention abgeschlossen ist, geben Sie dem Klienten einen starken Energieimpuls. Das kann sein: Lärm (brüllen Sie, schreien Sie – das reicht aus. Packen Sie ihn an den Schultern und schütteln ihn. Achtung: Das muss man lernen wie genau man das macht. Einfach nur so schütteln darf man nicht! Oder geben Sie ihm einen Tap auf das dritte Auge). Wichtig sind zwei Dinge:

- Trauen Sie sich. Gerade Anfänger neigen oft dazu, nur einen kleinen Stupser zu geben. Wirkt einfach nicht so gut wie eine starke Energie.

- Übertreiben Sie bitte auch nicht. Brechen Sie dem Klienten nicht den Hals oder machen ihn taub! Bei der wissenschaftlichen

Erstvorstellung von emotion*Sync*® auf einem Kongress in Kroatien, hatte eine kroatische Mitteilnehmerin die englische Sprache nicht richtig verstanden. Als sie dann selbst üben sollte, hat sie ihre Klientin mitsamt Stuhl umgekippt.

- Berücksichtigen Sie bitte auch die Konstitution des Klienten. Mit einem Bodybuilder können Sie sicher anders umgehen als mit einer 80jährigen Großmutter.

Üben in Seminaren kann hier sehr helfen, weil die anderen Teilnehmer gegenüber Fehlern nachsichtiger sind als „echte" Klienten. Und vor allem KEINE ANGST! Sie werden schnell ein Gefühl dafür entwickeln, was ein gutes Energiemaß ist.

distract*Sync* – Lenken Sie den Klienten ab!

Nach der Intervention durch eine spezifische emotion*Sync*®-Methode hat sich der Klient sehr intensiv mit aufwühlenden Emotionen auseinandergesetzt. Jetzt sollten Sie ihn abrupt aus seinen Gedanken herausholen und auf ganz andere Gedanken bringen. Gut geeignet sind:

- Blödsinnsfragen:
  - Wie schmeckt eine blaue Tomate?
  - Kommt Arielle, die Meerjungfrau, den Kamin herunter?
- Blödsinnssätze, die aus der Lachtherapie herrühren (Beispiele entnommen aus Gehirn & Geist, Jahrgang 2005, Heft-Nr. 4):
  - Als im Topf das Wasser knisterte und auf dem Herd das Feuer sprudelte sang die Hausfrau ein Gedicht.
  - Als die Giraffe gähnen musste, öffnete sie weit ihren gewaltigen Schnabel.
  - Im Bach stelzten zwei Eulen sie röhrten so laut, dass es wie Froschgequake klang. Eine Herde Fische kam angerannt, schnabelwetzend begannen sie laut zu wiehern. Da schüttelte das Krokodil seine Mähne, gackerte und galoppierte, dass das Wasser nur so flackerte.

- Scherzfragen:
  - Wie heißt ein Reh mit Vornamen? Kartoffelpü
  - Was hat vier Beine und kann fliegen? Zwei Vögel
  - Wer lebt im Dschungel und schummelt? Mogli
  - Was ist weiß und rollt den Berg hoch? Eine Lawine mit Heimweh
  - Was passiert, wenn man Cola und Bier gleichzeitig trinkt? Man kollabiert.
  - Was sagt ein Krokodil, das einen Clown gefressen hat? Schmeckt irgendwie komisch.
  - Was steht auf dem Grabstein eines Mathe-Lehrers? Damit hatte er nicht gerechnet.
  - Was hatte Mozart beim Komponieren? Einen Heidenspaß.
- Überraschende Fakten:
  - Wussten Sie, dass das größte Lebewesen ein Pilz ist? Er wurde in Oregon entdeckt, erstreckt sich unterirdisch über 8 800 000 Quadratmeter und ist 2400 Jahre alt.
  - Wussten Sie, dass man am Toten Meer keinen Sonnenbrand bekommt?
  - Wussten Sie, dass das älteste bekannte Verhütungsmittel Krokodil-Dung ist und 2000 v. Chr. von den Ägyptern verwendet wurde?
  - Wussten Sie, dass menschliche Bandwürmer über 20 Meter lang werden können?

testSync

Wird ein Thema bearbeitet, das beim Klienten mit starken negativen Emotionen belastet ist, lohnt sich das Testen dieser Emotionen vor und nach der Intervention. Bewährt hat sich der Einsatz einer einfachen Skala von –10 (maximal negative Emotion) bis +10 (maximal positive Emotion).

Am einfachsten malt man die Skala auf ein Blatt auf und hält sie dem Klienten mit einer kurzen Erklärung vor der Intervention hin und lässt ihn einschätzen, wo er sich gerade auf der Skala befindet. Das wiederholt man nach der Intervention.

Man kann auch ohne arbeiten und den Klienten einfach nur fragen, wie er sich gerade fühlt. Aber durch die Skalen wird es deutlicher, der Klient erlebt noch mal bewusst („wow, vorher war ich bei –8 – und jetzt bin ich schon über Null") und man hat als Therapeut eine gute Kontrolle, wie der Klient sich wirklich fühlt (wer kann schon anhand einer Beschreibung wirklich beurteilen, wie ein anderer sich fühlt?).

Die Skala wirkt simpel, hat sich aber in der Praxis und bei der wissenschaftlichen Erforschung von emotion*Sync*® bewährt.

Komplexere Fragebögen zum Einschätzen der subjektiven Befindlichkeit sind käuflich erhältlich – dauern aber z. T. sehr lange zum Ausfüllen (20 Minuten sind keine Seltenheit) und das ist oft Zeit, die man in einer Therapie nicht hat.

Wichtig: Achten Sie auf nonverbale Signale des Klienten. Mimik (lacht er, lächelt er?), wie ist die Körperhaltung im Vergleich zu vorher etc.

Bauen Sie etwas Neues ein!

Haben Sie ein dysfunktionales Gedankenmuster gelernt, müssen Sie etwas Positives an seiner Stelle einbauen. Z. B. bringen Sie dem Klienten statt „Ich bin wertlos" „Ich bin wertvoll" bei.

Sie können den Klienten selbst einen neuen Satz oder ein neues Bild finden lassen. Wenn er dazu nicht in der Lage ist, machen Sie Vorschläge. Der Klient wird dann schon wissen, ob der Vorschlag zu ihm passt.

Wichtig: Achten Sie darauf, dass es ein uneingeschränkt positiver Satz ist. „Ich bin ein bisschen was wert" ist energetisch viel zu schwach. Wenn er zu „Ich bin wertvoll" noch nicht bereit ist, verwandeln Sie es in einen Prozess, der ins Positive zeigt. „Ich bin wertvoll – jeden Tag ein Stückchen mehr."

Wie bereits bei den dysfunktionalen Gedankenmustern beschrieben: Nicht in den Größenwahn verfallen! „Ich bin der wertvollste Mensch der Welt" ist definitiv „too much".

☺

Nach der dritten Sitzung beim Therapeuten fragt dieser seinen Klienten: „Na, wie sieht es nun mit Ihren Minderwertigkeitskomplexen aus?" „Prima", antwortet sein Klient, „die sind verschwunden. Das habe ich wirklich nur Ihnen zu verdanken, Sie kleiner, mieser Dilettant ...“

☺

Wie lernt der Klient das neue Muster? Hier wird eine Technik verwendet, die je nach Anwender „Ankern" oder klassisch „Konditionieren" genannt wird. Wichtig ist wiederum, dass viel Energie fließt.

Fordern Sie den Klienten auf, den Satz mehrfach laut auszusprechen (wirklich laut!). Das wird verstärkt durch:

- Körperhaltung: aufrechte, stolze, energetische Haltung
- Mimik: Freude, Strahlen
- Klatschen oder auf den Boden trampeln.
- Ein angehängtes, triumphierendes YEAH, TSCHAKKA, ÄTSCH etc.
- Gesten: Siegesfaust und auf die Brust trommeln.
- Oder, oder, oder.

Hauptsache, es fließt Energie!

Das Rezept: Die To Do´s!

Jetzt kommt der nächste Lernschritt: Lernen durch Wiederholung. Wie beim Arzt stellen Sie dem Klienten ein Rezept aus. Auf dem Rezept steht:

PERSÖNLICHES REZEPT FÜR (Name des Klienten)
Wenn vom Coach nicht anders verordnet, 3 x täglich vor den Mahlzeiten.

Danach wird entweder der Satz (ggf. die Sätze) aufgeschrieben, ein neues Bild aufgemalt. Ergänzt werden kann das ganz nach Geschmack mit Smileys o.ä.

Darunter steht dann „Mit bester Empfehlung" und Ihr Name. Ausgebildete emotion*Sync*®-Coaches erhalten einen Vordruck hierfür.

Dieses Rezept erfüllt mehrere Zwecke. Erstens hat der Klient etwas, was er mitnehmen kann. Was ihn immer wieder daran erinnert. Was er sich an den Spiegel kleben, ins Büro hängen oder auf den Nachttisch legen kann, sodass er regelmäßig daran erinnert wird. Zweitens (und das sollten Sie nicht unterschätzen) ist es wichtig, dieses neue positive Element im Leben des Klienten regelmäßig zu üben, damit der neue neuronale Link sehr stark wird.

öko*Sync* – die Umweltverträglichkeit

Hierzu zählt zunächst, ob der Klient mit dem Ergebnis einer emotion*Sync*®-Methode zufrieden ist. Viele Klienten wollen gar nicht bei +10 landen. Ein gutes Beispiel sind Spinnenphobiker. Sie sind oft mit einer 0, also einer neutralen Einstellung, oder gar einer –1 (noch ein bisschen negative Restenergie, aber kein panisches Wegrennen mehr) zufrieden. Oder bei einem schwer traumatischen Ereignis – wollen Sie wirklich nach einer Vergewaltigung ein positives Gefühl haben? Ein wenig negativ ist für viele noch in Ordnung. Nur gerade so in der Nähe von neutral, ohne Schlafstörungen und Panikanfälle.

Wenn dem Patienten das Ergebnis noch nicht ausreicht, nach der ersten Methode noch für ihn zu viele negative Emotionen darauf liegen – kein Problem, arbeiten Sie einfach mit der nächsten Methode weiter.

Ganz wichtig: Manche Probleme, z. B. Höhenangst, sollte man auch nicht völlig austherapieren. Respekt vor der Höhe muss bleiben! Sonst laufen die Leute noch über den Dachrand oder hängen sich zu weit beim Fensterputzen aus dem Fenster.

Das nächste Wichtige ist: Ist das für den Klienten realistisch, kann er das in seinen Alltag übernehmen? Denn was nutzt es, wenn die Intervention nur im Therapieraum wirkt, dann ist sein Problem nicht gelöst.

Dazu das Erste – einfach fragen. Die meisten Klienten können recht gut einschätzen, ob sie sich „safe" mit einer Methode fühlen. Man kann unterstützend mit Visualisierungen arbeiten: „Machen Sie mal die Augen zu, stellen Sie sich vor, Sie gehen in den dunklen Keller und die Spinne sitzt vor Ihnen. Was passiert in diesem Moment mit ihnen? Jetzt kommt wieder das Gefühl, Spinnen sind Ihnen völlig egal!" Arbeiten Sie ruhig mit Statements statt Fragen. Wenn Sie ganz zaghaft fragen, „Haben Sie denn jetzt wieder Angst vor der Spinne?" können Sie den Klienten auch wieder umprogrammieren. Wenn die Intervention wirklich „gesessen" hat, dann nicht – aber Statements sind schon sinnvoll. Wenn es für den Klienten falsch war, wird er Ihnen das schon sagen.

Bei einigen Problemen kann man das auch wirklich ausprobieren. Lassen Sie den Klienten mit Höhenangst sich mal aus dem Fenster lehnen (wiederum nicht ZU weit!) oder auf einen Stuhl steigen (manche Höhen-angst-Patienten können ja noch nicht mal das). Suchen Sie sich das nächste Kaufhaus und steigen mit einem Fahrstuhl-Phobiker in den Fahrstuhl. Es gibt Männer, die können nicht in der öffentlichen Toilette urinieren. Ziehen Sie mit ihm los (Achtung, das gilt natürlich nur für Män-ner! Frauen als Therapeuten sollen nur vor der Tür stehen bleiben.) Ein Ex-Kollege ging so weit, dass er einen Schrank voller Spinnen in Marme-ladengläsern hielt – wenn Sie das auch möchten, gönnen Sie bitte den Tieren ein ordentliches Terrarium.

realityCheck – Wie sieht es in der Wirklichkeit aus.

Wenn ein Problem nicht im Kopf, also in der virtuellen Vorstellung gelöst ist, dann wird es auch in der Wirklichkeit nicht gelöst sein.

Das bedeutet, ein Problem und ein neues Ziel muss in der inneren Vorstellung gelöst sein, damit es in der Realität auch funktioniert. Wenn die Spinnenphobie in der inneren Vorstellung keine Angst mehr auslöst, dann wird es wohl auch in der Realität so sein. Der Klient kann sich das aber oft nur schwer vorstellen, da er dazu noch keine Referenzerfahrung hat. Damit mehr Sicherheit und Nachhaltigkeit entsteht, wäre es jetzt gut dem Klienten eine echte Spinne zu zeigen. Damit bekommt er den Beweis!

Selbsttherapie

Oftmals wird gefragt, ob man sich damit selbst therapieren kann. Die Antwort ist ein klares „Jein". Ja, man kann etwas bei sich selbst erreichen. Aber man kann sich nicht selbst erschrecken oder überraschen. Das ist dasselbe, wie wenn man sich selbst kitzeln will. Klappt auch nicht. Außerdem gibt der Therapeut dem Klienten ja auch von sich selbst Energie ab. Wir Menschen verfügen über ein Aurafeld, welches elektromagnetisch gemessen und mit der sogenannten Kirlian-Photografie sichtbar gemacht werden kann.

Gewarnt werden muss vor Selbstdiagnosen. Gerade wenn die Probleme tief „verbuddelt" sind, dringt man ohne Sparringspartner meist nicht bis zu ihnen vor. Man neigt auch dazu, gerade bei sich selbst zu Ausbüchsprogrammen und Ausweichmanövern zu tangieren.

Aufbau und Struktur einer Sitzung

Sind Sie verwirrt, weil Ihnen der Einsatz dieser Methoden noch nicht ganz klar ist? Macht nichts. Wenn wir gleich die Methoden im Einzelnen durchgehen, wird vieles klarer werden.

Teil 8 – Die Methoden im Einzelnen

Die Unterschiede

Nachdem wir die gemeinsamen Elemente von emotion*Sync*® kennengelernt haben, gehen wir auf die unterschiedlichen Methoden ein.

Zur Wiederholung: Allen ist gemeinsam, dass es elektrisch-energetische, neuronal plausible Methoden sind. Was sie als Hauptmerkmal unterscheidet ist, dass sie unterschiedliche Sinneskanäle betreffen. Dies ist wichtig, da Erlerntes auf unterschiedlichen Sinneskanälen abgespeichert sein kann. Phobien z. B. sind häufig visuell abgespeichert (man sieht das Bild der Spinne und es graust einem). Dysfunktionale Gedankenmuster sind oft auditiv (man hört den Satz) – können aber auch visuell sein (man sieht zum Beispiel, wie die Mutter in der Küche steht und man als vierjährige angeblafft wird; „Nichts kannst du").

Wir werden in Beispielen darauf eingehen. Vorab: Es ist sehr wichtig, vom Klienten zu erfahren, wie sein Problem abgespeichert ist, damit man die optimale Methode wählen kann. Aber keine Sorge, wenn man die falsche Methode wählt oder der Klient erst während der Behandlung merkt, dass sein Problem doch eher visuell als auditiv ist, dann nimmt man eben die besser geeignete Methode als nächstes dran. Man muss gerade bei schweren Traumata oder Problemen häufig mit mehreren Methoden nacheinander arbeiten, um die negative Energie „herunterzufahren". Dazu werden wir Beispiele aufzeigen.

Also, was sind die unterschiedlichen Wahrnehmungskanäle? Die bekanntesten beziehen sich auf die Wahrnehmung der Außenwelt und sind unsere fünf Sinne:

- Riechen (olfaktorischer Kanal)
- Sehen (visueller Kanal)
- Hören (auditiver Kanal)
- Schmecken (gustatorischer Kanal)
- Fühlen (taktiler Kanal mit der weiteren Unterteilung von Berührung, Schmerz und Temperatur sowie das aktive Erkennen (haptischer Kanal)

Es gibt – das ist vielen Menschen gar nicht bewusst – die Wahrnehmung des eigenen Körpers:

- Propriozeption (Wahrnehmung von Körperlage und -bewegung relativ zum Raum)
- Viszerozeption (Wahrnehmung von Organtätigkeiten)

emotion*Sync*®-Methoden beruhen nicht primär auf diesen letztgenannten Wahrnehmungen. Sie spielen aber selbstverständlich eine Rolle. Der Klient merkt, ob ihm das Herz bis zum Halse schlägt oder ob er vor Schreck fast umfällt etc.

☺

Drei Männer sitzen in der Kneipe mit ein paar Krügen Heurigen.
Nach einer Weile, schon voll des guten Weines, geht der erste raus und meint: „Der Mond ist blau!"
Dann wankt der zweite Mann hinaus und lallt: „Der Mond ist grün!!!"
Daraufhin schwankt nun seinerseits der Dritte hinaus. Er sieht einen Polizisten und fragt diesen: „Herr Polisssist, welche Faaarbe hat der Mooond?"
Darauf der Polizist, sichtlich verunsichert: „Welcher, der linke oder der rechte?"

clap*Sync*

•))) clap*Sync*

Hintergrund

clap*Sync* verwendet den auditiven Kanal. Daher ist diese Methode sehr geeignet für alles, was auditiv gespeichert ist. Sie ist insbesondere zur Bearbeitung dysfunktionaler Gedankenmuster, die häufig in einem Satz formuliert werden können, geeignet.

Die Methode beruht auf Konditionierung, also auf der gelernten Assoziation zwischen einem ursprünglich neutralen Stimulus und dem negativen Gedanken. Dann wird die Methode der Reizkonfrontation, also der systematischen Konfrontation mit dem negativen Gedanken, angewandt.

Reizkonfrontation ist schon verschiedentlich erwähnt worden. Es gibt zwei Methoden der Reizkonfrontation. Einmal wird der Klient vorsichtig an den negativen Stimulus herangeführt. Zunächst wird der Klient mit weniger negativen Stimuli konfrontiert. Wenn er sich diesem aussetzen kann, dann wird langsam zu negativeren Stimuli gewechselt, bis das Maximum erreicht ist.

Goethe verwendete die andere Methode als er auf den Münster kletterte: Sofort sich der negativsten Situation stellen und bleiben, bis man damit zurechtkommt.

clap*Sync* erweitert die Methode. Es wird das Negativste gewählt, dann aber noch einmal so übersteigert bis es im Gehirn zum neurologischen Kurzschluss führt. Dies klingt zwar heftig, ist aber letztlich schonender, da es die gesamte Expositionszeit herabsetzt. Statt stundenlang auf das Nachlassen der Angst zu warten (wie bei Goethe), ist der Prozess binnen maximal weniger Minuten beendet und der negative neuronale Link nachhaltig gelöscht.

Durchführung

Für die Durchführung von clap*Sync* braucht man ein lautes Geräusch. Das Einfachste ist Klatschen, da die eigenen Hände immer verfügbar sind. Sie sollten allerdings damit experimentieren, wie das Geräusch laut wird. Z. B. ist es von Vorteil, die Hände leicht zu wölben, da bei flachen Händen das Geräusch weniger Volumen hat. Alternativ können Sie auch Trommeln, Klangschalen etc. verwenden. Unterstützend können Sie mit den Füßen mit dem Rhythmus stampfen.

Der Klient macht die Augen zu. Dies wird gemacht, um potenzielle visuelle Ablenkungen zu reduzieren. Die Konditionierung des Satzes auf das Klatschgeräusch wird durchgeführt. Der Therapeut spricht den Satz laut aus und klatscht dazu einmal. Findet das Klatschen eng vor dem Gesicht des Probanden statt, unterstützt die Wahrnehmung des Luftzugs die Energie des Klatschens.

Ab jetzt spricht der Therapeut den Satz nicht mehr aus, sondern der Klient denkt ihn nur noch bei jedem Klatschen in voller Länge. Der Therapeut klatscht sehr energetisch ca. sechsmal die volle Länge des Satzes, damit die Konditionierung sitzt.

Der Therapeut steigert darauf hin langsam die Geschwindigkeit des Klatschens und wird immer schneller. Hierdurch wird die Energie-Überhöhung eingeleitet. Der Klient kann jetzt den Satz nicht mehr in voller Länge innerlich denken, sondern aus z. B. „Ich bin nichts wert" wird „Ich bin nichts", „Ich bin", „Ich", „I", „I", „I" ... Das Klatschen wird so schnell, dass es praktisch ununterbrochen ist. Der Therapeut beendet die Situation durch energie*Sync* und folgt dem allgemeinen Prozedere der emotion*Sync*®-Methoden. Danach muss unbedingt etwas neues Positives oder Neutrales eingebaut werden, damit die neuronale Lücke nachhaltig gelöscht bleibt und das neue Muster aktiviert wird. Zum Schluss wird das neuronale Rezept für die Nachhaltigkeit ausgestellt.

push*Sync* I + II

Hintergrund

Alle Methoden sind von ihrem Grundsatz her neuronale beschleunigte Stimulus Interventionen.

push*Sync* arbeitet mit dem visuellen Kanal, ist also sehr gut geeignet für Probleme zu denen visuelle Bilder gespeichert sind. Zudem wird das Konzept von Nähe und Distanz eingesetzt. Probleme bzw. Konflikte erscheinen einem oft nahe und unendlich groß. Der Wunsch ist, sie ins Ferne zu rücken und somit klein zu machen. Das Grundkonzept entstammt der Submodalitätenarbeit (sense control), wird aber ganz anders umgesetzt, damit die Energie zur Entkopplung entsteht (siehe Teil 11).

Durchführung pushSync1

Der Therapeut bietet seine Hand als „Kinoleinwand" an. Der Klient ist aufgefordert, das Bild, welches er mit seinem Konflikt verbindet, virtuell darauf zu projizieren. Jetzt beginnt der Therapeut die Nähe-Distanz-Dimension zu „manipulieren". Hierzu empfiehlt es sich den Kopf des Klienten am Hintergrund zu unterstützen, sodass er nicht nach hinten instinktiv ausweichen kann.

Der Therapeut beginnt die Hand auf die Augen des Klienten zu und wieder wegzubewegen. Unterstützt werden kann dies durch Hypnotalk. „Dein Problem ist dir ganz nahe" (Hand nach vorn) „und es wäre doch schön, wenn es weiter weg wäre" (Hand weit weg). Jetzt wird analog zu clap*Sync* die Geschwindigkeit gesteigert. Die Hand bewegt sich immer schneller hin und weg und hin und weg. Viele Klienten reagieren direkt mit glasigen Augen.

Es wird wieder der Energieimpuls gesetzt. Einige Klienten empfinden eine tiefe Leere oder gar das Bedürfnis auf eine weiße Wand zu starren.

Durchführung pushSync2

push*Sync* 2 ist eine Art von visuellen beschleunigten Ankerbeschleunigung Verschmelzung. Ein negatives Bild / Trauma wird mit einem positiven Bild wechselseitig immer schneller über die Hände stimuliert und bis zum Energieimpuls geleitet.

Durch die extrem starke Reizüberflutung wird die alte negative Konditionierung gelöscht. Der neuronale Link (Reiz Reaktionskette) aufgelöst. Der Klient kann das alte Bild nicht mehr reproduzieren. Damit ist die emotionale Belastung / Trauma / PTBS gelöst. Achtung es nicht gedeckelt oder nur dissoziiert, sondern neuronal gelöscht.

eye*Sync*

Hintergrund

eye*Sync* arbeitet mit Augenbewegungen in Form einer liegenden Acht. Der Einsatz von Augenbewegungen, gerade zur Therapie von Traumata und Posttraumatischen Belastungsstörungen, ist nicht neu.

EMDR (Eye Movement Desensitization and Reprocessing) ist ein Verfahren, das oft zur Behandlung von traumatisierten Soldaten eingesetzt wurde. Die Grundkomponente sind waagerechte Augenbewegungen, die relativ langsam sind. Die Behandlung dauert auch recht lange. Die Energie von EMDR und von ähnlichen Methoden reicht deshalb nicht aus. Die Methode eye*Sync* erreicht eine deutlichere Schnelligkeit und Effektivität.

REM-Schlaf

Ein bislang vernachlässigter Punkt ist, warum Augenbewegungen bei der Bewältigung von Traumata helfen. Es mag zunächst erstaunlich klingen, wird aber deutlich, wenn man Augenbewegungen im Schlaf betrachtet. Diese treten in sogenannten Rapid Eye Movement (REM)-Schlafphasen auf. In diesen Schlafphasen treten Augenbewegungen auf, während der Rest des Körpers gelähmt ist und die meisten Personen berichten über Träume in diesen Phasen.

REM-Schlaf beeinflusst das Gedächtnis. Insbesondere ist er hinderlich für das Unterdrücken unangenehmer emotionaler Gedanken, da er die Erinnerung daran zu fördern scheint. Depressionen (die ja auf negativen Gedanken beruhen) können durch Entzug von REM-Schlaf gelindert werden. Zudem verfügen depressive Patienten über übermäßigen REM-Schlaf. Es besteht also ein Zusammenhang zwischen Augenbewegungen im REM-Schlaf und der Aufrechterhaltung negativer Emotionen und Einstellungen.

Welche Augenbewegungen treten im REM-Schlaf auf? Obwohl der REM-Schlaf „rapid", also schnell heißt, sind die Augenbewegungen langsamer als im Wachzustand. Im Übermaß treten schleifenförmige Augenbewegungen auf, die letztlich eine liegende Acht ergeben.

Die liegende Acht tritt auch in anderen Bereichen – von wissenschaftlich bis esoterisch – auf. In der Mathematik bezeichnet das Symbol die Unendlichkeit. Bei Entfernungseinstellungen in einer Kamera bezeichnet das Symbol einen unendlich weit entfernten Punkt. Im Tarot steht das Symbol für Ganzheit. Es steht auch für lange Beständigkeit. In dieser Bedeutung wird das Symbol auf der Flagge der Métis verwendet. Die Métis sind eine Ethnie in Kanada, deren Vorfahren europäische Pelzhändler und indianische Frauen waren. Ebenso steht es für ein logisches Paradoxon oder einen Teufelskreis.

In der Kinesiologie wird davon ausgegangen, dass durch die liegende Acht über Körperbewegungen beide Gehirnhälften aktiviert und *Syn*chronisiert werden. Als Resultat führt dies zur Entspannung der Augen und zur Förderung des Sehens, Schreibens und Lese- und Symbolverständnis.

Die liegende Acht (als Augen- oder Armbewegung) wird eingesetzt in der Therapie von Legasthenie bzw. Lese-Rechtschreibschwäche (LRS) und auch bei der Aufmerksamkeits-Defizit-Hyperaktivitätsstörung (ADHS). LRS-Kinder weisen häufig Schwierigkeiten bei Überkreuzbewegungen auf und involvieren beim Lesen und Schreiben schwerpunktmäßig ein Auge bzw. eine Gehirnhälfte. Bei der normalen Entwicklung bildet sich eine Koordination aus und das Kind zeigt Überkreuzbewegungen (z. B. mit der rechten Hand in die linke Gesichtshälfte greifen). Training mit der liegenden Acht durch Augenbewegungen, Armbewegungen oder Malen der liegenden Acht fördert Überkreuzbewegungen bei Kindern mit LRS-Schwäche und trägt zur Linderung ihrer Symptome bei.

Das Neurolinguistische Programmieren (NLP) ordnet verschiedenen Augenbewegungen und -positionen verschiedene Wahrnehmungskanäle und Erinnerungsprozesse zu. Nach dem NLP kann man durch die Stellung der Augen erkennen, ob jemand lügen könnte, was allerdings wissenschaftlich umstritten ist. Es wird im NLP nur unterschieden, ob jemand sich an etwas erinnert oder es konstruiert. Das NLP fokussiert sich auf sechs Positionen für jedes Auge: oben links, oben rechts, Mittelachse links, Mittelachse rechts, unten links, unten rechts.

Der oberen Ebene wird der visuelle Kanal zugeordnet, der mittleren der auditive und der unteren der kinästhetische. Die eine Hälfte (links vom Betrachter, rechts von der Person selbst) konstruiert, die andere erinnert (es wird je nach Autor noch etwas differenzierter betrachtet, aber dies ist das Grundkonzept).

Vorgehensweise

eye*Sync* arbeitet mit Augenbewegungen. Dabei erweitert es die Konzepte anderer Therapien mit Augenbewegungen, indem es die Dynamik des REM-Schlafs einbezieht. Die Energie, um den neuronalen Kurzschluss und die Auflösung des Traumas zu erreichen, wird über Beschleunigung erreicht. Im Gegensatz zu langsamen REM-Schlaf-Augenbewegungen werden durch die Beschleunigung negative Emotionen nicht verstärkt, sondern gelöscht. In einem Kernsatz also: Langsame Augenbewegungen verstärken negative Emotionen, schnelle Augenbewegungen löschen sie.

Bei eye*Sync* wird der Patient in einen Zustand versetzt, in dem er sich psychisch also quasi virtuell in die belastende Situation versetzt. Der Therapeut stellt sich vor ihn, hält ihm einen Finger vor die Augen (üblicherweise den Zeigefinger) und weist ihn an, diesem Finger mit den Augen zu folgen. Der Therapeut beschreibt mit dem Finger eine liegende Acht vor den Augen des Klienten. Der Radius kann zunächst groß sein, je nach Armlänge des Therapeuten. Der Therapeut achtet darauf, dass der Patient dem Finger wirklich folgt. Weicht letzterer davon ab, wird er sofort angewiesen „Folgen Sie meinem Finger, immer meinem Finger folgen". Intermittierend kann der Therapeut andere Armbewegungen einflechten und somit andere Augenbewegungen initiieren – z. B. waagerechte, senkrechte oder schräge. Die Grundbewegung aber ist die liegende Acht.

Der Therapeut kann die Arbeit unterstützen, indem er auch den auditiven Kanal stimuliert – beispielsweise durch Hypnotalk oder auch durch repetitive Wiederholung von Schlüsselwörtern aus dem Konflikt des Klienten oder von einem Geräusch. Nach einigen Wiederholungen der Acht steigert der Therapeut die Geschwindigkeit. Dabei kann die Acht kleiner werden. Hauptsache, dass die Geschwindigkeit schneller wird. Hier muss sehr darauf geachtet werden, dass der Patient weiter die Blickfolgebewegungen einhält. Ist das Maximum erreicht, stoppt der Therapeut den Prozess abrupt und schreckt den Patienten – meist ist er zu dieser Zeit in einem fast tranceartigen Zustand – durch einen Energie-Impuls auf.

Die Intervention wird mit einem virtuellen positiven Bild beendet, das die vorherigen negativen Gedanken ersetzt. Falls der Patient z. B. ein Spinnenphobiker war, kann der Therapeut mit ruhiger Stimme (als Hypnotalk) sagen „Und nun stell dir vor, wie du vor der Spinne stehst und du guckst sie an und du verspürst keine Angst, du siehst sie ganz ruhig an und du weißt, sie tut dir nichts ...“

tap*Sync*

 tapSync

Hintergrund

Klopftechniken – also Techniken, wo Körperteile vom Therapeuten mit den Fingern „beklopft" werden, sind nicht neu. Ein bekanntes Beispiel sind die Emotional Freedom Techniques (EFT). Hierbei wird davon ausgegangen, dass durch Stimulation (durch Klopfen) von bestimmten energetischen Punkten am Körper die Behandlung von psychischen Problemen (Störungen, Stress ...) erleichtert bzw. ermöglicht wird. Besonders im deutschsprachigen Raum wird eine dieser Formen der Klopftherapien als MET-Klopftherapie bezeichnet.

Lange Zeit wurden diese Therapien von vielen wissenschaftlichen In-stitutionen oder Überwachungseinrichtungen wissenschaftlicher Stan-dards nicht anerkannt. Dies hat sich dramatisch geändert. Der Grund da-für ist die zunehmende wissenschaftliche Evidenz über die Wirksamkeit. Darauf, wie diese Wirksamkeit gezeigt werden kann, wird im späteren noch eingegangen werden.

Asiatische Völker haben eine lange Tradition darin, bestimmte Punkte am Körper als energetisch besonders wichtig zu betrachten. Da-rauf basiert die Akupunktur oder die nicht-invasive Akupressur, wo an bestimmten Stellen des Körpers energetische Bahnen stimuliert werden. Dies lässt sich inzwischen auch mit modernen neurowissenschaftlichen Methoden wie dem EEG oder MRT zeigen. Es handelt sich also nicht um einen esoterischen Mythos.

In Amerika gibt es die stehende Redewendung „50,000,000 Elvis Fans can't be wrong". Ein Album von ihm mit diesem Titel erschien tatsächlich. Natürlich war dies ein Marketinggag. Aber dieses Mem wurde in vielen anderen Kontexten verwendet, übernommen und auch missbraucht. Letzteres z. B. bei zumindest fraghaftem Geschmack, aber nicht illegaler Benutzung von Marilyn Manson „Fifty Million Screaming Christians Can't Be Wrong". Andere Rocksänger und Rockbands griffen dies gerne für Songs und Titel auf. Mindless Self Indulgence, eine amerikanische El-ektronik-Band, sah die Kehrseite: „you're telling me that 50,000,000 screaming fans are never wrong, I'm telling you that 50,000,000 scream-ing fans are fucking morons."

Natürlich hat die Mehrheit nicht immer Recht. Es gibt falsche Lehrmei-nungen, aber auch kleine populäre Irrtümer, die teilweise Jahrhunderte überdauern.

Glauben Sie, die Freiheitsstatue steht in New York.

Im Winter ist es kälter, weil die Sonne weiter weg ist.

Die Menschen früher glaubten, die Erde sei eine Scheibe (tatsächlich ist wirklich die Vorstellung von der Kugelgestalt der Erde viel älter und vor-herrschender!)

Wofür bekam Albert Einstein den Nobelpreis? Achtung, bevor Sie etwas Falsches sagen, nicht für die Relativitätstheorie. Der Jury war wohl – nach heutiger Meinung– klar, dass er den Preis verdiente. Er war 10-mal nominiert worden. Aber mit der Relativitätstheorie konnten sie sich nicht anfreunden. Sie fanden einen anderen Grund.

Der Fünf-Meter-Raum im Fußball heißt so, weil er Fünf-Meter breit ist. Nein, ist er nicht.

Der Himalaja ist das größte Gebirge der Welt. Dort ist der höchste Berg, aber nicht das größte Gebirge.

Irritiert? Glauben Sie auch was Falsches? Natürlich. Irren ist schließlich menschlich allgemein und nicht nur männlich. Und die Mehrheit hat nicht immer Recht. Auch große Anzahlen von Menschen haben nicht immer Recht und können sich schließlich aufstacheln. Wer das nicht glaubt, der möge den altbekannten Klassiker „Psychologie der Massen" von Gustave le Bon lesen. Dennoch möchten wir hier darauf verweisen, dass Jahrhunderte, ja, Jahrtausende alte Traditionen zeigen, dass manuelle oder elektrische Stimulationen (Akupunktur ist letztlich ein elektrischer Impuls) von Körperteilen helfen können und Therapeuten und Ärzte dies auch heute noch erfolgreich ausüben. Unterstützt werden sie durch modernste wissenschaftliche Apparaturen und Untersuchungen.

Das „dritte Auge". Ein Thema, wo sich Esoteriker, Therapeuten, Theologen und Wissenschaftler gerne streiten. In der buddhistischen und hinduistischen Religion ist es ein Zeichen der Erleuchtung. Im Kundalini-Yoga gibt es eine Menge an Visualisierungen, die sich mit dem Punkt eines dritten Auges beschäftigen. Im Christentum wird das dritte Auge als das „innere Sehen der Seele betrachtet. Der Anthroposof Rudolf Steiner sah das dritte Auge als Urauge des Lebens an. Esoteriker beschäftigen sich seit langem mit dem dritten Auge.

Das dritte Auge ist auch aus wissenschaftlicher Sicht sehr interessant. Erst mal – es gibt/gab Tiere, die haben ein drittes Auge. Auch bei Wirbeltieren, aus denen wir Menschen resultieren, gab es ein drittes Auge, das sogenannte Scheitelauge. Sein Überbleibsel ist die Zirbeldrüse tief im Gehirn. Sie sieht nie Sonnenschein (außer bei Experimenten), reagiert aber wie unsere Augen auf photosensorische Stimuli. Zellen, die auf Licht reagieren, mitten im Inneren unseres Gehirns! Diese Fähigkeit hat sich über die Evolution hinweg erhalten.

Über den Grund dafür streiten sich die Wissenschaftler. Viele bringen Aktivität in diesem Bereich des Gehirns in Zusammenhang mit Meditationszuständen und Nahtod-Erlebnissen, mit Intuition, mit Schlafregulation und vielem mehr. Wenn sie in ihrer Funktion nachließe, würde unser physischer und psychischer Alterungsprozess beginne. Andere bestreiten alle oder einige dieser Theorien.

Vorgehensweise

tap*Sync* verwendet das Klopfen auf den Körper und energetisiert es. Die Energetisierung wird wiederum durch Beschleunigung erreicht. Dadurch kommt es zu einer stärkeren neuronalen Reaktion.

Bei der taktilen Wahrnehmung lässt sich dies sogar bis zur Ebene der Rezeptoren, die sich in der Haut befinden, nachweisen. In der Haut gibt es vier verschiedene Rezeptoren für passive Berührungswahrnehmung. Aktiv bedeutet hier ein Reiz – wie beim Klopfen. Die dafür zuständigen Rezeptoren sind:

- Die ersten reagieren auf die Drucktiefe und Dauer des Druckreizes. Sie reagieren bereits bei sehr geringen Impulsen und sind sehr zahlreich.
- Die zweiten reagieren auf Geschwindigkeit.
- Die dritten reagieren auf Haarverbiegungen der behaarten Haut.
- Die vierten dienen vor allem der Wahrnehmung von Vibrationen. Die neuronalen Signale ändern sich dementsprechend sehr schnell, damit sie Veränderungen der Vibrationen bzw. schnellere Vibrationen überhaupt wahrnehmen können

Aus alle dem (besonders 2. und 4.) lässt sich ableiten, dass Geschwindigkeit in der taktilen Wahrnehmung eine besondere Rolle spielt. Mehr Geschwindigkeit bedeutet mehr Aktivierung von Rezeptoren in der Haut,

die wiederum mehr Neuronen im Gehirn involvieren, weil jeder Rezep-
tor mit „eigenen" Rezeptoren verknüpft ist.

Das Grundprinzip von tap*Sync* besteht also darin, auf einen oder mehrere Punkte zu klopfen, die Geschwindigkeit zu steigern bis das Klopfen
praktisch zur Vibration wird und dann das Vorgehen durch einen Energieimpuls zu beenden. Da hier im Gegensatz zu gängigen Klopftechniken
die Energie durch die Beschleunigung erzeugt wird, ist es nicht wichtig,
ob ein Akupunkturpunkt genau getroffen wird. Bei den schwachen Energien der gängigen Methoden ist es notwendig, die Energiesteigerung, die
Akupunkturpunkte bieten, zu nutzen. tap*Sync* erzeugt auch an anderen
Stellen genügend Energie. Man muss auch nicht so viele unterschiedliche
Punkte stimulieren wie bei gängigen Klopftechniken erfordert. Der
tap*Sync*-Therapeut kann also wahlweise

- nur einen Punkt nehmen,
- zwischen zwei Punkten alternieren,
- gleichzeitig mit jeder Hand einen Punkt, also insgesamt zwei Punkte,
  stimulieren
- oder eben auch beliebig viele Punkte stimulieren.

Begleitet wird das Vorgehen im Regelfall durch auditive Stimuli. Dazu
nutzt der Therapeut entweder Kernwörter des Problems. Z. B. „Angst"
und/oder „Spinne". Er kann aber auch Nonsens-Wörter wie „tock-tock-
tock" oder „klopf-klopf-klopf" verwenden.

move*Sync I + II*

Hintergrund

Jeden Menschen umgibt ein elektromagnetisches Feld, was an elektrischen Strömen in allen Teilen des Körpers bis hin zur einzelnen Zelle

erzeugt wird. Inzwischen verfügen wir über empfindsame Messgeräte, die dieses Feld messen und sogar fotografieren (Kirlian-Photografie) können.

Dieses Feld wird durch umgebende Magnetfelder beeinflusst. Magnetfelder werden in unterschiedlicher Stärke künstlich von elektrischen Geräten erzeugt. Daher kommt auch die immer wiederkehrende und kontrovers diskutierte Debatte, ob der sogenannte „Elektrosmog" Krankheiten erzeugt. Aber auch die Natur hat kontinuierliche elektrische Felder durch Galaxis, Erde, Mond und andere Planeten des Sonnensystems. Das menschliche Feld kann man durch gezielte Stimulation beeinflussen und dies zu medizinischen Zwecken nutzen. Die Idee dahinter ist uralt. Schon in der Antike nutzten ägyptische Priester, aber auch die alten Griechen und Römer Magnetfelder, um Krankheiten zu therapieren. Inzwischen ist die Wirkung nachgewiesen und wird am meisten in der Schmerztherapie, Orthopädie und Rheumatologie verwendet.

Therapie via Magnetfelder ist ein mächtiges Tool. Wird durch starke magnetische Ströme das Feld vor dem Kopf eines Tieres umgekehrt, werden sie Experimenten zufolge bewusstlos. Unter Narkose sinkt beim Menschen die Ladung vor dem Kopf auf null.

Aufsehenerregende Experimente führte Robert O. Becker durch. Er war Professor für orthopädische Chirurgie und wurde 1980 für den Medizin-Nobelpreis vorgeschlagen. Den Preis erhielt er nie – es wird gemunkelt, dass dies daran lag, dass er sich mit der Elektrizitätsindustrie anlegte, da er sich nicht nur mit der Heilkraft, sondern auch der Gefahr von Elektrizität beschäftigte. Seine Ergebnisse zur Heilkraft von Elektrizität wurden von der Schulmedizin mit Skepsis und Ablehnung betrachtet.

Er entdeckte Gleichströme in perineuralen Zellen, also in Zellen, die um Nervenzellen herumliegen. Berichten zufolge gelang es ihm, die Heilung von (auch schwer heilenden) Knochenbrüchen mit Elektrizität zu beschleunigen.

In weiteren Experimenten arbeitete Prof. Dr. Becker mit Salamandern. In Gefahrensituationen können einige Echsen ihren Schwanz abwerfen.

Wird in Experimenten den Schwanz absichtlich entfernt, kann man durch entsprechende Elektrizität den Heilungsvorgang erheblich beeinflussen.

Er war der Überzeugung, man könne auch bei Tieren und Menschen amputierte Gliedmaßen nachwachsen lassen. Erste ansatzweise Nachweise an Ratten lagen zu seinem Todeszeitpunkt vor.

Inzwischen wird Magnetfeldtherapie von verschiedenen Ärzten zur Beschleunigung der Heilung von Knochenbrüchen und Verstärkung der Regeneration zerstörter Knochensubstanz eingesetzt. Es wird berichtet, dass Wundverschließung ohne Nadel und Faden durch Magnete möglich ist.

Auch auf psychischer Ebene kann Magnetfeldtherapie einen Einfluss haben (berichtet auf dem 3. Weltkongress der Bio-Elektro-Magnetischen-Energie-Regulation 2002). Hier wurde sie gezielt zur Behandlung von Zahnarztphobien eingesetzt.

Die Interaktion des Magnetfeldes des Klienten mit dem des Therapeuten wird bei move*Sync* gezielt genutzt. Zusätzlich wird Wissen über Chakren eingesetzt. Von der Lehre der Chakren, die in vielen Kulturkreisen und Religionen bekannt ist, haben wohl die meisten gehört. Chakren befinden sich auf der feinstofflichen Ebene (vgl. Ebene 6 – Der feinstoffliche Körper). Chakren haben einen Ort, nach vielen Vorstellungen auch eine Farbe – aber auch eine Drehbewegung, die nach links (gegen den Uhrzeigersinn) oder nach rechts (mit dem Uhrzeigersinn) gehen kann. Wir brauchen keinen Internetdiskussionen zu folgen, ob Männer und Frauen sich bei bestimmten oder allen Chakren in den Drehrichtungen unterscheiden – wir gehen „for the sake of the argument" davon aus, dass keine Drehrichtung richtig oder falsch oder abartig oder normal ist. Wir gehen nur davon aus, dass bestimmte Drehrichtungen sich gut und andere schlecht anfühlen. Sozusagen individuell richtig oder falsch sind, wobei die Erfahrung keines Menschen auf einen anderen übertragen werden kann. Sie sind auch nicht individuell im eigentlichen Sinne richtig oder falsch – sie verstärken nur die dort sitzenden Gefühle oder schwächen sie ab. Je nachdem ob die Gefühle positiv oder negativ sind,

sind Drehbewegungen positiv oder negativ. Damit wird bei move*Sync*1 und move*Sync*2 gearbeitet.

Vorgehensweise

MoveSync1 – negative Emotionen abschwächen.

Ja, Sie haben richtig gehört. Emotionen und Probleme haben durchaus einen Sitz im Körper. Dies kann sich als Zwicken äußern, als Krampf im Bein, als Bauchschmerzen oder Verkrampfung im Nacken. Wie bereits beschrieben, sind Gedächtnis und alle Sinneskanäle miteinander verknüpft und das äußert sich darin, welche Facetten eines Problems ans Tageslicht kommen. Noch akuter wird dies natürlich, wenn tatsächlich ein offiziell diagnostiziertes, medizinisches Problem hinzukommt (chronische Schmerzen in Körperteilen, schlecht verheilende Verletzungen etc.). Wie in den Testimonials beschrieben, wird diese Technik inzwischen in Sportvereinen bei Hobbysportlern und sogar bei professionellen Sportlern erfolgreich eingesetzt.

Hierbei lässt der Therapeut sich von seinem Klienten beschreiben, mit welchen Körperteilen er seine Beschwerden verbindet bzw. assoziiert. Dann wird ausprobiert, bei welcher Drehbewegung sich die Beschwerden bessern oder mildern. Hierzu macht der Therapeut drehende, also kreisende Bewegungen mit seiner Hand über dem betroffenen Körperteil des Klienten. Es ist wichtig, dass der Therapeut diese Bewegungen recht nahe am Körper des Klienten macht, da dies idealerweise in der Aura des Klienten stattfindet und die Magnetfelder von Klient und Therapeut interagieren müssen. Zudem bedeutet räumliche Nähe zum Klienten, dass diese den Luftzug, der mit der Bewegung verbunden ist, stärker wahrnehmen, was wiederum eine Verstärkung der vom Therapeuten eingesetzten Energien ist.

Viele Klienten merken schnell eine offensichtliche Änderung je nach Drehrichtung. Diejenige Drehrichtung, die eine Verschlechterung bedeutet, wird genutzt. Die negative Energie, die darauf liegt, wird jetzt umgedreht. Hierzu wird das Prinzip des Generators genutzt. Ein Generator ist eine Maschine, die durch mechanische Drehung elektrischen Strom produziert. Je schneller die Drehung desto mehr Energie. Ebenso wird bei move*Sync* die Energie gesteigert, indem immer schneller gedreht wird.

Der Therapeut kann dies durch Geräusche unterstützen, sodass zudem der auditive Kanal stimuliert wird. Beendet wird das Vorgehen durch den bekannten Energieimpuls, energy*Sync*.

moveSync2 –positive Emotionen verstärken.

Bei move*Sync*2 wird das umgekehrte Prinzip verwendet. move*Sync*1 arbeitet gegen die negative Energierichtung. Es bremst das negative Feld. move*Sync*2 verstärkt positive Emotionen. Das kann bis dahin gehen, dass ein nahezu ekstatischer Zustand entsteht. Das ist ein wundervoller Abschluss einer Therapie – oder man kann es auch gut bei sich selber einsetzen. So kann man sich als Therapeut selbst gut aufbauen, wenn es einem schlecht geht. Ebenso kann man es den Klienten für den Alltag beibringen, damit sie mehr Freude, Glück und positive Gefühle in ihr Leben bekommen.

Für move*Sync*2 sucht man sich erst mal eine Stelle im Körper. Gut geeignet ist der Bauch – Stichwort „Bauchgefühl". Zudem sitzt im Bauch eines der Chakren.

Dann sucht man sich die Drehrichtung, bei der man ein positives Gefühl hat. Durch rotierende Bewegungen der Hand wird dieses positive Gefühl gesteigert. Hier endet man nicht mit energy*Sync*, sondern mit einem Strahlen auf dem Gesicht und einem wunderbaren Gefühl im Körper.

bodySync I + II

Hintergrund

Hier handelt es sich um eine taktile körperliche Stimulation mit Energiebeschleunigung. Einige Klienten reagieren auf körperliche Stimuli besser als auf visuelle oder auditive.

Durchführung bodySync1

Hierbei werden die Schulteransätze wechselseitig beschleunigt. Das ist nicht zu vergleichen mit bisherigen Klopf- oder Meridiantechniken.

Durchführung bodySync2

bodySync 2 funktioniert ähnlich wie bodySync 1. Hier werden jedoch die Knie eingesetzt. Nicht jeder Klient reagiert auf die Methoden gleich. Deshalb ist es so wichtig viel sehr gute Interventionsmethoden zu haben. emotionSync bietet das.

spaceSync / Brainspotting+

Hintergrund

Das Gehirn speichert Informationen verortet im Gehirn ab. Jede Information hat seinen Platz. Hier geht es um negative Abspeicherungen. Der Klient soll sein Trauma visualisieren wie bei einem Beamer. Der Punkt, wo die Augen hinschauen, ist dann der Ort im Raum (Space). Der wird dann neuronal stimuliert und beschleunigt. Dies ist eine sehr schnelle effektive Methode neuronal negative Energien / Emotionen zu löschen.

Was ist EMDR?

EMDR ist die Abkürzung für Eye Movement Desensitization and Reprocessing, auf Deutsch: Desensibilisierung und Aufarbeitung durch Augenbewegungen.

Die Begründerin / Entwicklerin von EMDR ist Francine Shapiro (Psychologin) aus den USA. EMDR fand 1991 seinen Einzug auch in Deutschland und gilt als von den Krankenkassen anerkannte Methode zur Behandlung von Personen mit posttraumatischen Belastungsstörungen (PTBS). Der Wissenschaftliche Beirat für Psychotherapie hat am 6. Juli 2006 durch ein wissenschaftliches Gutachten EMDR anerkannt. Weitere Informationen dazu finden Sie hier: *(https://www.wbpsychotherapie.de/ page.asp?his=0.113.114.115).*

EMDR hat seinen Ursprung in der Traumatherapie. Die Anwendungsmöglichkeiten von EMDR reichen jedoch weit darüber hinaus. Die Methode basiert auf der Basis von neuronalen Stimuli über die Augenbewegung. Jede Augenbewegung baut diesen neuronalen Stimulus auf.

Das zentrale Element der EMDR-Therapie sind die „angeleiteten" Augenbewegungen, auch bilaterale Stimulation genannt. Der Klient folgt den Fingern des Therapeuten mit seinen Augen, während dieser seine Finger abwechselnd in Augenhöhe des Klienten hin und her bewegt. Diese Augenbewegungen sind mit den Augenbewegungen im REM-Schlaf vergleichbar. In der REM-Phase „räumt das Gehirn auf" und sortiert sich neu. Es werden Tageseindrücke, Erlebnisse und Emotionen verarbeitet.

Am Anfang der EMDR-Behandlung steht eine ausführliche und fundierte Anamnese des Traumas und den damit verbundenen, belastenden Symptomen. Damit die Klienten sich vorsichtig der Traumathematik nähern können, schaffen EMDR-Therapeuten mit viel Einfühlungsvermögen einen sicheren und geschützten Rahmen. Nun kann sich der Klient gemeinsam mit dem Therapeuten das traumatisierende Geschehen und damit verbundene Bilder und Situationen ansehen. Anschließend werden mit der oben beschriebenen Methode die belastenden Emotionen entkoppelt. In der Regel leiten EMDR-Therapeuten während einer Sitzung mehrere Sequenzen der Augenbewegungen an, die eine halbe bis eine Minute dauern. Achtsam leiten sie die Klienten durch das Erinnerte und die dazugehörigen Empfindungen.

Eine EMDR-Sitzung ist vergleichbar mit einer Reise. Die Klienten fahren noch einmal an dem Geschehen vorbei, aber aus sicherer Distanz und in Begleitung des Therapeuten. Im weiteren Verlauf der Sitzung verblasst die belastende Erinnerung Stück für Stück und die Symptome des Traumas lösen sich auf. Die Patienten lernen, mit den alten traumatischen Erinnerungen und Gedanken umzugehen und können eine neue, angemessenere Perspektive auf das Geschehen entwickeln.

Die Stimulation über die EMDR-Methode baut eher sanft einen Gegenstimulus zum Trauma auf. Aus der neuesten Gehirnforschung ist mittlerweile bekannt, dass ein Trauma sich leichter und schneller lösen lässt, wenn der Stimulus eine höhere Energie hat als das Trauma.

EMDR klassisch: Intervention in acht 8 Phasen

1. Einleitung einer therapeutischen Beziehung

- Durchführung einer umfangreichen Anamnese
- Feststellung von Kontraindikationen
- Ressourcen und Traumalandkarte erstellen

2. Vorbereitung und Stabilisation

- Psychische Stabilität prüfen
- Soziale Stabilität
- Körperliche Stabilität
- Augenprobleme überprüfen / Kontaktlinsen
- Ressourcen beim Klienten aufbauen
- Behandlungsplan erstellen

3a. Die Beobachtung

- Klären von Sitzposition
- Abstand von den Augen klären
- Die Augenbewegungen üben
- Durchführen der Augenstimulation mit ca. 20 bis 50 rechts-links Stimulationen oder auch diagonal. Zusätzlich darf auch Körperklopfen mit eingebaut werden (z. B. Handrücken beklopfen) oder akustische Reize
- Danach wird eine Pause eingelegt und es wird in der Mitte gestoppt und dann nach unten ausgewunken
- Ein Klient darf jederzeit ein Stoppsignal geben

3b. Die Wertung

- Schilderung der Ereignisse des Traumas
- Suchen nach Erinnerungslücken
- Schlimmster Moment des Ereignisses
- Elizitieren von negativen Kognitionen
- Elizitieren von positiven Kognitionen
- Später soll die positive die negative ersetzen
- Affektphase, die über die SUD Skala –10 bis +10 bewertet werden soll (SUD = Subjective Units of Disturbance – Grad der subjektiven Belastung)
- Welches Körperempfinden gibt es dazu

4. Das Prozessieren von Kanal und Knoten

- Der Knoten ist der Punkt der größten negativen Stärke
- Der Kanal ist dann aktiv, wenn der Stimulus am Knoten wirkt
- Stimulieren durchführen

Achten Sie auf Veränderungen im emotionalen, kognitiven und körperlichen Bereich.

Durchlaufen Sie die Schleife so lange am Problem, bis es neutralisiert ist. Dadurch können Veränderungen der Repräsentation auf den verschieden Sinnesebenen stattfinden und sich die negativen Emotionen abkoppeln.

5. Das Verankern einer positiven Kognition

Nach der Intervention sucht oder nimmt man die gewünschte neue positive Kognition und baut sie durch langsame Stimulierung im Gehirn ein.

Es wird überprüft, ob die Kognition für den Klienten auch ökologisch ist und ob es eventuell noch Einwände gibt. Die müssen dann erst aufgelöst werden.

6. Der Körpertest

Hier wird der Klient wieder in die belastende Situation gebracht. Jetzt schaut man ob es dazu noch negative körperlichen Reaktionen gibt. Wenn ja, werden sie mit EMDR solange stimuliert, bis sie sich lösen.

7. Der Abschluss und die Reflektion

Es wird auf weitere Auswirkungen und Verarbeitungsthemen hingewiesen. Es können Kopfschmerzen und auch vorübergehende Verschlimmerung der Symptome auftreten, bevor Besserung eintritt.

Der Klient wird auf diese möglichen Reaktionen hingewiesen und es werden ihm Möglichkeiten genannt, damit umzugehen. Nicht gelöste Themen werden an einen sicheren Ort geladen, um sie dann später abzuarbeiten. Der Klient soll in einem möglichst guten Zustand verabschiedet werden.

Natürlich gilt es, die Ergebnisse wieder zu kontrollieren, ob sie stabil sind oder ob nachgearbeitet werden muss.

Was ist EMDR+?

EMDR⊕

Da EMDR sanft und distanziert durch das Trauma durchführt, ist der bilaterale Gegenstimulus meist schwach. Damit das Gehirn darauf reagiert, muss die Stimulation öfter wiederholt werden. Es ist wie Lernen durch Wiederholung. Dies bieten EMDR+ und emotion*Sync*®.

Würde bei der Durchführung der Methode ein hoher energetischer Stimulus stattfinden, bräuchte man die sie nicht oder nicht so oft zu wiederholen. Die Veränderung würde sofort abgespeichert(„one-shot-conditioning").

Der Stimulus wird bei EMDR+ deutlich erhöht durch eine Steigerung der Geschwindigkeit der Hin-und-Her-Bewegung des Fingers vor den Augen des Klienten. Abgeschlossen wird das Vorgehen abrupt mit einem schnellen Tippen auf die Stirn, ähnlich wie ein kleiner Schreck. Dadurch wird ein deutlich höherer Gegenimpuls zum Trauma aufgebaut.

Das ist wie in der Physik oder der Chemie. Um eine Zustandsveränderung zu generieren, muss dem System Energie zugeführt werden. Die zugeführte Energie muss höher sein als die Energie, die das System stabil hält.

Ein Trinkglas bekommt man mit einem Wattestäbchen schwer kaputt, aber mit einem Hammer, der mehr Energie übertragen kann, ist das kein Problem mehr. In der Chemie hält man einen Bunsenbrenner unter einen chemischen Stoff, damit Energie zugeführt wird und sich der Aggregatzustand ändert.

Das Gleiche gilt für das Gehirn. Ein Trauma ist im Gehirn elektrisch gespeichert mit einem entsprechenden Energiepotenzial. Damit sich das

Trauma lösen kann, muss höhere Energie zugeführt werden. Das erreicht man mit den neuronalen Stimulationen über unsere Sinne. EMDR+ und emotion*Sync*® liefern genau diesen Ansatz.

Die Methoden sind hervorragend geeignet, um PTBS zu behandeln. Jedoch auch für alle Fälle, wo es eine starke, negative Reiz-Reaktions-Kopplung gibt, die belastend ist.

Es somit die Umkehrmethode der klassischen Konditionierung, die durch Prof. Dr. Iwan Pawlow* aus St. Petersburg („Pawlowscher Hund") nachgewiesen wurde.

Insofern bewirken EMDR+ und emotion*Sync*® eine Dekonditionierung, ein Entlernen der Konditionierung.

Besonders freue ich mich, dass dort wo Pawlow seine Idee geboren hat – in St. Petersburg – emotion*Sync*® in 2016 vorgestellt wurde und dieses Buch auch auf Russisch erhältlich ist.

Weitere Information finden Sie hier im Buch unter den Methoden von emotion*Sync*®. emotion*Sync*® ist die konsequente Weiterentwicklung von EMDR und wird von uns als EMDR+ bezeichnet.

https://de.wikipedia.org/wiki/Iwan_Petrowitsch_Pawlow

Teil 9 – Die Wissenschaft

Für die Beurteilung der Seriosität von emotionSync®-Methoden und wie diese nachgewiesen wurde/wird, ist dieses Kapitel sowohl für Laien als auch für Profis wichtig. Falls Sie zu dem Teil der Spezies Mensch gehören, der Statistik nicht mit der Muttermilch aufgesogen hat, sollten Sie auch einen Blick auf den Hintergrund zur Statistik „riskieren".

Vorgehensweise von Wissenschaftlern: Statistik

Wissenschaftlichkeit und Statistik

> *„Es gibt drei Arten von Lügen: Lügen, verdammte Lügen und Statistik."*
>
> (In Variationen verschiedenen Autoren zugeschrieben, bekannt geworden durch Mark Twain)

Obwohl das Wort Statistik im Titel steht – bitte weiterlesen, dieses Kapitel ist für das Verständnis der nächsten Kapitel wichtig (es sei denn, Sie haben Statistik mit der Muttermilch aufgesogen). Ein wichtiges Anliegen von emotion*Sync*® ist, dass die Methoden seriös sind. Seriös bedeutet in diesem Zusammenhang, dass sie wissenschaftlich sind. Was macht Wissenschaftlichkeit aus? Was macht eine Studie zu einer, der man glauben kann?

Die Geheimwaffe für Wissenschaftler in diesem Zusammenhang ist die Statistik. Statistik ist bei vielen verrufen und gilt als langweilig. Sie ist ein Teilgebiet der Mathematik und viele Menschen glauben, sie verstehen keine Mathematik. Tatsächlich gibt es natürlich unterschiedliche Begabungen und es gibt Menschen, die in Mathematik nicht gut sind. Aber es ist auch eine weit verbreitete dysfunktionale Kognition, die durch viele Faktoren (z. B. Presse, Elternhaus, Schule bzw. Unterrichtsweise etc.) geschürt wird. Also – keine Angst, wir stellen Ihnen hier nur die wichtigsten Aspekte von Statistik vor, die zum Verständnis der vorgestellten Studien benötigt werden.

Stellen Sie sich vor, Sie behandeln eine Patientengruppe und wollen mit irgendeinem Wert auf einem Fragebogen feststellen, ob es den Menschen hinterher wirklich besser geht als vorher. Psychologen und viele andere Wissenschaftler lieben Fragebögen, weil dann die Ergebnisse mit anderen Studien vergleichbar sind. Aussagen wie „Ja, mir geht es besser" sind zwar im Alltag hilfreich und bedeuten dem Patienten viel – aber die Frage bleibt „wie viel besser denn?" In einem Fragebogen werden gezielte Fragen gestellt und meist mit einem Wert auf einer Skala beantwortet. Beispielsweise wird die Frage „wie geht es Ihnen jetzt gerade?", wie bereits vorgestellt, auf einer Skala von „0 = maximal schlecht" bis „10 = maximal gut" beantwortet. Frühere Psychotherapeuten setzten diese Methoden nicht ein, weil z. B. zu Sigmund Freuds Zeiten die Statistik noch in den Kinderschuhen steckte und auch kein Sinn darin gesehen wurde, solche Methoden zu verwenden.

In der Psychotherapie sind insbesondere Vergleiche, wie es den Patienten vor der Therapie ging mit wie es ihnen hinterher, geht von großer Bedeutung. Das heißt, es gibt für jeden Patienten einen Wert (oder eben mehrere Werte, siehe oben) vor der Therapie (die sogenannte „prä"-Bedingung) und einen nach der Therapie (die sogenannte „post"-Bedingung).

Das Ziel ist natürlich, dass erstens die Patienten sich nach der Intervention besser fühlen als vorher und zweitens, dass das bei gleicher bzw. ähnlicher Intervention (genau gleich kann es nie sein) sich möglichst alle oder zumindest die meisten besser fühlen. Statistiker haben für beides eine Möglichkeit dies zu testen.

Für die Fachleute und die, die es näher wissen wollen – in der Statistik gibt es zwei Kenngrößen. Die erste, meist verwendete ist die statistische Signifikanz. Sie gibt – vereinfacht gesagt – die Wahrscheinlichkeit an, dass der Unterschied zwischen prä und post rein durch Zufall entstanden ist. Ist diese sehr klein, wird die Schlussfolgerung gezogen, dass die Veränderung systematisch und auf die Intervention zurückzuführen ist und nicht nur durch Zufall entstand.

Reicht das aus für die Überprüfung einer Therapiemethode? Es gibt noch ein weiteres bedeutsames Maß, das häufig vernachlässigt wird. Sagen wir, die Veränderung der Befindlichkeit der Klienten wird auf einer Skala von −10 bis +10 gemessen. Wenn jeder Klient eine Veränderung von −10 auf −9,9 oder −9,8 angibt – dann wird dies statistisch signifikant werden. Solange jeder sich ein bisschen verbessert, reagiert die statistische Signifikanz darauf und gibt an, dass alle (oder zumindest die meisten) sich in eine Richtung verändern. Aber bedeutet das wirklich eine psychisch bedeutsame Verbesserung? Fühlt sich der Klient wirklich deutlich besser? Dies betrifft die Frage, ob die Veränderung klinisch relevant bzw. für das Leben des Individuums von Bedeutung ist. Dies wird besser durch das Maß der Effektgröße reflektiert. Leider wird dies in vielen Studien zur Psychotherapie vernachlässigt.

Was ist damit gemeint? Vereinfacht gesagt, ist dies ein standardisiertes Maß dafür, wie viel sich die Werte vorher und nachher voneinander unterscheiden.

Sagen wir, Sie benutzen eine Skala von −10 bis +10. Wenn der Patient vorher −10 angibt und hinterher −9,9 – haben Sie ihm dann wirklich geholfen? Wohl eher nicht. Wenn er vorher −10 angibt und hinterher +10, liegt die Vermutung nahe, dass er sich wirklich besser fühlt.

Für seriöse wissenschaftliche Studien zu Therapien sollten beide Maße berücksichtigt werden, um zu belegen,

ob eine Änderung stattfindet (Signifikanz)

und wie bedeutsam, wie groß sie ist (Effektgröße)

Für die Festlegung der Signifikanzniveaus (signifikant, hoch signifikant, höchst signifikant) und der Effektgröße (klein, mittel, groß) wurden international übliche Standards verwendet.

Statistik dient hier also als Mittel, um vom bloßen „oh, meinen Patienten geht es hinterher besser" zu wissenschaftlich belegten Änderungen zu kommen. Oft heißt es, mit Statistik kann man doch alles belegen. Hören wir dazu Elisabeth Noelle-Neumann, Gründerin des Instituts für Demoskopie in Allenbach:

„Statistik ist für mich das Informationsmittel der Mündigen. Wer mit ihr umgehen kann, kann weniger leicht manipuliert werden. Der Satz: ‚Mit Statistik kann man alles beweisen', gilt nur für die Bequemen, die keine Lust haben, genau hinzusehen." Die Autoren mehrerer Bücher über Statistik, wie W. Allen Wallis; Harry V. Roberts, beschreiben es so: „Statistik ist eine Zusammenfassung von Methoden, welche uns erlauben vernünftige Entscheidungen im Falle von Ungewissheit zu treffen."

Da derzeit für viele therapeutische Methoden ein hohes Maß an Ungewissheit herrscht, werden hier für den Beleg der Wissenschaftlichkeit von emotion*Sync*® statistische Methoden genutzt. Um in die Lage versetzt zu werden, vernünftige Entscheidungen für die besten Therapiemethoden zu treffen.

Und zum Abschluss – warum Statistiker uns gut tun:

☺

Der Jäger schießt auf den Hasen und trifft vier Meter links daneben. Er schießt wieder und trifft vier Meter rechts daneben. „Hurra", schreit er, „getroffen!"

☺

Sie sehen also – ohne Statistiker müssten wir alle viel mehr Hunger leiden! Außerdem kann Statistik praktische Lebenshilfe geben:

☺

Ein Statistiker wird gefragt, wo er begraben werden will. Seine Antwort: „In Jerusalem, da ist die Auferstehungswahrscheinlichkeit am größten!"

☺

Vorstudie

In einer Vorstudie wurden zu den verschiedenen emotion*Sync*®-Methoden von verschiedenen emotion*Sync*®-Coaches Daten von ihren Patienten erhoben. Vor der Therapie gaben die Patienten auf einer Skala von –10 bis +10 an, wie sie sich fühlten (–10 = maximal schlecht, +10 =

maximal gut). Die Anzahl erhobener Daten pro Methode war unterschiedlich und lag zwischen 29 und 10 Klienten.

Alle Ergebnisse wurden statistisch ausgewertet. Für alle Methoden wurde über mehrere statistische Maße (siehe nachfolgendes Diagramm) sowohl ihre generelle Wirksamkeit als auch große, nicht nur kleine Veränderungen belegt. Die Ergebnisse sind im Folgenden dargestellt. Die Balken geben Mittelwerte wieder – also jeweils die mittlere Emotion vor und nach der Therapie. Die kleinen senkrechten Striche stellen Maße für die Größe des individuellen Unterschieds dar – also ob alle Klienten gleich sind oder sich stark unterscheiden.

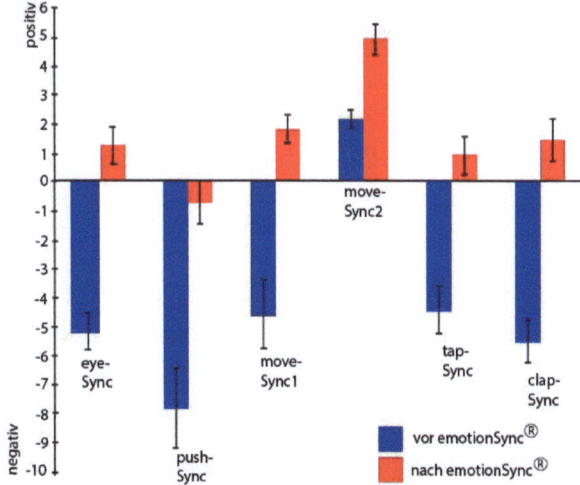

Alle Änderungen von der prä- zur post-Bedingung waren bedeutsam (vgl. dazu nachfolgendes Diagramm). Bedeutsam wird hier verstanden, dass es sehr unwahrscheinlich ist, dass das Ergebnis rein durch Zufall entstanden ist (dann ist das Ergebnis „signifikant" bzw. wenn es sehr unwahrscheinlich ist „höchstsignifikant");

- die Größe der Änderung groß genug ist, um davon auszugehen, dass es klinische Relevanz hat, es dem Klienten also wirklich besser geht (große Effektgröße).

Die Ergebnisse hier sind alle höchstsignifikant und zeigen eine große Effektgröße.

Die Dissertation von Dr. Christian Hanisch

In seiner Dissertation untersuchte Dr. Hanisch exemplarisch alle emotion-Sync®-Methoden auf ihre Wirksamkeit mit großen Patientengruppen.

Studie 1

An der ersten Studie nahmen 52 Klienten teil. Die Therapeuten verfügten über unterschiedliche Vorkenntnisse. Einige waren noch in ihrer Coaching-Ausbildung, andere hatten einen Hintergrund als vollausgebildete Therapeuten. Es ist wichtig, weit mehr als einen Therapeuten einzubeziehen, um wissenschaftlich sicherzustellen, dass sich die Ergebnisse nicht auf einen spezifischen Therapeuten beziehen. Bei einem einzelnen Therapeuten könnten seine Charaktereigenschaften und seine individuelle Art des Umgangs mit dem Klienten die Ergebnisse beeinflussen und verzerren.

Die Klienten kamen mit sehr unterschiedlichen Problemen zur Therapie, z. B. Phobien, dysfunktionale Gedankenmuster, Depressionen uvm.

Vor der Therapie bewerteten die Klienten ihre Emotionen auf einer Skala von −10 bis +10. Nach der emotion*Sync*®-Methode wiederholten sie die Bewertung. Am Ende der Therapie, nachdem etwas Neues erarbeitet wurde (Erinnern Sie sich: Bauen Sie immer etwas Neues ein!), wurde die Bewertung ein drittes Mal vorgenommen.

Die Ergebnisse sind in der folgenden Grafik dargestellt. Hier wird wieder die mittlere Valenz der Emotion zu den jeweiligen Messpunkten dargestellt mit einem Maß für die Größe der Unterschiede zwischen den Klienten.

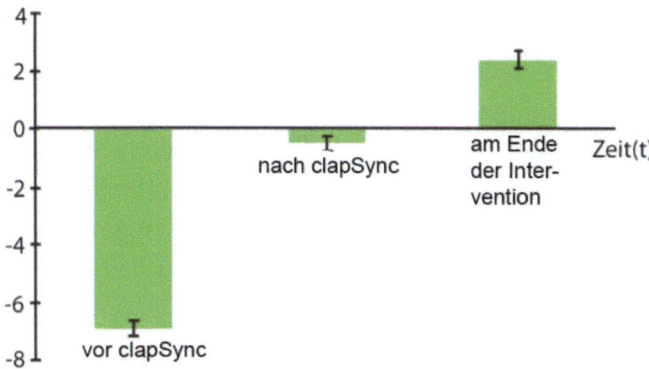

Der Unterschied zwischen „vor clap*Sync*" als auch „nach clap*Sync*" ist höchstsignifikant und zeigt eine große Effektgröße. Der Unterschied zwischen „nach clap*Sync*" und „am Ende der Intervention" ebenso. Während der Intervention gab es also zwei Stufen der Veränderung zum Positiven hin.

Für die Berechnung der statistischen Signifikanz wurde u. a. der sogenannte t-Test verwendet. Für den Laien, den es interessiert: Vereinfacht gesagt berechnet der t-Test den Unterschied zwischen den beiden Werten (in diesem Fall der Wert vor und nach der Therapie pro Person) und rechnet dann die Unterschiede zwischen diesen Differenzen, also inwieweit sich die einzelnen Personen unterscheiden, mit ein.

Als Anekdote: Der t-Test hat eine interessante Geschichte – er wurde um 1900 fürs Bierbrauen entwickelt. Die Dubliner Brauerei Arthur Guinness & Son, ein fortschrittlicher Betrieb beim Anbauen wie auch Verarbeiten von Gersten, versuchte damit, fürs Bierbrauen die beste Getreide-Qualität zu optimieren. Der t-Test galt damals als billige Art und Weise dieses zu erreichen.

Es gibt noch viele andere statistische Tests. Die Experimente in dieser Dissertation wurden mit mehreren unterschiedlichen statistischen Tests überprüft – die Ergebnisse unterschieden sich nicht hinsichtlich der Signifikanz.

Gegen die erste Studie kann man von wissenschaftlicher Seite versuchen dagegen zu argumentieren. Man kann argumentieren, die Erfassung der Emotionen, des Befindens auf einer Skala von −10 bis +10 sei eindimensional. In der Wissenschaft ist es zudem üblich, Fragebögen erst zu validieren, also erst mit bekannten Ergebnissen den Fragebogen bzw. die Fragen zu prüfen. Es wird daher auf bereits validierte und im Einsatz befindliche Fragebögen zurückgegriffen.

In der Praxis ist dies unrealistisch. Erstens kennt jeder die Frage „Wie geht es Dir?" – und da antwortet man auch nicht multidimensional. Jeder hat eine gute Einschätzung, ob es einem gerade gut oder schlecht geht – woran das auch immer liegen mag und welche Dimensionen er berücksichtigt. Und wenn es einem auf einer Dimension schlecht geht, wird man nicht freudestrahlend sagen: „Oh, blendend!" Warum genau es dem Klienten nicht gut geht (auf welcher Dimension sozusagen), wird ja im Laufe der Therapie erarbeitet.

Zum zweiten sind Fragebögen oft recht zeitintensiv. Die emotion-Sync®-Methoden erfordern aber eine einfache und schnelle Möglichkeit, vor und nach der Therapie die Emotionen bzw. das Wohlbefinden des Klienten zu erfassen.

Um der möglichen Kritik auf wissenschaftlicher Ebene zu begegnen, wurde in einer zweiten Studie ein validierter, international wissenschaftlich anerkannter Fragebogen eingesetzt. Hierbei handelt es sich um den „Mehrdimensionalen Befindlichkeitsfragebogen (MDBF)" (entwickelt von Rolf Steyer, Peter Schwenkmezger, Peter Notz und Michael Eid). Er erfasst auf drei Skalen, wie sich Menschen fühlen.

Wie in Studie 1 nahmen Therapeuten mit unterschiedlichen Vorkenntnissen teil. Diesmal umfasste die Studie 50 Klienten mit unterschiedlichen Problemen. Die Klienten füllten den Fragebogen vor der Anwendung der emotionSync®-Methode und ganz am Ende der Therapie aus. Zudem wurde der Fragebogen nach drei Monaten wieder ausgefüllt (ohne vorangegangene erneute Intervention), um zu testen, ob die Intervention einen langfristigen Effekt hat bzw. ob der Effekt erhalten bleibt. Eine häufige Kritik ist nämlich, dass der Effekt der Intervention verschwindet, wenn der Klient wieder in seinem Alltagsleben ist.

Die Ergebnisse sind in den folgenden Grafiken dargestellt.

Die erste Skala misst „gute Stimmung versus schlechte Stimmung". Sie fragt ab, ob man sich eher zufrieden und gut oder schlecht und unwohl fühlt. Hohe Skalenwerte zeigen eine positive Stimmungslage (Wohlgefühl, Zufriedenheit und Fröhlichkeit). Niedrige Werte bedeuten Missbefinden, Unwohlsein, Missstimmung, Trübsinn und Unzufriedenheit.

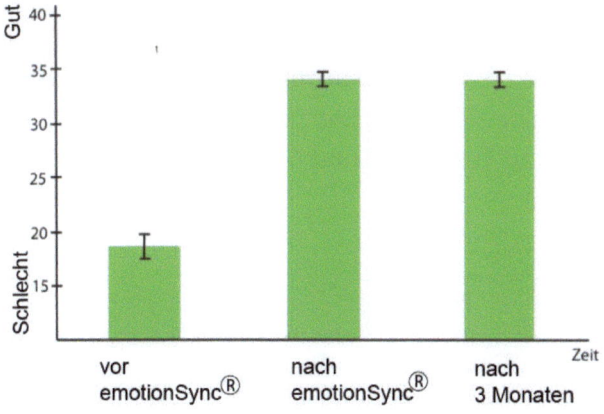

Die zweite Skala reicht von den Endpolen „Wachheit" bis „Müdigkeit". Sie fragt ab, ob man sich eher ausgeruht und munter oder schlapp und müde fühlt. Hohe Werte dieser Skala deuten auf eine Person hin, die sich froh, frisch und munter fühlt. Niedrige Werte bedeuten Müdigkeit, Schläfrigkeit und Schlappheit.

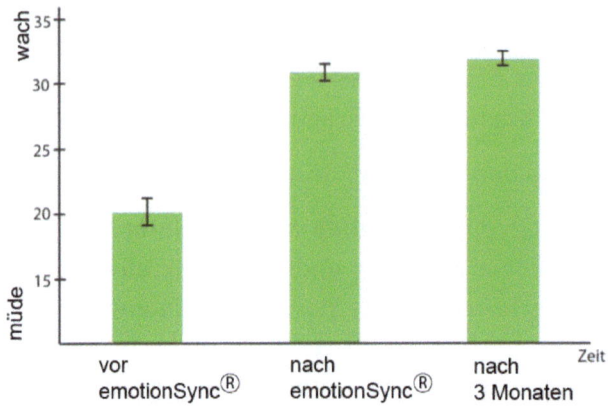

Die dritte Skala reicht von „Ruhe" bis „Unruhe". Hier wird erfragt, ob man eher gelassen oder ruhelos und unruhig ist. Hohe Werte deuten darauf hin, dass die Person sich ruhig und gelassen fühlt. Niedrige Skalenwerte bedeuten Unruhe, Nervosität und Angespanntheit.

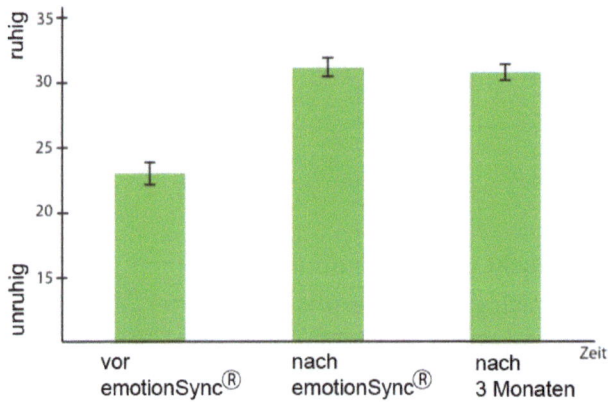

Auf allen drei Skalen ergaben sich höchstsignifikante Unterschiede zwischen den Bedingungen „vor emotion*Sync®*" und „nach emotion-*Sync®*". Die Effektgrößen waren sehr groß. Für die Unterschiede zwischen „nach emotion*Sync®*" und „nach drei Monaten" ergaben keinen

Unterschied. Der Effekt bleibt also über den Zeitraum für drei Monate erhalten, was ein positives Ergebnis für Nachhaltigkeit darstellt.

Studie 3

Für eine neurowissenschaftlich plausible Methode sind Daten zur Wirkung auf eben dieser Ebene wünschenswert. Entscheidend ist, was in dem Moment, in dem der neuronale Kurzschluss passiert, mit der neuronalen Aktivität passiert. Direkt kann dies leider nicht gemessen werden. Entweder sind die Methoden zu langsam, um diesen Bruchteil von Sekunden dauernden Prozess aufzufangen oder sie sind so „verrauscht", dass man viele Durchgänge brauchen würde. Aus offensichtlichen Gründen kann daher kein einmaliger Prozess gemessen werden. Die dritte Möglichkeit (Implantation von schnell reagierenden Elektroden) ist beim Menschen verboten.

Daher wurden hier körperliche Marker genommen, die indirekt die neuronale Aktivität des Gehirns widerspiegeln. Dazu gehören Hautwiderstand, Muskelspannung, Puls und Atmung.

Hierbei lässt sich verfolgen, was während der Intervention passiert, wie in der folgenden Grafik dargestellt. Das erste Kästchen ist jeweils vor der emotion*Sync*®-Intervention, das zweite während und das dritte danach. Bei allen Markern kann während der Intervention eine deutliche Veränderung wahrgenommen werden.

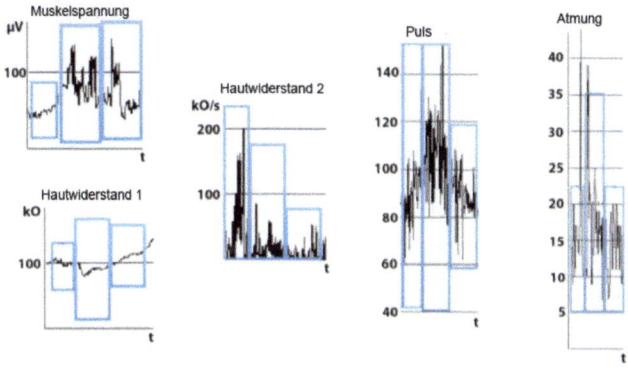

Was bedeutet das?

Die erste Studie zeigte bereits mit einer einfachen, für den klinischen Einsatz sehr praktischen Skala, dass emotionSync® die Valenz der Emotion, das Wohlbefinden nach wissenschaftlichen Methoden verbessert.

Zur wissenschaftlichen Absicherung wurde ein längerer wissenschaftlich anerkannter Fragebogen eingesetzt. Hier wurden auf drei Dimensionen nach allen statistischen Kriterien hochbedeutsame Unterschiede zwischen „Vor emotionSync®" und „Nach emotionSync®" nachgewiesen. Die Verbesserung hielt auch nach drei Monaten noch an, was zeigt, dass emotionSync® zu langfristigen Veränderungen führt.

Insgesamt ist damit die wissenschaftliche Basis für emotionSync® gelegt. Empirisch belegen die Ergebnisse große, lang anhaltende Effekte auf psychischer Ebene. Auf neurowissenschaftlicher Ebene kann man den Moment der Energieübersteigerung und von energySync (dem Energieimpuls) bei indirekten Markern verfolgen. Unterstützt wird dies durch eine sehr ausgefeilte, wissenschaftliche solide Theorie zur Begründung der Wirksamkeit.

Teil 10 – Erweiterung mit anderen Methoden

Dieser Teil dient als Erweiterung und zeigt auf, wie emotionSync® mit anderen Methoden kombiniert und ergänzt werden kann. Für Therapeuten, die dies schon alles in ihren Arbeitsalltag integriert haben, dient er als Auffrischung und Nachschlagewerk. Therapeuten, die bisher emotionSync® „pur" anwenden, können hier Inspirationen für die Erweiterung ihrer Arbeit bekommen.

Diagnostik

Master Typo 3®

Wir Menschen haben Persönlichkeitseigenschaften, die uns charakterisieren. Gleichzeitig müssen wir aber auch in der Lage sein, unser Verhalten situationsspezifisch anzupassen. Manchmal müssen wir auf die

Bremse treten, während wir in anderen Situationen Gas geben und uns durchsetzen müssen. Dysfunktionale Gedankenmuster wie „ich muss mich zurückhalten" können uns lähmen und verhindern, dass wir z. B. in wichtigen Situationen Entscheidungen treffen.

Oftmals fällt es schwer, dysfunktionale Gedankenmuster zu identifizieren, da sie tief in der Psyche des Klienten „verbuddelt" sind. Um effektives und schnelles Arbeiten zu ermöglichen, gibt es Hilfestellungen in Form von sogenannten Persönlichkeitsmodellen. Ein zu diesem Zweck entwickeltes Persönlichkeitsmodell ist Master Typo 3®. Diese Profiling-Methode unterscheidet zunächst vier Persönlichkeitstypen und wie stark diese individuell ausgeprägt sind:

- Der aktive Macher ist entscheidungsstark, packt Dinge an und setzt sich durch. Er ist selbstbewusst und erfolgreich.

- Der vernünftige Analytiker sammelt minutiös Zahlen, Daten und Fakten, ist vernünftig seriös und konzentriert.

- Der helfende Idealist denkt erst an andere und dann an sich. Er lebt von Idealen und sehnt sich nach Gerechtigkeit.

- Der kreative Synthetiker ist fantasievoll, schnell für neue Dinge begeistert und kann andere mit seiner Begeisterung mitreißen. Er ist charmant und voller Lebensfreude.

Persönlichkeitstypen sind also sozusagen Bündel von Persönlichkeitseigenschaften. Wir alle neigen mehr zu dem einen als dem anderen. Sind wir aber nicht von dysfunktionalen Gedankenmustern behindert, sind wir in der Lage, situationsbedingt auch andere Verhaltensmuster zu zeigen. Wir sind flexibel – und dadurch frei.

Wichtig ist es dabei, dass kein Typ besser ist als der andere. Jeder hat Vor- und Nachteile. Für die Bestimmung der jeweiligen Anteile wurden spezielle Fragebögen entwickelt, die der Klient ausfüllen muss. Zeigt sich in der Auswertung des Fragebogens, dass auf einem oder mehreren Typen überhaupt keine Ausprägung liegt, ist dies ein deutlicher Hinweis für den Therapeuten, dass dem ein dysfunktionales Gedankenmuster zugrunde liegt. Dieses dysfunktionale Gedankenmuster „verbietet" sozusagen dem Klienten, ein bestimmtes Verhalten zu zeigen. Z. B. könnte der Glaubenssatz „halt dich bescheiden im Hintergrund" einen Klienten hindern, sich als Macher durchzusetzen. Für bestimmte Berufsgruppen, z. B. Manager, ist der Klient damit nicht geeignet bzw. es hindert ihn aufzusteigen.

Master Typo 3® bietet noch eine weitere Analysemöglichkeit. Er betrachtet, wie authentisch eine Person ist. Unter Authentizität wird hier verstanden, dass Denken und Handeln im Einklang sind – und dies von der Außenwelt auch so wahrgenommen wird. Dysfunktionale Gedankenmuster führen häufig dazu, dass der Betroffene zwar rational weiß, was er tun sollte und möchte – sie lähmen ihn aber und hindern ihn daran, es dann wirklich umzusetzen. In der Auswertung des Master Typo3®-Fragebogens zeigt sich dies und bietet so dem Therapeuten Ansatzpunkte, an denen er nachhaken sollte.

Zusätzlich analysiert Master Typo 3® den Einfluss von Stress auf alle vier Persönlichkeitstypen. Häufig können wir, wenn wir in Ruhe und ohne Druck agieren, bestimmte Verhaltens- und Gedankenmuster zeigen. Unter Stress geraten wir jedoch in Panik und verfallen in anderes Verhalten und andere Gedanken jagen uns. Häufig ist dieses Stressverhalten in unseren kindlichen Erfahrungen begründet. Unterscheidet sich also das Denken und Handeln unter Stress beim Klienten deutlich von seinem Denken und Handeln ohne Stress kann dies ein Hinweis auf kindliche Traumata sein und ist auf jeden Fall ein Grund für einen Therapeuten, hier nachzuhaken.

Ein Beispiel: Ohne Stress konnte der Manager Projekte vorantreiben, auch mal harte Entscheidungen treffen und das Unternehmen voranbringen. Das Unternehmen stand gut da. Als es durch die Wirtschaftslage in die roten Zahlen geriet, wurde er entscheidungsunfähig und das Unternehmen erholt sich seit geraumer Zeit nicht. In der Analyse zeigte sich, dass er unter Stress (rote Zahlen!) kein „aktiver Macher"-Verhalten zeigt. In der Therapie ergab sich, dass seine Eltern ihn als Kind immer wieder ermahnten „Sei nicht so ein Rüpel!", wann immer er auf dem Spielplatz Ellbogen zeigte (die man manchmal im Geschäftsleben in leitender Position eben braucht – gerade wenn die Dinge schlecht stehen). Die Sätze „Du bist ein Rüpel" und „Ich zeige Ellbogen" lösten bei ihm extrem negative Emotionen aus. Nach Abkoppelung dieser negativen Emotionen durch emotion*Sync*® war er in der Lage, sich in einigen harten Entscheidungen durchzusetzen und das Unternehmen steht inzwischen wieder gut da.

Es gibt eine Vielzahl von Persönlichkeitsmodellen. Master Typo3® ist jedoch das Einzige, das neben den grundlegenden Persönlichkeitseigenschaften den Einfluss von Stress-/Kindheits-ICH betrachtet und zusätzlich das Konzept der Authentizität einbezieht. Denken („das wäre richtig zu tun") und Handeln („ich tue es wirklich – weil ich frei bin es zu tun, ohne von dysfunktionalen Gedankenmustern behindert zu werden) in Einklang zu bringen, ist eines der wichtigsten Ziele einer erfolgreichen Intervention.

Die Idee eines Persönlichkeitsmodells ist nicht neu. Es scheint sich um ein Grundbedürfnis der Menschen zu handeln, andere einschätzen zu können – wenn auch nicht gar so grundlegend wie Essen und Trinken.

Schon seit alten Zeiten versuchen Menschen, Persönlichkeiten zu charakterisieren. Bei den alten Griechen geschah dies z. B. in der Charakterisierung von verschiedenen Gottheiten, der Götterlehre (Lesetipp: Eine romanhafte Verfremdung ist bei Thornton Wilder in seinem Buch „Die Kabala" zu finden).

Viele Ansätze, die sich von der Antike in die Neuzeit ziehen, versuchen, weniger Kategorien als die zahlreichen griechischen Götter und Halbgötter zu finden. Manche betrachten dies als Schubladendenken. Natürlich kann man solche Modelle so missbrauchen und einige haben dies auch getan. Aber richtig angewendet dienen sie als Tool zur Selbsterkenntnis und Weiterentwicklung sowie zur Einschätzung anderer.

Beliebt sind vier Kategorien. Antik waren diese begründet auf den vier Elementen Feuer, Wasser, Erde und Luft. Erstmals wurde dies dokumentiert bei dem griechischen Philosophen Empedokles. Diese Unterteilung liegt aber auch der bis heute populären Astrologie zugrunde.

Ein weiteres, schon in die Alltagssprache eingegangenes Persönlichkeitsmodell ist das der vier Körpersäfte bzw. daraus abgeleiteten Temperamente: der Choleriker (gelbe Galle), Sanguiniker (Blut), Melancholiker (schwarze Galle) und Phlegmatiker (Schleim). Dieses Modell lässt sich übrigens wiederum mit den vier Elementen in Einklang bringen. Es ist persifliert in der Posse „Das Haus der Temperamente" von Johann Nepomuk Nestroy. Erstmals wurde es dokumentiert von dem berühmtesten Arzt des Altertums, Hippokrates, und wieder aufgegriffen von dem römischen Arzt Galen. Bis in die Neuzeit beschäftigt es Denker und Wissenschaftler aus verschiedenen Disziplinen.

Pawlow, berühmt für seine Experimente zur Konditionierung, beschrieb mit diesem Modell die Persönlichkeit seiner Versuchshunde. Zudem schuf er eine Verbindung mit den neurophysiologischen Prinzipien von Hemmung und Erregung. Der bekannte Psychologe Eysenck griff Pawlows Ideen für die von ihm betrachteten Persönlichkeitsdimensionen Extravertiertheit-Introvertiertheit und Neurotizismus auf. Rudolf Steiner verband die Temperamentenlehre mit seiner Vorstellung von Ätherleibern. Die vier Typen wurden sogar (wissenschaftlich wenig fundiert) mit den Dimensionen Temperatur und Feuchtigkeit in Verbindung gebracht und dies mit den angeblichen Temperamenten von Völkergruppen verknüpft. Die Temperamentenlehre fand sogar Eingang in die Musik – der dänische Komponist Carl Nielsen benannte seine 2. Sinfonie „Die vier Temperamente" (1901/1902).

Inzwischen gibt es eine Unzahl unterschiedlicher Persönlichkeitsmodelle auf dem Markt, die auf unterschiedlichen Wissenschaftsströmungen beruhen und unterschiedlich stark theoretisch und empirisch begründet sind. Der Markt ist fast unüberschaubar geworden und wie in der Therapie insgesamt muss im individuellen Falle stark auf Seriosität der Analyse und Auswertung geachtet werden.

Transaktionsanalyse

Die Transaktionsanalyse (TA) wurde maßgeblich von Eric Berne entwickelt. Eric Berne hat Menschen und ihre Interaktion detailliert untersucht und verstanden. Insbesondere im Business-Kontext, aber auch im privaten, werden seine Konzepte erfolgreich eingesetzt, um im verborgenen liegende Konflikte ans Licht zu bringen und verständlich zu machen.

Ein zentrales Konzept sind die Antreiber. Antreiber werden häufig sehr früh im Leben gelegt, schwerpunktmäßig von den Eltern, aber auch weitere Umweltgrößen können eine Rolle spielen: Verwandte (z. B. Großeltern) oder auch Erzieher, Lehrer sowie andere Bezugspersonen etc. Berne spricht davon, dass wir von unseren Eltern (oder eben anderen Bezugspersonen) programmiert werden. Er verwendete vermutlich als erster den Begriff des „Programmierens" (der später vom „Neurolinguistischen Programmieren" aufgenommen wurde) anstelle des in Bereichen der Psychologie üblichen Begriffes der „Prägung". Die Anlage zu den Antreibern entstammt einer Zeit, als man sich dessen nicht bewusst und auch die Kognitionen und der rationale Intellekt nicht genug entwickelt war, um Abwehrmechanismen und -strategien dagegen einzusetzen. Antreiber sitzen so tief, dass sie meistens unbewusst sind. Man braucht also die TA, um sie aufzudecken.

Antreiber sind nicht per se schlecht, sondern jeder Antreiber hat eine positive Komponente – sie treiben uns eben an und das kann durchaus von Vorteil sein. Jeder Mensch braucht etwas, was ihn motiviert. Was bedeutet Motivation? Es bedeutet, dass wir in eine bestimmte Richtung getrieben werden.

Aber – und das ist ein großes Aber: Antreiber können zum Zwang werden, wenn ein gesundes Maß überschritten wird. Zwang ist wie alles Übertriebene schlecht, weil wir keine Flexibilität mehr haben. Wir können dann nicht mehr anders.

Berne war sehr gut darin, Antreiber zu beschreiben und zu analysieren. Lösungskonzepte sind weit weniger entwickelt. Um diesem Manko abzuhelfen, erfand Berne den Begriff des „Erlaubers". Erlauber sollen dem Zwang, der durch die Antreiber entsteht, abhelfen und somit Verhaltensflexibilität ermöglichen. Im Folgenden werden die entscheidenden Antreiber dargestellt und ein Einblick gegeben, wie die entsprechenden Erlauber aussehen können. Leider nutzten die Erlauber recht wenig, denn der Gegenpol des Antreibers ist meistens energetisch zu schwach. Eric Berne erkannte das später und war damit recht unzufrieden, da er keine wirksamen Methoden zur Veränderung seiner Antreiber fand. Die Zeit hat sich entwickelt. emotion*Sync*® kann jetzt diese Antreiber positiv relativieren.

Antreiber

Sei stark!

Dahinter steckt das bekannte „Keine Schwäche zeigen", das Sprichwort „ein Indianer kennt keinen Schmerz" usw. Stärke ist natürlich an sich nicht schlecht – ohne eine gewisse Stärke kann niemand leben und schon gar nicht stressresistent sein. Stärke ist wichtig, um die notwendige Kraft zu haben, auch in Krisensituationen weiterzumachen. Gefährlich wird es nur, wenn daraus resultiert, dass man gar keine Gefühle zeigen oder haben darf. Das ist dann ein dysfunktionales Gedankenmuster, ein limitierender Glaubenssatz. Solche Glaubenssätze sind selten direkt „Sei stark!", sie drücken dies aber aus.

Ein passender Erlauber und ein positiv antreibender Glaubenssatz ist „Du darfst auch mal weinen". Wichtig ist es, Stärke nicht völlig zu löschen. Es muss neu verlinkt werden, damit der Klient die Stärke kontextabhängig richtig einsetzen kann. Stärke muss da sein, aber sie muss flexibel und situationsspezifisch einsetzbar sein (Verhaltensflexibilität!). Und die Erlaubnis zum Gegenteil muss eben auch da sein, Stärke darf kein Zwang sein, sondern eine Option.

Es war einmal ein Krieger. Der Krieger war der stärkste in seinem ganzen Stamm. Er führte seinen Stamm in unzählige Schlachten. Er gewann und gewann. Um ihn herum starben seine Freunde – er kämpfte weiter. Er kehrte ruhmreich zurück. Zu Hause weinten die Frauen und Familien der gestorbenen Freunde. Er zeigte Stärke. Irgendwann fand er eine Frau und heiratete. Seine Frau gebar einen Sohn – er kämpfte weiter. Er gewann Land für seinen Stamm und kämpfte. Er begrub Freunde und kämpfte. Sein Sohn starb, seine Frau weinte und er zog in den Krieg. Seine Frau flehte ihn an, bei ihr zu bleiben – er zog in den Krieg. Als er auf dem Sterbebett lag, saß seine Frau neben ihm. Sie hatte geweint, als ihr Sohn starb. Bei jedem Stammesmitglied, das tot aus dem Krieg des Kriegers zurückkehrte, hatte sie geweint. Jetzt zeigte sie keine Träne. „Hast du mich je geliebt?", fragte der Krieger sie. „Nein", sagte sie. „Wenn du mich einmal umarmt hättest, hätte ich dich geliebt. Wenn du einmal gelacht hättest, hätte ich dich geliebt. Wenn du dich einmal gefreut hättest, hätte ich dich geliebt. Wenn du einmal geweint hättest, hätte ich dich geliebt. So wie du warst, konnte ich dich nicht lieben."

Sei perfekt!

Dahinter stecken dysfunktionale Gedanken „ich bin nicht gut genug", „ich darf keine Fehler machen". Positiv daran ist, dass man nach Vollkommenheit strebt, dass man die Dinge so gut wie möglich erledigen möchte. Wenn es allerdings zum Zwang wird, entsteht die Neigung, sich in Details zu verlieren, man bekommt nichts zu Ende, weil es nicht gut genug ist, man ist permanent verzweifelt, fühlt sich ungenügend und im Extremfall fasst man gar nichts mehr an, weil man glaubt, es ja eh nicht hinzubekommen.

Ein Mann kam zu seinem Chef mit einer Bilanz. Der Chef sah sie durch und fragte den Mitarbeiter: „Sind Sie mit Ihrer Arbeit zufrieden?" „Nein", sagte der Mann. „Das geht noch besser." „Dann nehmen Sie das wieder mit und kommen morgen wieder." Am nächsten Tag kam der Mann wieder und legte die Bilanz erneut vor. Wiederum fragte ihn der Chef, ob er zufrieden sei. Wiederum verneinte der Mann und nahm die Bilanz wieder mit. So wiederholte sich das Tag für Tag und jeden Tag zermarterte sich der Mann über jede einzelne Zeile den Kopf. Nach einer Woche fragte der Mann den Chef kleinlaut: „Ist es jetzt endlich perfekt?" „Nein", sagte der Chef. „Perfekt war es vor einer Woche. Jetzt haben Sie durch ständiges Weitermachen Fehler hineingebracht." „Warum haben Sie mir das denn nicht gesagt?", sagte der Mann verzweifelt. Der Chef lächelte. „Das müssen Sie schon selbst erkennen."

Mach's allen Recht!

Sensibel für die Reaktionen anderer zu sein und ihre Bedürfnisse aufzunehmen, ist etwas Positives. Allerdings landet man mit diesem Antreiber schnell im Helfersyndrom und vernachlässigt sich selbst, weil man nur noch damit beschäftigt ist, sich um die anderen zu kümmern, aber nicht um sich selber. Und niemand, wirklich niemand, kann es jedem Recht machen. Außerdem – ist das etwa erstrebenswert? Wer versucht, es allen Recht zu machen, macht vor allem einem etwas nicht recht: Sich selbst. Und je verzweifelter man hinterher jagt, es anderen recht zu machen, umso weniger erreicht man es. Diese Menschen können auch schlecht NEIN sagen.

Frei nach den Brüdern Grimm: ein Märchen.

Es waren einmal ein Vater und sein Sohn. Der Sohn wollte ausziehen, es jedem Recht zu machen. „Das geht nicht", sagte der Vater. „Doch", widersprach der Sohn, „das geht und dann werde ich glücklich." „Gut", sprach der Vater, „du sollst es selber sehen und erleben." Sie holten ihren Esel aus dem Stall, der Sohn stieg auf und gemeinsam zogen sie ihres Weges. Sie begegneten einem alten Mann. „Schämst du dich nicht", schimpfte der alte Mann den Sohn aus. „Deinen alten Vater lässt du laufen und du ruhst dich bequem auf dem Esel aus." Der Sohn stutzte, stieg ab und ließ den Vater aufsitzen. Als Nächstes begegneten sie einem alten Mütterchen. „Du armer, kleiner Junge musst laufen? Was hast du nur für einen bösen Vater." Der Sohn war verwirrt. „Dann lass uns beide reiten", schlug er vor. Also ritten sie zu zweit auf dem Esel weiter. Ihnen kam ein Kaufmann auf einem stolzen Pferd entgegen. Der Kaufmann warf einen Blick auf den

Esel und sagte: „Euer erbärmlicher Esel wird aber nicht lange durchhalten, wenn ihr zu zweit auf ihm reitet." Jetzt wurde der Sohn noch ratloser. „Wenn der Esel uns nicht tragen soll, vielleicht sollten wir umgekehrt den Esel tragen", fiel ihm ein. Also schulterten sie den Esel und zogen weiter. Sie begegneten einer Gruppe Betrunkener. Die Betrunkenen fielen vor Lachen in den Straßengraben. „Haha, da haben die schon einen Esel, der sie tragen könnte und stattdessen tragen sie den Esel. Dümmer geht's ja gar nicht!" Der Sohn schämte sich über das Lachen. „Du hattest recht", gestand er beschämt. „Egal, wie man's macht, macht man's falsch".

Beeil dich!

Johnny Cash sang einmal: „ I never entered through a front door without hoping I would find the back door open." Das charakterisiert den „Beeil dich!"-Angetriebenen. Klar, nur als Faulpelz durchs Leben zu schlurfen ist auch nicht gut. Aber zum Kuscheln, Ausruhen und Auftanken von Ressourcen kann situationsspezifisch (verhaltensflexibel!) Faul sein sehr wertvoll sein.

Wer immer nur durchs Leben rennt, ständig auf der Flucht ist, kann nichts mehr genießen. Zusätzlich besteht noch eine weitere Gefahr – man wird schnell zu hektisch, huscht über alles nur noch drüber und macht dadurch Fehler.

Es war einmal ein Mann, der rannte. Wie der alte VW-Käfer in der Werbung: Er lief und lief und lief. Er kam zu einer wunderschönen Wiese. Die Vögel zwitscherten, die Bäume wogen sich im Wind, die Blumen blühten und die Bienen summten. Der Mann rannte weiter. Er kam zu einem traumhaften Strand. Die Palmen rauschten, das Meer war blau und klar, der Strand goldgelb. Der Mann sprang ins Wasser und schwamm ans andere Ufer. Er trocknete sich nicht ab, er rannte weiter. Und weil ihm nass kalt wurde, rannte er noch schneller. Er verlor den Inhalt seiner Taschen – er hielt nicht inne, um alles aufzuheben, er rannte weiter. Es begegnete ihm eine wunderschöne Frau – er warf einen flüchtigen Blick auf sie und rannte weiter. So rannte und rannte und rannte er, bis er eines Tages tot umfiel. An der Himmelspforte begegnete er Petrus. „Was hast du von deinem Leben gehabt?", wollte Petrus wissen. Der Mann überlegte. Es fiel ihm nichts ein. „Was hast du genossen, was hat dir Spaß gemacht?", forschte Petrus nach. „Da gab es ja nichts", antwortete der Mann. Petrus sah ihn mitleidig an. „Du hast nichts begriffen. Ich habe dir eine Wiese geschickt. Ich habe dir einen Strand geschickt. Ich habe dir eine schöne und gute Frau geschickt. Du hast nichts von alledem wahrgenommen, weil du immer nur am Rennen warst."

Streng dich an, bemüh' dich!

Dieser Antreiber hat Ähnlichkeiten mit den Antreibern „Sei stark" und „Beeil dich". Die Grundgedanken sind „Arbeit muss wehtun" und „Ohne Fleiß kein Preis". Nur Schweres hat nach diesem Antreiber seinen Wert, es ist wichtig, sich bis zum letzten abzumühen.

Der Grundgedanke „Anstrengung = Erfolg/Glück/wirtschaftlicher Gewinn ..." findet sich in vielen Redewendungen, die Eingang in die Alltagssprache gefunden haben.

Hesiod, Dichter der griechischen Antike, prägte den Satz: „Arbeit schändet nicht, Trägheit aber entehrt uns." Moderne Redewendungen sind z. B. „sich regen bringt Segen", „Müßigkeit ist aller Laster Anfang", „Jeder ist seines Glückes Schmied" und „Arbeit macht das Leben süß".

Es war einmal ein kleines Kätzchen. Das Kätzchen hatte viele Geschwister. Die Katzenmama hatte Schwierigkeiten alle kleinen Kätzchen zu ernähren. Tag ein, Tag aus, schleppte sie Mäuse an, um ihre Kinder zu ernähren. Jeden Abend war sie völlig erschöpft, aber glücklich und zufrieden, ihre Kinder ernährt zu haben.

Irgendwann kam der Tag, an dem das Kätzchen selbst anfangen musste, Mäuse zu fangen. Sie zog los und ihr begegnete eine kleine Maus. Das Kätzchen schnappte das Mäuschen und kam stolz und glücklich damit nach Hause angerannt. „Haha", lachten ihre Geschwister, „so ein winziges Mäuschen – das kann ja jeder fangen." Das Kätzchen war traurig und verletzt. „Eigentlich haben sie ja recht", dachte es. „Das war wirklich sehr einfach, das kann ja jeder." Also lief es an den kleinen Mäuschen vorbei und holte eine größere Maus. „Naja", sagten die Geschwister. „Schon ein bisschen besser." Das Kätzchen schuftete und schuftete und die Maus wurde größer und größer. Nie war sie groß genug. Das Kätzchen lief inzwischen an den meisten Mäusen vorbei und suchte und suchte nach einer größeren und immer größeren Maus.

Da begegnete es einer Maus, die größer war, als alle, die ihr bisher begegnet waren. „Das ist endlich mal groß genug", dachte es. Die Maus war aber keine Maus. Es war eine Ratte. Die Ratte wehrte sich. Die Ratte gewann.

In den eingeschobenen Kästchen dieses Kapitels finden Sie Metaphern. Metaphern übertragen einen Sachverhalt, ein Problem, ein Wort, etwas wörtlich Gemeintes in etwas, das häufig bildhafter ist. In Metaphern befinden sich Menschen, aber auch Tiere oder Pflanzen, in bestimmten Situationen oder stecken in bestimmten Schwierigkeiten. Metaphern sind bekannt aus der Sprachwissenschaft als Stilfigur (z. B. „Wüstenschiff" für Kamel). Hier wird der Begriff weiter gefasst und nicht nur auf einzelne Wörter, sondern auf ganze Zusammenhänge ausgeweitet. Märchen sind letztlich in diesem Sinne Metaphern. Wie Sie gesehen haben, haben die hier vorgestellten Geschichten auch einen märchenhaften Charakter.

Metaphern haben in der Therapie den Sinn, den Klienten aufzurütteln, ihm eine andere Perspektive auf die Dinge aufzuzeigen. Für seine eigenen Probleme hat man oft Scheuklappen auf, man kann nicht über den Tellerrand hinausschauen. Sieht man dasselbe Problem in einem anderen, eventuell spielerisch-märchenhaft verbrämten Kontext, kommt es häufig zu einem „Aha"-Effekt.

Metaphern haben eine lange Tradition für Kommunikation, für das Verständnis von sich selbst und anderen, zur Lehre und für Veränderungen.

Schamanen, Philosophen, Propheten und Religionsgründer haben sie intuitiv verwendet, sie stehen in der Bibel und in der Literatur. Ihr Einsatz in der modernen Therapie wurde geprägt vom Hypnotherapeuten Milton Erickson, der dieses therapeutische Mittel sehr häufig verwendete. Das Neurolinguistische Programmieren (NLP) griff dies auf (zu beiden im Folgenden mehr).

Die Transaktionsanalyse wird im Business-Kontext gerne und erfolgreich eingesetzt und bietet fantastische Analysetools zur Identifikation von Antreibern. Eric Berne war in gewisser Weise seiner Zeit weit voraus. Er verwendete damals schon den Begriff der Programmierung, der erst einige Zeit später von den Begründern des Neurolinguistischen Programmierens (NLP) aufgegriffen wurde. Als die einflussreichsten „Programmierer" nannte er die Eltern (selbstverständlich kommen auch andere Bezugspersonen in Betracht bzw. haben Einfluss).

Ein Beispiel: Eine Mutter verliert ihr Kind. Später bekommt sie ein weiteres Kind. Ein typisches Muster für Eltern nach dem Verlust eines Kindes ist die Verlustangst, dass dem/den anderen auch etwas passiert. Zusätzlich ist die Mutter in Gedanken bei dem anderen Kind, dessen Verlust sie nicht verkraftet hat.

Was bei dem überlebenden Kind hängen bleibt, sind Gedanken wie „Ich bin nicht gut genug" und Schuldgefühle – mit den entsprechenden Antreibern (siehe oben). Die Grundlagen dafür werden gelegt zu einer Zeit in der Entwicklung des Kindes, wo es sich nicht dagegen wehren kann, wo es nicht reflektieren kann, weil der Intellekt nicht weit genug entwickelt ist.

Die Transaktionsanalyse kann genutzt werden, um via Identifikation der Antreiber dysfunktionale Gedankenmuster zu analysieren. Diese Muster können dann mit emotion*Sync*® bearbeitet werden. Zusammengefasst erkennt die Transaktionsanalyse die Antreiber – kann aber keine Problemlösung bieten. Das hinwiederum kann emotion*Sync*®.

Dies ist aus einem Grund besonders wichtig. Wenn die Antreiber mit starken Emotionen gekoppelt sind (was häufig oder sogar fast immer der Fall ist – sonst wäre der Antreiber kein Zwang), kann kein Erlauber installiert werden, weil die Emotionen den Klienten zu sehr an den Zwang des Antreibers koppeln. Schlimmer noch: Wenn der Erlauber installiert wird, bevor der Zwang des Antreibers gelöscht ist, kann etwas entstehen, was psychologisch als „double bind" bezeichnet wird. Der Antreiber sagt das eine („Du darfst keine Fehler machen"), der Erlauber sagt das

Gegenteil („Du darfst Fehler machen") – in der Mitte steht die Person und weiß nicht in welche Richtung sie gehen soll.

Die Transaktionsanalyse erkennt an, dass Antreiber sehr festgefahren und nicht so leicht veränderbar sind. Einige Interpretationen haben daraus gemacht, dass Antreiber nie veränderbar sind. Dazu existiert der Begriff des „Skriptsatzes", einer Art Lebenssatz, die mit dem Geburtsbuch festgeschrieben sind.

In der Tat sind Antreiber schwierig zu verändern, wenn auf ihnen eine hohe Energie liegt. Dann muss mit hoher Energie gegengearbeitet werden. Diese hohen Energien liefert emotion*Sync*®.

Insofern unterstützt die Transaktionsanalyse nicht nur die Diagnostik für emotion*Sync*®, sondern umgekehrt braucht die Transaktionsanalyse emotion*Sync*®, um den Zwang des Antreibers und die starken negativen Emotionen zu löschen und um damit das Fundament zu legen, dass Erlauber installiert werden können. Der Erlauber ist erst möglich, wenn starke Emotionen heruntergearbeitet worden sind. In bestimmten Konstellationen ist auch die Erlaubnis vom System nötig, also von dem oder denen, die ursprünglich den Antreiber programmiert haben, z. B. die Eltern. Um diese Erlaubnis zu erlangen, ist dann zusätzlich systemische Arbeit nötig (auf systemische Arbeit kommen wir zurück).

Dramadreieck: Opfer – Täter – Retter

Ein weiteres Analysetool der Transaktionsanalyse ist ebenfalls für die Anamnese vor emotion*Sync*®-Interventionen sehr hilfreich. Es analysiert, wer wann welche Rolle in menschlichen Interaktionen einnimmt und warum. Konkret geht es um das Beziehungsdreieck zwischen Opfer, Retter und Täter.

Ein Beispiel: Eine Frau und ein Mann sitzen in einer Kneipe. Der Mann malträtiert die Frau. Ein anderer Mann steht auf und fordert den ersten Mann auf: „Lassen Sie die Frau in Ruhe." Der erste Mann reagiert aggressiv: „Verpiss Dich!" Der zweite Mann attackiert den ersten Mann. Die

Frau schlägt daraufhin auf den Mann ein, der sie retten wollte: „Lassen Sie meinen Mann in Ruhe!"

Wie man erkennen kann, rotiert hier, wer Täter, Opfer und Retter ist. Das ist eine der Dynamiken, warum viele Menschen Angst haben, bei einer Schlägerei einzugreifen. Menschen haben unterschiedliche Prädispositionen, um bestimmte Rollen in diesem Dramadreieck einzunehmen.

Warum ist jemand Täter bzw. wird zum Täter? Diesem liegt eine Verletztheit bzw. Verletzung zugrunde. Er fühlt sich ungerecht behandelt. Er will seinen Willen durchsetzen – die anderen wollen ihm aber nicht folgen. Er fühlt sich nicht verstanden und will einen unbewusst empfundenen Mangel ausgleichen.

Umgekehrt – warum wird jemand zum Opfer? Opfer werden häufig von Schuldgefühlen geplagt. Unbewusst glauben sie, bestraft werden zu müssen, sie leiden an dem dysfunktionalen Gedankenmuster „Mir steht die Süße des Lebens nicht zu." Es ist tatsächlich so, dass sie sich unbewusst den Täter suchen, weil sie glauben, die Bestrafung verdient zu haben. Wer einmal sexuell missbraucht worden ist, wird häufig (wenn dies nicht therapeutisch aufgearbeitet worden ist) noch einmal oder mehrmals Opfer von sexuellem Missbrauch. Oder man sucht sich einen Ehepartner, der einen unterdrückt.

Achtung! Dies soll kein plattes „der/die ist doch selbst schuld!" bedeuten und stellt keine Entschuldigung für das Verhalten des Täters dar, aber unbewusst hält das Opfer nach Tätern Ausschau. Es kennt nichts anderes, es fühlt sich schuldig und beschmutzt, es verfällt in die sogenannte „Opferrolle" – und für eines sind Täter empfänglich, nämlich für die Signale, die solche Menschen, die in der Opferrolle gefangen sind, aussenden.

Eigentlich sehnen sich solche Opfer nach einem Retter. Sie haben sozusagen ein Aschenputtel-Syndrom, sie möchten vom Helden befreit werden – stattdessen finden sie den Täter, der ihnen noch mehr Leid zufügt. Was motiviert den Retter? Er möchte Anerkennung, fühlt sich nicht genug geschätzt und leidet an einem Mangel an Liebe. Im Extremfall ist dies als Helfersyndrom bekannt.

☺

Peter und Paul sehen eine alte Dame am Straßenrand stehen. Sofort greifen sie sie links und rechts unter die Arme und bringen sie über die Straße. Hinterher sagt Paul: „Sag mal, warum hat die denn so geschrien und getreten?" „Naja", meint Peter. „Vielleicht wollte sie gar nicht rüber?"

☺

Der Retter wird getrieben von einem Bedürfnis nach Gerechtigkeit. Er muss allerdings sehr aufpassen, dass dies nicht ins Gegenteil umschlägt. Den einen zu retten kann dann darin resultieren, dass der andere erschlagen werden muss. Dies bringt den Retter wiederum in die Täterrolle – und die Spirale des Dramadreiecks dreht sich weiter.

Solche Dramadreiecke spielen sich ständig ab:

- In Unternehmen
- In Partnerschaften
- Zwischen Eltern und Kindern
- Im weiteren Familienumfeld
- Im Freundeskreis
- ....

Analysen solcher Konstellationen ergänzt die Anamnese für emotion-Sync®. Zusätzlich wurde bereits dargestellt, welche dysfunktionalen und limitierenden Gedankenmuster den drei Rollen zuzuordnen sind. Diese Gedankenmuster können mit emotionSync® nachhaltig bearbeitet werden und somit den Teufelskreis – die Spirale – des Dramadreiecks durchbrechen.

Zur praktischen Anwendung des TA-Tests

Dr. Christian Hanisch und Dr. Claudia Wilimzig haben einen Fragebogen entwickelt, mit dem zeitsparend und effektiv die Elemente der Transaktionsanalyse abgefragt und analysiert werden können. Der Test kann jederzeit online auf der Seite der European Business-Ecademy kostenlos durchgeführt werden.

Kinesiologie – Muskelchecks

Kinesiologie ist normalerweise die Bewegungswissenschaft, also die Lehre von der Bewegung. Die Sonderform der angewandten Kinesiologie beschäftigt sich mit autonomen, also nicht bewusst und willentlich gesteuerten oder auch manipulierten, Muskelreaktionen. Die Grundannahme ist, dass unter Einfluss von Stress der Muskel mit Nachgeben reagiert, während er ohne Stress fest und stark bleibt. Stress kann durch Emotionen entstehen, durch Substanzen, denen der Körper ausgesetzt ist, durch Informationen, die er erhält usw. In gewisser Weise ist dies das körpereigene Feedback-System. Der Körper „sagt" sozusagen auf diese Weise, was er braucht und haben will.

Verschiedene Muskeln können als Indikator-Muskeln verwendet werden. Weit verbreitet ist der Deltamuskel. Dabei steht der Klient und streckt den Arm in Schulterhöhe zur Seite aus. Der Klient soll ihn in dieser Position halten und der Therapeut versucht ihn durch Druck mit der Hand nach unten zu drücken.

Als Indikator-Muskeln eignen sich auch Fingermuskeln. Eine weitverbreitete Variante ist, dass der Daumen mit einem anderen Finger zu einem O-Ring geschlossen wird. Der Therapeut testet, indem er versucht, diesen O-Ring zu öffnen.

Welche Form gewählt wird, ist letztlich egal. Es ist allerdings ratsam, auf das Kräfteverhältnis zwischen Therapeut und Klient Rücksicht zu nehmen. Ein Bodybuilder wird den Deltamuskel eines zierlichen Püppchens immer herunterdrücken können – umgekehrt wird sie es wohl kaum schaffen. Die Muskelspannung ändert sich trotzdem, aber die Diskrepanz ist durch die Kräftedifferenz zu gering, um sich eindeutig zu zeigen. Die O-Ring-Technik bietet hier den Vorteil, dass man durch die unterschiedliche Muskelkraft verschiedener Finger leicht ein Daumen-Finger-Paar finden kann, das dem Kräfteverhältnis von Therapeut und Klient angemessen ist.

Diese Abfrageform erlaubt meistens nur binäre Fragen, also in der Regel Ja-Nein-Fragen. Also z. B. „Ist Dein Name Rumpelstilzchen?" Menschen mit einer besonderen Veranlagung können die verschiedenen Krafteinwirkungen sogar in Prozentzahlen benennen. Wichtig sind bei der Fragetechnik drei Dinge:

- Vorher muss eindeutig festgelegt sein, was „Ja" und was „Nein" bedeutet. Also Muskelspannung halten = Ja und keine Muskelspannung = Nein.

- Die Fragen müssen so gestellt sein, dass die Antwort wirklich eindeutig Ja oder Nein ist. Das ist nicht so trivial, wie man denken mag. Die Frage „Es war also nicht deine Mutter, die dich geschlagen hat?" kann beantwortet werden mit „Ja, es war nicht meine Mutter" oder „Nein, es war nicht meine Mutter".

- Wichtig ist auch, vorher die Bedeutung zu klären, wann der Muskel stark oder schwach reagieren soll.

Eine häufige Kritik an der Kinesiologie ist, dass der Therapeut willentlich seine Kraft ändern kann, je nachdem welche Antwort er hören will. Natürlich ist das möglich. Aber ein erfahrener Therapeut kann neutral bleiben und mit seinerseits gleichbleibendem Kräfteaufwand arbeiten. Für den Klienten ist es gar nicht so leicht, bewusst zu „bescheißen" – und ein erfahrener Therapeut bemerkt das auch.

Im Rahmen von emotion*Sync*®-Therapien eignet sich die Kinesiologie, um Fragen abzusichern, wie z. B.

- Darf an diesem Thema gearbeitet werden? (Achtung! Wenn die Frage formuliert wird: „Es gibt keine inneren Blockaden dagegen?", dann gibt es wieder das Problem, was genau Ja und was Nein ist – „Ja, die Aussage ist richtig" oder „Nein, es gibt keine inneren Blockaden").

- Ist genau dieses das limitierende, dysfunktionale Gedankenmuster?
- Ist dies der Kern des Problems?
- Ist damit alles Problematische aufgelöst?

Hypnotherapie – „Open Doors"

Hypnose kann in der Therapie, auch zur Diagnose ein sehr hilfreiches Instrument sein. Unter Hypnose wird hier nicht verstanden, dass man gackernd auf einem Bein hüpft. Das mag mal sehr spaßig sein (je nach persönlichem Geschmack auch nicht), aber hierbei handelt es sich um Showhypnose, die mit Therapie nichts zu tun hat.

Die therapeutische Hypnose hat das Ziel, das Bewusste mit dem Unbewussten in Einklang zu bringen. Dies kann logischerweise nicht funktionieren, wenn das Bewusste – wie bei der Showhypnose – völlig ausgeschaltet ist.

Bei wem der Begriff Hypnose zu vorbelastet ist, der kann sich mit „Trance" behelfen. Trance-Zustände gibt es in verschiedener Tiefe, als „Hypnose" wird umgangssprachlich ein tiefer Trance-Zustand bezeichnet. Übrigens braucht man auch keine blinkenden Pendel. Einfache Zählmethoden und Atemtechniken reichen aus. Wichtig ist, immer die Aufmerksamkeit nach innen zu lenken. Bitte machen Sie die Augen zu!

Auf einer Hypnosetagung sitzen zwei Kollegen abends um 22.30 Uhr an der Hotelbar. Der eine trinkt mehrere Tassen Kaffee, sodass der Kollege erstaunt fragt: „Kannst du bei der Menge Kaffee eigentlich noch schlafen?" – „Kein Problem, da habe ich meine eigene Methode", ist die Antwort. „Weißt Du, ich mache das mit einer Mischung aus strengem Ritual und Zählmethode. Ich halte akribisch genau – egal wo ich bin – denselben Ablauf ein. Zuerst ziehe ich mich aus, dann lege ich immer dieselbe Musik auf, dann gehe ich ins Bad, um mir die Zähne zu putzen, und dann schaue ich noch exakt zwei Minuten aus dem Fenster, stelle die Musik und das Licht ab, lege mich ins Bett, und dann zähle ich bis zwei, und dann schlafe ich ein." – „Du zählst nur bis zwei? Bei der Menge Kaffee? Klappt denn das immer?" „Na gut", gibt der Kollege zu, „manchmal zähle ich auch bis halb vier."

☺

Als Begründer der modernen Hypnotherapie gilt Milton Erickson. Die im vorigen Kapitel vorgestellten, von ihm häufig eingesetzten Metaphern haben auch etwas Hypnotisches, weil durch die Verbindung mit einer spielerischen, märchenhaften Ebene die Dinge anders betrachtet werden, als wenn nur der rationale Verstand agiert.

Die Hypnose ist aber viel älter. Eingang in die wissenschaftliche Betrachtung fand sie durch Franz Anton Mesmer. Lange Zeit wurde das Phänomen ihm zu Ehren als „Mesmerismus" bezeichnet – im Englischen hält sich der Begriff bis heute („to mesmerize"). Er experimentierte mit Magneten, die er den Patienten auflegte – und führte die entstandenen hypnotischen Effekte auf deren magnetischen Effekt zurück, weshalb er selber das Phänomen als „Animalischen Magnetismus" bezeichnete.

Später wurde dann mit glänzenden Gegenständen gearbeitet – und mit Pendeln (vermutlich ist bei den meisten eine Trance-Einleitung mit einem glänzenden Pendel assoziiert). Tatsächlich mag dies ein netter Show-Effekt sein, es gibt aber auch – wie in jeder seriösen Hypnotherapie-Ausbildung gelehrt – sehr viel simplere und einfachere Methoden, eine Trance ohne großen „Hokuspokus" zu induzieren. Für Effekte von Hypnose – bis hin zu anästhetischen Effekten – gibt es eine Vielzahl wissenschaftlicher Belege.

Da Hypnose das Bewusste mit dem Unbewussten verbindet, kann sie eingesetzt werden, um Probleme und Traumata aufzudecken, zu denen das Bewusste keinen oder nur begrenzten Zugang hat. Dr. Christian Hanisch hat hierzu eine Methode entwickelt – sie heißt „Open Doors" – und öffnet gezielt und effektiv „Türen", hinter denen sich Probleme aus der Vergangenheit verbergen. Diese Probleme werden aufgedeckt und können dann gezielt therapiert werden. Alles, was während dieses Trance-Zustands passiert, bleibt dem Bewusstsein zugänglich und wird ins Alltagsleben integriert.

Umgekehrt kann die Methode auch genutzt werden, um neue Zukunftsperspektiven zu erarbeiten. Oftmals sind auch Sehnsüchte für die Zukunft nicht dem Bewusstsein zugänglich, weil ein „Don't", ein dysfunktionales Verbot, damit verknüpft ist. Im Trance-Zustand können diese Wünsche und Sehnsüchte dem Bewusstsein zugänglich gemacht werden. Dabei wird erarbeitet, was das (un-)bewusste Hindernis ist, an dem gegenwärtig die Umsetzung dieser Wünsche scheitert. Diese Blockaden können dann aufgearbeitet und gelöst werden, sodass echte Zukunftsperspektiven entstehen und der Klient in die Lage versetzt wird, diese in der Realität umzusetzen.

Hinweis: Wenn Sie eine Hypnosesitzung anleiten, dürfen Sie nicht zu direktiv sein, was die Sinneskanäle betrifft (denken Sie an relation*Sync*). Wenn Sie dauernd fragen „Was sehen Sie?" oder sagen „Sie sehen vor sich jetzt eine Tür" – dann kann es passieren, dass Sie bei Klienten, die nicht visuell denken, überhaupt keine Resonanz bekommen – weil die eben nichts sehen, sondern fühlen, ertasten, hören. Also seien Sie offen: „Es kann sein, dass Sie etwas fühlen, etwas hören, etwas spüren ..." Ansonsten klappt gar nichts – oder schlimmer noch, der Klient fühlt sich, als ob er versagt hätte.

Kombinierbare Therapiemethoden

Provokative Therapie

Maßgeblicher Begründer der sogenannten Provokativen Therapie ist Frank Farrelly, ein amerikanischer Psychotherapeut und Sozialarbeiter, der sich insbesondere mit angeblich nicht therapierbaren bzw. als „austherapiert" geltenden Patientengruppen beschäftigte. Er entwickelte einen Stil, den Klienten humorvoll herauszufordern und seine Schwächen liebevoll zu karikieren. Unumstritten war und ist er nicht.

Die (Mit-)Begründerin des deutschen Zweiges der Provokativen Therapie, Dr. Noni Höfner, schrieb in ihrem Nachruf auf Frank Farrelly (er
starb 2013) sinngemäß: Er machte das Lachen in der Psychotherapie ge-
sellschaftsfähig, er polarisierte und ließ niemanden kalt, er wurde geliebt oder gehasst.

Er sagte oft das Gegenteil von dem, was von einem Psychotherapeuten normalerweise erwartet wird und feierte damit große Erfolge. Nehmen wir ein Beispiel: Sie sitzen einem depressiven Klienten gegenüber
und er spricht immer nur darüber, wie schlecht die Welt ist. Dann können Sie als Therapeut versuchen, ihm gut zuzureden und zu sagen „Nein,
so ist das doch gar nicht, hören Sie doch mal, wie schön die Vögel zwit-
schern". Was passiert? Sie stoßen auf Widerstand und der Klient verfällt
in einen Trotzzustand: „Doch, die Welt ist ja so schlecht, was mir schon
alles angetan worden ist", und, und, und. Spielen Sie hingegen den Advo-
catus Diaboli und reagieren mit „Ja, die Welt ist wirklich Scheiße" (Frank
Farrelly konnte durchaus auch nicht ganz gesellschaftsfähige Ausdrücke
verwenden), kommt binnen Nu die Antwort (nach der ersten Schock-
starre) „Moment mal, ganz so kann man das ja auch nicht sehen".

Eine Spezialität von ihm war auch, die Eigenschaften und -heiten an-
zusprechen, über die man als Normalbürger aber auch als Therapeut
eher den Mantel des Schweigens deckt. Obwohl sie offensichtlich sind,
jeder sie sieht, spricht sie doch keiner an, als ob sie unsichtbar seien. Im
Englischen gibt es den schönen Ausdruck „the elephant in the room" für
etwas, dass jeder weiß, aber absichtlich ignoriert, weil es sonst zu großer
Verlegenheit führen würde bzw. ein Tabu-Thema ist.

Die Metapher „the elephant in the room" stammt von dem russischen Fa-
beldichter Iwan Andrejewitsch Krylow (1769 – 1844). Er schrieb eine Fa-
bel über einen Mann („The Inquisitive Man"), der in ein Museum geht und
alles Mögliche bemerkt – aber nicht den riesengroßen Elefanten.

Die Floskel fand dann Eingang in eine Menge anderer Bücher von
Dostojewski bis Mark Twain. Im Broadway-Musical „Jumbo" wird ein
Mann, der einen Elefanten an der Leine führt, von einem Polizisten

gestoppt und gefragt: „Was machen Sie denn mit dem Elefanten?" Der Mann antwortet: „Welcher Elefant?" Diese Szene wurde zu einem „running gag".

Ein schönes Beispiel stammt aus Frank Farrellys Arbeit (leicht abgeändert wiedergegeben). Er saß in einem seiner Seminare, in denen er seinen provokativen Stil live demonstrierte, einer Dame in einem riesengroßen Rollstuhl gegenüber, der mit allen Schikanen ausgestattet war (Rücklicht, Hupe und so weiter). Staunend und im nächsten Moment lachend sagte er: „Meine Güte, was hast Du denn da für ein Monster? Braucht man dafür nicht einen Waffenschein? Um Himmels Willen, das ist doch für Fußgänger unglaublich gefährlich, wenn Du denen begegnest" und simulierte dazu noch „Brummbrumm" und machte „Hup"-Geräusche. Er lachte, die Klientin lachte, das ganze Publikum lachte. Die Klientin hatte es sicher noch nicht erlebt, dass mit ihrer Behinderung so umgegangen wurde. Das Eis war gebrochen und ein Verhältnis zwischen Therapeut und Klient war entstanden.

Wichtig dabei ist (wie auch von Frank Farrelly immer wieder betont):

- Sie machen sich nie über den Klienten lustig, sodass er sich ausgelacht fühlt.

- Das Ganze findet in liebevollem Ton und in positiver, wertschätzender Grundhaltung statt.

- Sie zeigen dem Klienten auf, wie er eine differenziertere Selbstwahrnehmung erhält, sich selbst durch seine negativen Gedanken schädigt (siehe den Depressiven im vorangegangenen Beispiel) und trauen dem Klienten zu, dieses Verhalten (unter Anleitung) zu ändern.

Insgesamt liegt diesem Ansatz ein humanistisches Menschenbild zugrunde. Tatsächlich war Frank Farrelly auch Schüler von Carl Rogers, dem Begründer der humanistischen Gesprächspsychotherapie. Frank Farrelly entwickelte jedoch seinen eigenen Stil, da er in der täglichen

Arbeit gerade mit schwerstgestörten Klienten unzufrieden mit den langen Therapiedauern und dem Ausmaß der Misserfolge war. In seiner Arbeit in psychiatrischen Kliniken merkte er, dass viele Therapeuten bei einigen Patienten schlichtweg resigniert hatten, was seinem positiven Menschenbild entgegenstand und ihn zur Entwicklung eigener Methoden motivierte. Dies ist eine Einstellung, die Sie als Therapeut in den Alltag übernehmen sollten – wenn etwas nicht funktioniert, dann probieren Sie etwas anderes aus. Und wenn alle ihre Methoden immer noch nicht genug sind, bilden Sie sich weiter und haben Sie den Mut etwas Neues auszuprobieren.

Er spricht hier also das an, was sowieso jeder wahrnimmt (die Klientin sitzt im Rollstuhl), aber normalerweise nie thematisieren würde („the elephant in the room"). Gleichzeitig macht er das auf eine liebevoll humorvolle Weise, die jeden zum Lachen bringt, ohne dass die Klientin sich ihrer Behinderung schämen muss. Im Gegenteil – so wie er es rüber bringt, kann sie fast schon stolz darauf sein.

☺

Klient: „Herr Doktor, alle ignorieren mich."
Doktor: „Der Nächste bitte."

☺

In der Provokativen Therapie würde der Klient dann in etwa so reagieren (empört):"Hören Sie mir doch gefälligst mal zu!" Ungeeignet ist auch, den Klienten zu unempathisch und simpel nachzuahmen, wie das folgende Beispiel zeigt:

☺

Klient: „Ich fühle mich einfach nur tieftraurig."
Therapeut: „Sie fühlen sich einfach nur tieftraurig."
Klient: „Das ganze Leben macht überhaupt keinen Sinn und alles ist schwarz."
Therapeut: „ Das Leben macht überhaupt keinen Sinn, und alles ist schwarz."

Klient: „Es ist wie ein Sog. Ich kann mich eigentlich nur noch umbringen."

Therapeut: „Das ist wie ein Sog. Eigentlich können Sie sich nur noch umbringen."

Klient: (steht schweigend auf und geht langsam zum Fenster, öffnet es und springt raus.)

Therapeut: „Platsch."

Auch automatisierte bzw. imitierende Antwortmuster, die letztlich auch auf einer Art Nachahmung beruhen (wenn auch nicht auf einem simplen, papageienartigen Nachplappern) können durchaus einen therapeutischen Nutzen zeigen. 1966 entwickelte Joseph Weizenbaum ein Computerprogramm namens ELIZA. Hierbei können Benutzer Sätze eingeben, auf die ELIZA in standardisierter Weise antwortet. Ein Beispiel:

Benutzer: „Ich streite mich dauernd mit meinem Vater."

Dann pickt sich ELIZA das Wort Vater heraus, kann es ggf. noch mit dem Oberbegriff „Familie" assoziieren und antwortet mit (meistens) einer Frage oder Antwort:

ELIZA: „Erzählen Sie mir über Ihre Familie!"

Das kann aber auch nach hinten losgehen. Verwenden Sie das bekannte Zitat des griechischen Philosophen Heraklit (ca. 500 a. C.): „Der Krieg ist der Vater aller Dinge." bekommen Sie wahrscheinlich genau dieselbe Antwort.

ELIZA kennt auch Ausweichmechanismen, wenn es nämlich kein Wort findet, an dem es andocken kann. Z. B. „Das habe ich noch nicht verstanden", „können Sie mir das näher erklären", „lassen Sie uns über ein anderes Thema reden" etc.

Viele Versuchspersonen waren überzeugt, mit einem Menschen gechattet zu haben und sehr angetan von der Kommunikation. Berichten nach glaubten viele sogar, dass ihnen die Kommunikation mit ELIZA bei ihren psychischen Problemen geholfen habe.

Psychiater diskutierten ernsthaft, daraus eine automatisierte Psychotherapie zu entwickeln. Der Entwickler Weizenbaum reagierte erschüttert und entwickelte sich zu einem sehr gesellschaftskritischen Menschen.

ELIZA wurde weiterentwickelt und die daraus erkannten Effekte finden in vielen Chatterbots, also textbasierten Dialogsystemen, Anwendung.

Systemische Therapie und systemische Aufstellungen

Diagnose

Systemische Aufstellung ist mit dem Namen Bert Hellinger verknüpft, es gibt aber inzwischen viele Strömungen. Sie ist immer dann geeignet, wenn die Störung stark mit dem System, in dem der Betroffene sich befindet, verknüpft ist. Wir leben eben nicht im luftleeren Raum, sondern sind soziale Wesen und werden stark davon beeinflusst. Leitbild für die Aufstellung ist, dass das System der Person ein Beziehungsgeflecht, eine Ordnung, eine soziale Rolle vorgibt, die er nicht frei wählen kann. Dieses gilt überall da, wo Menschen miteinander in Beziehung treten und eine Zugehörigkeit, eine Ordnung (beides Grundbegriffe der systemischen Therapie) entsteht. Partnerschaften, Familien, Großfamilien, Freundeskreise, Unternehmen, Kulturkreis, Wirtschaftssysteme und Vereine – letztlich sind die Grundregeln ähnlich. Zugehörigkeit gerade zum Familiensystem erwirbt man durch die Geburt und sie endet nicht mit dem Tod.

Werden Ordnungen im System verletzt und eine Person übt eine Rolle aus, die ihr eigentlich nicht zu steht, entstehen psychische Probleme. Jede Veränderung löst Reaktionen bei den anderen Mitgliedern aus, die sich dann wieder auf den/die anderen auswirken. Beispiele für Verletzungen, „Verstrickungen" sind:

- Triangulierung: Ein Kind steigt in einen Konflikt der Eltern ein, für den es nicht verantwortlich ist, und die Eltern dulden oder erwarten dies sogar. Die Eltern oder ein Elternteil koalieren/koaliert mit dem Kind gegen den anderen Elternteil.

- Parentifizierung: Es findet eine Rollenumkehr statt zwischen Eltern und Kind, wobei die Eltern ihrer Elternfunktion nur teilweise gerecht werden und dem Kind eine nicht kindgerechte überfordernde „Eltern-Rolle" zuweisen.

- Identifizierung/Übernahme: Ein Nachfahre übernimmt das Schicksal eines Ahnen (z. B. weil dieser ausgeschlossen wurde oder ihm Schuld zugeschrieben wurde). Unbewusst glaubt er, er wäre diese Person und verhält sich wie sie, versagt sich Lebensfreude, Gesundheit, beruflichen Erfolg oder eine glückliche Partnerschaft. Im Hintergrund scheint es eine Art Schattenwesen zu geben, das in manchen Situationen sein Verhalten und seine Gefühle bestimmt.

- Verschiebung
  - Einfach: Eine Person rebelliert stellvertretend für eine andere gegen eine Person (z. B. der Sohn rebelliert gegen den Vater, stellvertretend für die Mutter).
  - Doppelt: Duldet der Vater die Rebellion des Kindes nicht kommt es zu einer doppelten Verschiebung. Das Kind wird gegen den eigenen (Ehe)Partner oder andere Autoritätspersonen auch noch als erwachsene Person rebellieren. Dies geht jedoch nur, wenn sich ein komplementäres Gegenüber findet, das ein sog. Sühneprogramm fährt.

- Doppelbelichtung: Eine Person, mit der wir gerade zu tun haben, wird mit einer gleichgeschlechtlichen Person aus unserer Vergangenheit verwechselt. In diesem Fall werden beide Personen nicht als eigenständige, völlig verschiedene Wesen wahrgenommen. Verwechslungsgefahr besteht vor allem bei Partner und Vorgesetzten, die unbewusst mit den eigenen Eltern gleichgesetzt werden. Dann treten oft Reinszenierungen eines Familienkonfliktes im Arbeitskontext auf. Am Chef wird dann der Vaterkonflikt nachgespielt. Der Mitarbeiter wird zum trotzigen Kind dem Chef gegenüber.

- Es treten Verhaltensmuster auf, die emotional und kindlich sind, d. h. einer erwachsenen Beziehung nicht entsprechen.

- Nachfolge-(Dynamik): „Lieber (gehe) ich als du!" Ein Kind versucht, anstatt eines Ahnen (oft: anstatt eines Elternteils) eine todbringende Krankheit oder eine Todessehnsucht auf sich zunehmen und entwickelt hierdurch suizidäre Tendenzen, schwere Krankheiten oder tut alles, um leidend durchs Leben zu gehen. Gerade wenn ein Mensch aus dem Familiensystem ausgeklammert, ausgeschlossen oder sein Schicksal (z. B. Suizid) verheimlicht wird, kommt es sehr oft vor, dass ein später Geborener mit seinem Schicksal und Verhalten den Ausgestoßenen im System repräsentiert und vertritt.

Systemische Aufstellungen sind eine Möglichkeit, dieses verborgene Beziehungsgeflecht aufzudecken und dem Klienten bewusst zu machen. Es gibt verschiedene Methoden, Aufstellungen durchzuführen.

- Echte Aufstellungen: Aus dem Kreis der Anwesenden werden Stellvertreter für die jeweiligen Personen ausgesucht (am besten Männer für Männer und Frauen für Frauen – Ausnahmen sind aber möglich). Diese Personen werden entsprechend der Sicht des Klienten so im Raum aufgestellt, wie er sie subjektiv sieht. Wichtige Kriterien sind hier Nähe und Distanz, wer guckt wen an (Blickrichtung!), wer berührt sich ...

- Figuren und Gegenstände, Gliederpuppen, professionelle Sets oder einfach Stifte und Kronkorken dienen als Stellvertreter (wichtig ist, dass sie eine Blickrichtung haben!)

- Virtuell im Kopf des Klienten

- Ankertechniken – bestimmte Orte im Raum stehen für bestimmte Rollen und der Klient geht sie nach und nach durch.

- 1 – 2 – 3 Technik: Hierbei begibt sich der Klient in seine eigene Rolle („Ich-Rolle"), in die von der Person, mit der er einen Konflikt hat („Du-Rolle") und die eines neutralen Beobachters (Metaposition).

Während der Aufstellung wird von den Stellvertretern beschrieben, was sie gerade empfinden, fühlen, ob die Rolle „stimmig" ist usw. Der Aufstellungsleiter schlägt Statements vor und es wird deutlich, ob das zu der Rolle passt.

Wichtiger Hinweis: Viele Aufstellungsleiter arbeiten mit Fragen („Glaubst Du, dass Du Dich fühlst, als ob ...?") Besser und effektiver sind Statements („Du fühlst Dich, als ob ..."). Keine Sorge hier etwas falsch zu machen – wenn es nicht passt, sagt es die betreffende Rolle! Und das ist dann ein spontanes, richtiges Statement, ohne langes Grübeln darüber „naja, stimmt das denn wirklich, was denke ich denn wirklich ..."

Ohne vorher Informationen bekommen zu haben erleben die Stellvertreter von Familienmitgliedern in erstaunlich präziser Weise Gefühle, sprechen Worte oder zeigen sogar Symptome der wirklichen Personen. Dabei kommen oft bisher unbewusste konflikthafte Zusammenhänge ans Licht, aus denen unglückliche Beziehungen und Lebensläufe, schwere Schicksale und Krankheiten verständlich werden. Es wird erfahrbar, wie Familienmitglieder insgeheim in Liebe und Treue miteinander verbunden sind und in wie hohem Maße sie bereit sind, Gesundheit, Leben oder Lebensfreude zu opfern.

Therapie und Coaching

Die systemischen Aufstellungen eignen sich zu einer Diagnose – aber auch zum Erarbeiten von Lösungsstrategien, zum Aussprechen des „elephants in the room", zu einer gemeinsamen Lösung des Problems und zum Lösen von Verstrickungen.

Ganz wichtig ist hier der Ausgleich von Geben und Nehmen, was ein Grundprinzip der systemischen Therapie ist. Wenn man etwas falsch gemacht hat, muss man auch einstecken, dass man etwas falsch gemacht hat. Achtung! Es geht um AUSGLEICH! Wenn man ein Kind einmal geschlagen hat, dann mag es auch noch so traumatisiert sein, das rechtfertigt nicht, dass man dafür umgebracht wird. Der Ausgleich darf das ursprüngliche Trauma nicht übertreffen – dann ist wieder die Symmetrie in der Ordnung verletzt.

Um das Trauma aufzuarbeiten ist oft emotion*Sync*® nötig, um erst einmal die Emotionen herunterzuarbeiten. Danach kann man gut die systemische Therapie anschließen, um das Problem aufzuarbeiten und eine Aussöhnung zu erreichen.

Das kann man auch mit einem einzelnen Klienten machen, indem er die Augen schließt, sich ein anderes Familienmitglied vorstellt und bestimmte Sätze sagt. Beispiele:

- „Mama, du hast mir nie Liebe gezeigt. Ich weiß jetzt, dass du die Liebe gar nicht zeigen konntest, weil Du sie selber nie bekommen hast. Aber ich weiß, Du hast mich trotzdem lieb und tief in meinem Inneren weiß ich, dass du mich tief in deinem Inneren trotzdem geliebt hast. Ich habe dich trotzdem lieb." Oftmals bricht dann die Mutter in Tränen aus und sagt „Ja, ich habe dich geliebt." Hier kann man übrigens anschließen, dass der Klient tatsächlich zur Mutter fährt (wenn sie noch lebt) und sie wirklich in den Arm nimmt und es sagt. Erstaunlich oft ist es das erste Mal, dass die Mutter das von ihrem Kind hört und die Reaktionen ändern die Dynamik des Familiensystems erheblich.

Die Mutter kann natürlich auch ablehnend reagieren. Dann zeigt das nur, wie groß ihr Problem ist. Der Klient ist nach einer erfolgreichen Therapie in der Lage, seine Emotionen zu zeigen und auch zu akzeptieren, dass die Mutter noch nicht so weit ist – dann muss er ihr ihr Schicksal zumuten.

- Ein Klient, der eine Stellvertreterposition innehatte, gibt das Problem an den Ursprung zurück. Damit der andere, der es ja meistens auch von jemand anderem „geerbt" hat, die Chance bekommt, es an seinen Ursprung zurückzugeben.

- Wichtig ist, gerade wenn man sehr gelitten hat und durch das System nie glücklich sein konnte, sich die Erlaubnis zu holen, glücklich zu leben. Meistens bekommt man die Erlaubnis auch – wenn nicht, muss man eben entsprechend sagen, dass man jetzt trotzdem „sein Ding macht" und das Problem des anderen Familienmitgliedes, das nicht akzeptieren zu können, ihm symbolisch zurückgeben.

Diese Formen der systemischen Arbeit haben Ähnlichkeit mit der Hypnotherapie. Allerdings legt die klassische Hypnotherapie nicht diesen Fokus auf die Dynamik des Familiensystems und den Ausgleich von Geben und Nehmen.

Wenn die Dynamik sehr stark ist, können andere Methoden häufig nur lindern – oder der Erfolg wird wieder kaputt gemacht, wenn der Klient die Praxis verlässt und in sein Ursprungssystem zurückkehrt. Insofern sind Aussöhnungen nach der systemischen Therapie zusätzlich zur emotion*Sync*®-Therapie (bei zu starken negativen Emotionen funktioniert eine Aussöhnung schwierig!) von fundamentaler Bedeutung.

Was spricht der Psychotherapeut am Grabe seines Klienten?
„Sie spüren, dass da in letzter Zeit eine gewaltige Veränderung mit Ihnen vorgegangen ist und Sie haben jetzt das Gefühl, da hat Sie jemand so richtig reingelegt."

Neurolinguistisches Programmieren (NLP)

NLP ist eine der Techniken, die entweder geliebt oder verteufelt werden. In vielen Bereichen, im Privatcoaching wie im Business, werden NLP-Techniken erfolgreich angewandt. Leider mangelt es an wissenschaftlichen Studien und die wenigen vorliegenden Resultate sind oft widersprüchlich. Dies hat weniger inhaltliche Gründe als vielmehr die Ursache, dass viele NLP-Vertreter sich für wissenschaftliche Evidenz in der Theorie wenig bis gar nicht interessiert haben, sondern vielmehr dafür, diese Methoden in der Praxis erfolgreich einzusetzen. Inzwischen zeichnet sich bei einer Vielzahl moderner Vertreter diesbezüglich ein Wandel ab, sodass zu hoffen ist, dass die Menge empirischer Unterstützung in den nächsten Jahren wächst.

NLP ist keine eigenständige, neu entwickelte Therapie-/Coaching-Methode. Die Begründer des NLPs beschäftigten sich damit zu analysieren, was erfolgreiche Therapeuten, z. B. den Hypnotherapeuten Milton Erickson, ausmacht, welche Techniken und Methoden sie anwendeten. Diese Herangehensweise wurde als „Modellieren" bezeichnet. Die dabei herausgefilterten Methoden wurden zu einem konzentrierten, fokussierten Kanon an NLP-Methoden zusammengestellt und ggf. weiterentwickelt.

Die Herangehensweise der NLP-Begründer „Was macht erfolgreiche Therapeuten aus?" mag im ersten Moment mit dieser Analyse des Positiven überraschen.

William James, einer der (Mit-)Begründer der wissenschaftlichen Psychologie, betonte, dass die Hauptsache im menschlichen Leben sei, glücklich zu sein. Dennoch vernachlässigte die moderne Psychologie bis vor wenigen Jahren alle positiven Gefühle (Glück, Freude, Wohlbefinden) – obwohl die Frage, wer glücklich ist, durchaus nicht trivial ist. Ein paar Fakten zum Nachdenklich machen (vgl. Anton Bucher: Psychologie des Glücks):

Die Anzahl der wissenschaftlichen Studien zum Thema Depression (zwischen den Jahren von ca. 1890 und 2000 mehr als 86000 Studien) ist mehr als 20 mal größer als zum Thema Glück (<4000)

Menschen können glücklich sein in für andere furchtbaren Situationen: Lori und Reba waren Zwillinge. Lori liebte Menschen und Kontakt zu ihnen, Reba war zurückhaltend und schüchtern. Wo war das Problem? Beide waren an der Stirn miteinander verwachsen, sodass sie sich stets von Angesicht zu Angesicht sahen. Trennen lassen wollten sie sich nicht.

Einer der erfolgreichsten, beliebtesten und mit Ruhm überschütteten Glücksforscher sprang vom Hochhaus.

Olympische Bronzemedaillengewinner sind glücklicher als Silbermedaillengewinner.

Der Fokus unserer Gesellschaft tendiert immer wieder zum Kranksein. Schlimmer noch. Unsere Industrie (Medizintechnik, Pharmakonzerne etc.) und Ärzte/Therapeuten verdienen an Kranken, nicht an Gesunden.

Teilweise wird dies auch offen zugegeben. Das Deutsche Ärzteblatt von 2002: „Der Wettbewerb zwingt zur Erschließung neuer Märkte. Das Ziel muss die Umwandlung aller Gesunden in Kranke sein, also in Menschen, die sich möglichst lebenslang sowohl chemisch-physikalisch als auch psychisch von Experten therapeutisch, rehabilitativ und präventiv manipulierungsbedürftig halten, um „gesund leben" zu können. Das gelingt im Bereich der körperlichen Erkrankungen schon recht gut, im Bereich der psychischen Störungen aber noch besser, zumal es keinen Mangel an Theorien gibt, nach denen fast alle Menschen nicht gesund sind. Das stimmt in der Tat. 2013 erschien die fünfte Auflage des Diagnostic and Statistical Manual of Mental Disorders, eines Klassifikationssystems in der Psychiatrie (DSM V). Nach diesem Klassifikationssystem gibt es kaum einen Menschen, der kein psychisches Problem hat. Von der ersten (1952) bis zur fünften Auflage wuchs der DSM von 145 auf 991 Seiten und die Zahl der Diagnosen vervierfachte sich auf inzwischen fast 400. Inzwischen sind alle gestört. Länger als 14 Tage um einen geliebten Menschen trauern ist ein klinisches Problem, ein Kind, das hinaus rennt, bevor es die Jacke anhat, ist gestört und, und, und. Insbesondere die neue Einstufung der Diagnosen in „mild", „mittel" und „schwer" ermöglicht es Psychotherapeuten und Psychiatern, für viele Patienten eine „milde Diagnose" zu stellen. Kritiker mahnen, dass das zu Stigmatisierungen führen kann.

Achtung! Wir wollen nicht vergessen, was uns die momentane Schulmedizin Gutes getan hat. Bei bestimmten physischen Problemen brauchen wir sie. Gerade die Unfallchirurgie ist ein gutes Paradebeispiel dafür.

Aber unser Umgang mit Krankheit hat auch seine Nachteile:

Eugen Roth schrieb dazu:

„Was bringt den Doktor um sein Brot? A) Die Gesundheit. B) Der Tod. Drum hält der Arzt, auf das er lebe, uns zwischen beiden in der Schwebe."

Hildegard Knef sang:

„Was, dir geht's gut? Da muss doch was zu machen sein."

Als Gegensatz wird immer die Geschichte erzählt, dass im antiken China die Ärzte nicht bezahlt wurden, wenn die Patienten krank waren, sondern nur, wenn sie gesund waren. Medizinhistoriker halten dies für einen Mythos.

Was sind geeignete Forschungsstrategien? Die klassische Therapieforschung orientierte sich am Gedanken „Was macht Menschen krank?" Abraham Maslow, ein Psychologe bekannt für seine Erforschung menschlicher Werte und Bedürfnisse drehte den Gedanken um. 2014 erschien 50 Jahre nach der englischen Ausgabe endlich ein sehr bedeutendes Werk von ihm auf Deutsch: „Jeder Mensch ist ein Mystiker – Impulse für die seelische Ganzwerdung". Er suchte sich „die besten, gesündesten Menschen, die besten Exemplare der Menschheit, die ich finden konnte, und studierte sie, um zu sehen, was sie auszeichne".

Das NLP griff diesen Ansatz später auf und studierte glückliche, erfolgreiche Menschen. Leider hat sich das NLP wie erwähnt sehr weit verzweigt und es gibt viele schwarze Schafe auf dem Markt. Neue Strömungen innerhalb des NLP – NLP 2.0 und NLPsych (mit den führenden Vertretern Nandana & Karl Nielsen, Christian Hanisch, Claudia Wilimzig) – setzen sich dafür ein, „die Spreu vom Weizen zu trennen" und NLP auf eine wissenschaftlich fundierte Basis zu stellen.

Dieser Kanon ist sehr umfassend und inhomogen. Ebenso sind Ausbildungen und Qualität von NLP-Practitionern sehr inhomogen. Wie in vielen Bereichen von Therapie und Coaching existieren verschiedene unterschiedliche Standards. Qualität, Dauer und Inhalte der Ausbildung variieren zwischen den Ausbildungsinstitutionen sehr stark. Diese Problematik trägt zur widersprüchlichen Rezeption von NLP in der Öffentlichkeit stark bei und beeinflusst auch empirische Ergebnisse zur Wirksamkeit von NLP-Methoden.

Viele NLP-Methoden ermöglichen Weiterentwicklung persönlicher und beruflicher Kompetenzen. Ihre Wirksamkeit kann allerdings dadurch erschwert werden, dass eine Änderung des bestehenden Verhaltens durch Blockaden gehemmt ist, die energetisch sehr stark sind. Wird diese Energie durch emotion*Sync*® heruntergefahren bzw. aufgelöst, können die NLP-Methoden wirksam greifen.

Insofern ergänzen sich emotion*Sync*® und NLP, ähnlich wie bei der Transaktionsanalyse. emotion*Sync*® erleichtert den Einsatz von NLP-

Techniken bzw. in Extremfällen macht emotion*Sync*® ihn überhaupt möglich. Was die Anamnese angeht, werden viele der hier erklärten Gesprächstechniken auch im NLP eingesetzt.

Dr. Christian Hanisch hat begonnen, NLP wissenschaftlich zu untersuchen. Die Ergebnisse werden über das NLP 2.0 und NLPsych dargestellt. Die Ergebnisse zeigen, dass NLP wissenschaftlich sein kann. Denn NLP ist nach dem Prinzip vorgegangen, von den Besten zu lernen und dieses anderen lehrbar zu machen. Wenn man NLP genauer untersucht, findet man über die Hälfte der Methoden in der klinisch anerkannten Kognitiven Verhaltenstherapie (KVT) wieder (führende Vertreter bzw. Entwickler Aaron T. Beck und Albert Ellis).

Sense Control

Es wurde bereits mehrfach erwähnt, dass wir stark von unseren Sinneskanälen abhängig sind. Alles, was wir im Gedächtnis speichern, ist stark an unsere Sinneskanäle gebunden. Mit anderen Worten, wir speichern zu allem eine Menge Eigenschaften (visuell, auditiv, olfaktorisch ...). Die Spinne, die bei uns eine Phobie auslöst, ist nicht nur ganz abstrakt „Spinne". Sie ist schwarz, sie ist haarig, sie ist groß, sie sitzt in der Nähe, ihre Beine machen scharrende Geräusche ... Wenn ein Phobiker über seine Phobie nachdenkt, hat er automatisch eine Art Prototyp einer Spinne im Kopf mit bestimmten Eigenschaften. Diese Eigenschaften sind wie ein Gespinst assoziativ miteinander verknüpft.

Die Idee, dass das Gedächtnis assoziativ aufgebaut ist, ist nicht neu. Bereits um 1790 beschrieb der Philosoph und Theologe Johann Friedrich Flatt ein Netzwerkmodell des menschlichen Gedächtnisses, um assoziative Verknüpfungen beim Abruf einzelner Gedächtnisinhalte zu erklären. Später (Beginn um 1960) fanden solche assoziativen Repräsentationen Eingang in die Informatik, wo sie im Bereich der künstlichen Intelligenz zur Wissensrepräsentation genutzt wurden (als sogenannte semantische Netze).

Für Phobien und Traumata ist die über einen neuronalen Link geleistete Verknüpfung von dem sensorischen Input mit den dazu gespeicherten Emotionen von Bedeutung. Ebenso haben die im Netzwerk des Gedächtnisses gespeicherten Eigenschaften des Prototyps Spinne eine neuronale Verknüpfung zu den Emotionen Angst, Ekel oder was auch immer die Spinne an negativen Emotionen auslöst.

Ändert man die Eigenschaften des im Gehirn gespeicherten Prototyps der Spinne, ändert man die Emotionen und anderen Assoziationen. Diese Arbeit erfordert viel Phantasie – man kann damit aber entsprechend auch viel Spaß haben.

Friedrich II., „der Große" oder auch einfach „der alte Fritz" prägte den Spruch: „Wer sich an die Phantasie der Menschen wendet, wird immer den besiegen, der auf ihren Verstand einwirken will." Ein Problem vieler Therapiemethoden ist, dass sie sich nur an den Verstand wenden. Der Verstand ist wichtig – aber für einen guten Therapieerfolg spricht es, wenn Verstand, Emotionen und Phantasie einen harmonischen Einklang bilden.

Eigenschaften können sehr bedeutsam sein. In einer klassischen Verhaltenstherapie (ausgestrahlt in einer Sendung des Spiegel-TV) machte der Therapeut die Klientin zunächst mit einer riesengroßen Plüschspinne bekannt, mit der sie kuscheln konnte. Hinterher war ihre Phobie noch lange nicht weg – aber sie empfand tatsächlich eine große Vogelspinne als weniger bedrohlich als eine Kellerspinne (weil die eher hart und weniger plüschig aussah).

Also spielen Sie mal mit den erschreckenden Bildern, die im Kopf gespeichert sind. Als erstes wird die Spinne in der Lieblingsfarbe angemalt. Z. B. eine rosa Spinne bei einem kleinen Mädchen. Dann bekommt sie Kleidung – wie wäre es mit einem rosa Plüschtutu? Schuhe – z. B. „Klackerschuhe" (O-Ton von Christians Tochter für Pumps). Zu Klackerschuhen gehört unbedingt eine Handtasche. Ein bisschen Make-up schadet auch nicht. Oder man gestaltet eine sportliche Spinne mit Sportdress, Turnschuhen und Rennrad. Je nach den Interessen des Klienten.

Wichtig ist dabei auch das Thema der Verortung. Dinge haben in unserer Vorstellung einen Ort. Bei bedrohlichen Dingen ist dieser oft sehr nah. Aber er kann auch mit einem Körperteil zusammenhängen. In der Vorstellung einer Klientin war dies ihr Hintern. Sie hatte sich tatsächlich mal auf eine dicke, fette Spinne draufgesetzt. Den Dingen in der Vorstellung einen anderen Ort zu geben – statt rechts nach links oder gerade statt nah fern, ändert viel an Emotionalität.

Wichtig hierbei ist, dass diese Methode sicher häufig nicht ausreicht, falls bei einem Trauma die Emotionen sehr stark sind. Aber hat man die Emotionen erst mal mit emotionSync® heruntergearbeitet, kann man mit Sense Control nacharbeiten.

Energetische Methoden – Prana, Chi, Reiki

Warnung vorab: Vielen Lesern mag dies zu esoterisch erscheinen. Wer für diese Techniken nicht offen ist, sollte dieses Kapitel überspringen. Es wird allerdings darauf geachtet, dass keine Techniken beschrieben werden, die nicht bereit sind, sich wissenschaftlicher Überprüfung zu unterziehen.

Zusätzlich zu emotion*Sync*® können unterstützend andere Energietechniken eingesetzt werden. Diese können parallel (also während der Anamnese und der Intervention) oder vor bzw. nach der emotion*Sync*®-Intervention eingesetzt werden.

Verschiedene Therapeuten nennen sich „Energieheiler". Dieser Begriff ist nicht geschützt. Von daher herrschen auch hier keine einheitlichen Qualitätsstandards und es kann nicht beschönigt werden, dass es auch Scharlatane auf dem Markt gibt. Sie sollten sich als Klient vergewissern, was der jeweilige Therapeut unter „Energieheilung" versteht und über welche Ausbildungen bzw. Qualifikationen er verfügt. Falls Sie selber diese Techniken anwenden wollen, sollten Sie sich umgekehrt über die Seriosität Ihres Ausbildungsinstituts bzw. Ausbilders informieren.

Eine der bekanntesten Energietechniken, vielleicht sogar die bekannteste, ist Reiki. Reiki ist eine der Techniken, die entweder geliebt oder verteufelt werden. Es bleibt jedem selbst überlassen, sich dazu seine

Meinung zu bilden. Beim Reiki wird mit einer Energie gearbeitet, die in westlichen Sprachen in etwa als „universelle Energie" bezeichnet wird. In der chinesischen Kultur entspricht dies dem „Qi" (in der Umschrift auch als „Chi" bezeichnet) und in der hinduistischen dem „Prana".

Bei anderen Energietechniken arbeitet der Therapeut mit seiner eigenen Energie und erschöpft diese dadurch. Beim Reiki stellt er sich als „Medium" (bitte nicht esoterisch verstehen) für die besprochene universelle Energie zur Verfügung. Dies führt nicht nur dazu, dass er selber durch die Behandlung nicht ausgelaugt wird, sondern auch dazu, dass er selber seine eigenen Akkus „aufladen" kann.

Falls Sie im Reiki eingeweiht sind (beim Reiki spricht man von „Einweihung", nicht von Ausbildung), können Sie dies mit Ihrer emotion-*Sync*®-Arbeit kombinieren. Generell gilt, dass man keine Methode einsetzen sollte, mit der der Klient nicht einverstanden ist. Beim Reiki können Sie diesbezüglich letztlich nichts falsch machen. Wenn der Klient nicht bereit ist, die Energie zu empfangen, wird Ihre Reiki-Intervention bei ihm nichts bewirken. Aber Sie selber werden sich dadurch trotzdem mit Energie aufladen. Von dieser Energie profitieren Sie – aber auch der Klient, der den indirekten Vorteil hat, dass Sie mit viel Energie in der Sitzung präsent sind.

Entspannungstechniken

Es gibt eine Vielzahl von Entspannungstechniken mit oder ohne Körpereinsatz. Meditation, Yoga, Atemtechniken ... Zusammenfassend lässt sich dazu sagen – wenn Sie die Techniken beherrschen und der Klient Affinität dazu besitzt, können Sie das durchaus in ihre Sitzung einbeziehen. Allerdings ist zusammenfassend auch folgendes zu sagen: Am besten am Ende der Sitzung.

Wenn der Klient nämlich innerlich aufgewühlt ist und noch immer eine starke energetische Bindung an das Problem besitzt bzw. der neuronale Link sehr stark ist, dann werden Sie vor der Löschung des Links nicht viel erreichen. Wenn jemand panisch ist, werden solche Techniken höchstens eine leichte Linderung bewirken – gelöscht werden muss der Link durch energetische Methoden und dann bewirken Entspannungstechniken sehr viel mehr – vielleicht als entspannender Abschluss.

Medikamente und pflanzliche oder alternative Heilmethoden

Selbstverständlich kann man emotion*Sync*® auch mit klassischer Schulmedizin oder alternativen Heilmethoden kombinieren. Sie stehen sich nicht grundsätzlich im Wege – außer gegebenenfalls in Extremfällen bei bestimmten Krankheiten oder Medikamenten.

Generell ist es natürlich so, dass die emotion*Sync*®-Ausbildung NICHT dazu berechtigt, andere solche Methoden anzuwenden oder gar Medikamente zu verschreiben. De facto ist es aber so, dass viele emotion*Sync*®-Therapeuten auch über andere Ausbildungen verfügen und berechtigt sind, diese anzuwenden. Beispiele dazu gibt es im Anhang. Viele emotion*Sync*®-Therapeuten sind auch gerne bereit, mit behandelnden Ärzten und anderen Therapeuten zusammenzuarbeiten, was natürlich voraussetzt, dass die andere Seite dafür offen ist. Erkundigen Sie sich als Klient im Bedarfsfall. Als Therapeut möchten wir Sie ermutigen, zu solcher Zusammenarbeit bereit zu sein, dort auch ein bisschen Überzeugungsarbeit zu leisten und ihr soziales Netzwerk zu nutzen und erweitern.

Zum Abschluss

Falls Sie sich jetzt fragen „Oh Gott, wie viele Therapieausbildungen muss/soll ich denn jetzt noch machen und wie viele diagnostische Verfahren lernen" – ganz ruhig. Viele Grundtechniken können Sie in einem Kurs mit einer bestimmten Stundenzahl oder sogar in einem Wochenendseminar lernen. Methoden wie Master Typo 3® (Das Profil der Authentizität) müssen Sie gar nicht selber können – es gibt viele Profiler, die Ihnen für einen bestimmten Betrag eine Analyse der Daten des Klienten anbieten. Es liegt dann an Ihnen und Ihren Finanzen, wie viel Sie sich leisten können und wollen und Ihren Klienten bieten wollen. Wo ein Wille ist, ist meist auch ein Weg (immer positiv denken!)

Wir hoffen, dass Sie dieses Buch weitergebracht hat und Sie beim Lesen ebenso viel Freude hatten, wie wir beim Schreiben. Im Folgenden bieten wir Ihnen die Erfahrungen von ausgebildeten emotion*Sync*®-Therapeuten/Coaches mit emotion*Sync*®.

Auf der Seite www.emotion*Sync*.de finden Sie Adressen von Therapeuten und Ausbildern.

Noch etwas in eigener Sache

Es wird mir häufig in Diskussionen über die hier im Buch vorgestellten Methoden gesagt „das ist doch nur NLP, oder?". Wenn man NLP wirklich kennt, findet man Unterschiede und Gemeinsamkeiten mit anderen Psychotherapie-Methoden. NLP hat sich vieles aus der Psychotherapie abgeschaut (und die Psychotherapie vom NLP übrigens auch). Mittlerweile finden wir verschiedene Elemente aus dem NLP in der KVT Kognitiven Verhaltenstherapie, Hypnose, EMDR, Psychodrama, Gesprächstherapie nach Rogers und in anderen Methoden.

In einigen Bereichen ist NLP in Verruf gekommen. Daran ist aber nicht NLP schuld, sondern es sind die Menschen, die es nicht zum Wohle eines anderen anwenden. Leider habe ich schon viele Trainer erlebt, die mit Psychodrama nach Moreno und anderen Methoden den Teilnehmern viel Schaden zugefügt haben, indem sie die Teilnehmer nach dem Psychodrama mit ihren „hochgekochten" Problemen einfach im Stich gelassen haben.

Auch kommt immer wieder die Frage auf, ob NLP wissenschaftlich ist? Ja und nein. Einige Elemente aus dem NLP sind tatsächlich wissenschaftlich untersucht worden und auch validiert. Es gibt auch Untersuchungen die NLP die Wirksamkeit absprechen. Leider muss ich als

Wissenschaftler immer wieder feststellen, dass Studien stümperhaft durchgeführt wurden, sowohl die für NLP als auch die für den Gegenbeweis.

NLP ist ein Werkzeug. Ich kann mit NLP sehr Gutes tun oder Schaden anrichten. Das geht mit einem Hammer auch. Man kann einen Nagel in die Wand schlagen, um ein schönes Bild aufzuhängen oder man kann schöne Dinge mit einem Hammer zerstören.

Interesse, Neugier und Offenheit sollten jeden Menschen dazu motivieren, sich die einzelnen Methoden einmal ohne Vorbehalte anzuschauen, sie auszuprobieren, um sich ein eigenes Bild zu machen bzw. sie zu untersuchen und zu validieren.

EMDR+ und emotion*Sync*® können für alle Coaching- und Psychotherapie-Methoden eine wichtige und sinnvolle Ergänzung sein.

Wir grenzen uns deutlich von dem nicht wissenschaftlichen NLP Teil ab.

Teil 11 – Testimonials: Was sagen Therapeuten

In diesem Kapitel erzählen unterschiedliche Therapeuten von ihren Erfahrungen mit emotionSync®. Sie erfahren dabei auch viel darüber, wie Probleme – auch per one-shot-conditioning – entstehen können, bei welcher Bandbreite von Problemen emotionSync® helfen kann und wie es sich mit anderen Methoden kombinieren lässt. Wir haben versucht, die Fälle in Oberkategorien zu gliedern. Im Einzelfall lässt sich sicher über die Klassifizierung streiten, da eine Störung oft mit anderen Störungen einhergeht. Dysfunktionale Gedankenmuster z. B. treten bei vielen Störungen auf. Insofern ist die Klassifizierung nicht absolut zu verstehen, sondern soll nur als Orientierungshilfe dienen.

Dysfunktionale Gedankenmuster

Leistungsdruck in der Schule

Der Klient war ein Schüler, der sich massivem Druck durch die Eltern ausgesetzt fühlte, insbesondere auch Leistungsdruck in der Schule. (Ich arbeite mit Klienten einer breiten Altersspanne von jung bis alt) In der 5. Klasse führte das so weit, dass er Blackouts bekam, obwohl er den Stoff eigentlich konnte. Er hatte panische Angst, wie die Eltern reagieren. Vor jeder Arbeit quälten ihn Gedanken daran, was er in der Arbeit machen würde, und was passieren würde. Hier setzte ich eye*Sync* ein, um ihm zunächst den Gedanken an die schlechten Noten und die Angst davor zu nehmen. Dann verwendete ich dieselbe Methode, um ihm den Gedanken an gute Noten nahe zu bringen.

Blockaden nach Niederlagen

Ich beschäftige mich mit Coaching im Sport. Häufig kommt es vor, dass ein Spieler nach einem Fehler sofort von dysfunktionalen Gedankenmustern so gelähmt ist, dass er laufend weitere Fehler macht bzw. nicht auf seinem Niveau weiterspielen kann. Z. B. kann es nach einem verschossenen Elfmeter im Fußball dazu kommen, dass der Spieler sich entweder wochenlang nicht traut, wieder einen Elfmeter zu spielen oder – wenn er es doch macht – ist er von der Erinnerung, von dem Bild, dass sich in seinem Kopf eingeprägt hat, wie der Ball am Tor vorbeifliegt, so gelähmt, dass er wieder vorbeischießt. Und so schaukelt sich das hoch. Hier kann das „Löschen" durch emotion*Sync*® entscheidend helfen.

Besonders deutlich sah ich das bei einem Fußballteam bei einem 12-jährigen Mädchen, das ich coache. Sie werden trainiert von einem sehr strengen Trainer, einem Ex-Profi. Die Mädchen sind trotz des harten Trainings motiviert, da sie sehen, dass sie durch die Kombination aus hartem Training und unterstützendem Coaching weiterkommen.

Um erst gar keine Blockaden aufkommen zu lassen, greife ich während des Spiels aktiv ein. Wenn ein Mädchen einen Fehler macht oder wenn das Spiel für eine nicht gut läuft, wird sie direkt herausgenommen. Ich setze mich mit ihr dann an den Rand und coache sie nach Bedarf mit emotion*Sync*®. Da gibt es dann Situationen, wo nach einem gravierenden Fehler, aber anschließendem Coaching, dasselbe Mädchen plötzlich fünf Tore schießt.

Die Eltern bestätigen mir, dass sich die Coaching-Resultate auch auf Alltagssituationen übertragen. Ihre Kinder sind selbstbewusster, können auch in der Schule besser auftreten und ihr Konzentrationsvermögen hat sich verbessert. Ich finde dies einen ganz wichtigen Aspekt von Coaching, dass es dem Individuum ganzheitlich in verschiedenen Lebenslagen hilft und sich auf unterschiedliche Situationen übertragen lässt.

Sich alles gefallen lassen und als Resultat Wut

Der Klient kam, weil er immer wieder ein Gefühl hilfloser, frustrierter Wut verspürte. Er erklärte es an zwei Beispielen: Einmal fuhr jemand über ein Teil seines Motorrads und ignorierte es völlig. Ein anderes mal bezichtigte ihn ein Kollege der Inkompetenz. Beide Male ließ er es sich gefallen, wobei er ohnmächtige Wut verspürte. Sein Wunsch und sein Ziel für die Therapie war es, in die Lage versetzt zu werden angemessen zu reagieren, nicht mit hilfloser Wut, sondern Schlagfertigkeit zu reagieren. Kein „Ich lasse mir alles gefallen" unter Wut, sondern sinnvolles Agieren.

Das Gefühl der Wut beim „Sich gefallen lassen" wurde mit eye*Sync* bearbeitet. Am Ende der Intervention wich die Wut einem befreienden Lächeln. Als positives Neues wurde am Konzept der bewussten Kompetenz gearbeitet. Für den Klienten vertrieb das die Unsicherheit, die ihn vorher so gequält hatte. Sein neues funktionales Gedankenmuster war „Ich weiß, was ich tue".

Das eigene Tun ist bedeutungslos.

Ein Klient kam mit starken Minderwertigkeitskomplexen. Es erforderte ein langes Gespräch, bis wir den limitierenden Glaubenssatz in einem Satz herauskristallieren konnten. Er hieß „Was ich mache, ist nicht bedeutungsvoll." Die damit verbundene Emotion hatte eine Valenz von – 10. Sobald der Satz feststand, wurde dem Klienten klar, woher er stammte – er hatte ihn von seiner Mutter übernommen. Nach der Intervention mit clap*Sync* war der Satz neutral und emotionslos. Wir erarbeiteten dann einen neuen Satz. Mit entschiedenen Sätzen wie „Ich bin bedeutungsvoll" oder „Ich bin gut" fühlte der Klient sich noch nicht stabil. Wir verfestigten den Satz „Ich werde jeden Tag ein bisschen besser". Um dies zu „materialisieren", beschloss der Klient, sich einen Kalender anzuschaffen, in dem er jeden Tag entsprechend „abstreichen" wollte.

Angst zu versagen

Der Klient arbeitet nebenberuflich als Coach. In seinem Hauptberuf weiß er, was er kann, und hat Vertrauen in sein Tun. In seinem Nebenberuf bzw. seiner privaten Tätigkeit als Coach hingegen hat er Angst zu versagen. Er befürchtet, wenn er mit seinen erlernten Methoden an seinen Klienten arbeitet, könne er das Gehirn der Klienten negativ verändern. Er hat permanent Angst, es nicht richtig zu machen. Sein dysfunktionales Gedankenmuster ist „Ich bin nicht gut genug". Zu diesem Satz wurde clap*Sync* angewendet.

Danach fühlte sich der Klient befreit. Er spürte, dass er Verantwortung übernehmen kann für die Behandlung seiner Klienten. Er beschrieb es als „meine Bremsen sind gelöst". Das neue Gedankenmuster, das erarbeitet und per Konditionierung erlernt und verstärkt wurde, war „Ich mach' das einfach!"

Dieses Beispiel zeigt, dass auch ausgebildete Coaches nicht gefeit sind vor Selbstzweifeln und irrationalen, dysfunktionalen Gedankenmustern. An mir selbst und vielen Kollegen merke ich, dass es wichtig ist, sehr selbstreflektiert zu sein und sich nicht zu scheuen, ab und zu sich selbst Unterstützung und Supervision von Kollegen zu holen. Mit mehreren Kollegen pflege ich diesbezüglich einen regen Austausch, von dem wir alle profitieren.

Sich unter Druck setzen – unzufrieden sein

Der Klient kam mit einem Gefühl der Unzulänglichkeit zur Therapie. Er beschrieb, er sei mit sich selbst nicht zufrieden. Was immer er tue, er habe das Gefühl, es könnte besser sein. Als Folge versuchte er gleichzeitig vier Häuser zu bauen, anstatt eins. Er glaubte, es sei möglich. Es wurde jedoch dann gar keins gebaut. Er gab selbst zu: „Ich setze mich unnötig unter Druck."

Für die Durchführung von clap*Sync* verkürzten wir dies zu „unnötig unter Druck".

Nach clap*Sync* brach der Klient spontan in lautes Lachen aus, bis ihm die Tränen kamen. Ich lachte empathisch mit (relation*Sync*!). Wir konnten uns kaum noch erholen. Es war für den Klienten nicht albern, sondern er fühlte sich richtig gut dabei und war hinterher zufrieden. Sein neues Motto: „Ich mach' mein Ding!"

Wut freilassen

Die Ausgangssituation war wie folgt: Der Klient war als Jugendlicher mit zwei Freunden auf einem Mofa auf einer Straße Zick-Zack gefahren. Dabei haben sie einem Fußgänger den Weg geschnitten. Der Fußgänger schimpfte wüst los. Daraufhin drehte der Mofafahrer um, die drei stiegen ab und gingen auf den Fußgänger zu. Bevor irgendwer etwas sagen konnte, haute der Fußgänger dem Klienten „einen in die Fresse". Der war wie erstarrt und wehrte sich weder mit Worten noch mit Taten. Er war verletzt und traurig und fühlte sich komplett hilflos. Da er noch nicht einmal der Fahrer gewesen war, fühlte er sich zu Unrecht behandelt, aber gleichzeitig nicht in der Lage, sich zu wehren.

Das Trauma der Szene wurde mit eye*Sync* aufgelöst. Das Gefühl der Traurigkeit und Hilflosigkeit bleibt. Wir analysierten dies weiter. Es stellte sich heraus, dass sich dahinter ein Vaterthema verbarg. Der Klient hat Wut, die er auf seinen Vater verspürte, nie herausgelassen. Bis heute kann er das Gefühl der Wut nicht zulassen, er blockt dieses Gefühl ab, bevor er es empfindet. Gleichzeitig fühlt er sich komplett hilflos. Dieses Gefühl der Hilflosigkeit, des Ausgeliefertseins, wurde nochmals mit eye*Sync* bearbeitet. Der Klient konnte daraufhin zum ersten Mal seit langer Zeit wieder Wut empfinden und diese dazu nutzen zu sagen „bis hierhin und nicht weiter". Seine Hausaufgabe, sein neues Gedankenmuster: „Ich darf Wut fühlen und setze Grenzen". Besprochen wurde dabei mit dem Klienten, dass „Wut fühlen" nicht heißt, zügellos um sich zu schlagen. Aber das Gefühl an sich, solange es nicht die Kontrolle über ihn ergreift, ist normal und ok – und wenn man es empfindet, ist es an der Zeit zu sagen „Stopp!" Zum eigenen Selbstschutz, denn Wut (solange sie nicht unmäßig ist) ist ein Zeichen, dass Grenzen überschritten worden sind. Wut ist in Ordnung, solange sie nicht unreflektiert ist.

Schuld

„Ich bin schuld!" Dieses dysfunktionale Gedankenmuster ist sehr weit verbreitet. Das Konzept der Schuld ist natürlich integraler Bestandteil unseres Rechtssystems, aber auch Religionen propagieren das Konzept. Einige Eltern neigen dazu, dies in ihren Erziehungsstil einzuflechten und den Kindern – zu Recht oder zu Unrecht – alles Mögliche in die Schuhe zu schieben – von „Du bist schuld, dass das Glas runtergefallen ist" bis hin zu „Du bist schuld, dass ich meinen beruflichen Traum nicht erfüllen konnte". Anderen die Schuld zu geben, ist der einfachste Weg, sich nicht selbst verantwortlich fühlen zu müssen, sich nicht die Schuld eingestehen zu müssen und sich nicht schämen zu müssen. Ungerechtfertigt die Schuld zugewiesen zu bekommen, ist schon für Erwachsene verletzend. Für Menschen allgemein, aber insbesondere für Kinder kann das sehr schnell traumatisch werden.

Im vorliegenden Fall war der Klientin, seit sie drei Jahre alt war, immer wieder von ihren Eltern die Schuld in die Schuhe geschoben worden – auch für Dinge, für die sie nichts konnte. „Du bist schuld" war der am besten erinnerte Satz ihrer Kindheit bis sie es zu „Ich bin schuld" internalisierte. Mit dem bohrenden Schuldgefühl war für das Gefühl der Scham und Unzulänglichkeit verknüpft.

Emotional fühlte sie sich bei einer –7 bis –8 beim Vergegenwärtigen dieses Satzes. Nach einer eye*Sync*-Intervention verbesserte sich das zu – 1. Der Satz wurde daraufhin mit clap*Sync* bearbeitet. Hierauf verspürte die Klientin ein Gefühl der Freiheit. Ihr „To Do": Das Einüben bzw. Verstärken des Satzes „Ich bin frei!"

Entscheidungen treffen

Das Problem der Klientin lag darin, fähig zu sein, Entscheidungen treffen! Sie konnte sich selbst nicht entscheiden, sondern musste immer andere fragen, was sie tun würden. Sie war der Meinung, dass andere es besser wissen als sie. Sie suchte sich auch Menschen, welche längere Lebenserfahrung haben. Wenn sie selbst nach Rat gefragt wurde, lehnte sie dies ab, da sie keine Verantwortung für andere übernehmen wollte. Sie hatte auch Mühe vor Menschen zu sprechen. Trotz allem ist sie in der Ausbildung zur Lehrerin.

Angesprochen auf ihr Selbstwertgefühl meinte Sie, dass dieses auf der Skala bei –3 bis –2 liegt. Ihr Selbstwertgefühl sieht sie als dunkle, graue Wolke. Dieses Bild ihres Selbstwertgefühls wurde mit push*Sync* bearbeitet.

Sie fühlte sich danach kurz leer, ohne irgendetwas zu empfinden, dann fühlte sie sich wohl. Ich hielt meine Handfläche vor das Gesicht und fragte, ob sie nun ein anderes Bild sehe. Sie sah eine stark strahlende, orange Sonne, die eine gewisse Wärme ausstrahlte. Sie wollte dieses Bild behalten. Ich zog meine Hand immer wieder aus ihrem Blickfeld und sie meinte, lass sie mich anschauen. Ich habe ihr die Sonne mit push*Sync* eingepusht. Man kann dies auch als „Bilder schießen" bezeichnen. Hierbei wird auf die zur Löschung führende Übersteigerung verzichtet. Ihr Selbstwertgefühl stieg auf +5. Dies wurde mit dem Myostatiktest – ähnlich einem kinesiologischen Test – überprüft.

Ihr Rezept war das Bild der stark strahlenden, orangen Sonne.

Der Fluch

Was ist ein Fluch und was sind dessen Mechanismen?

Eine 50-jährige Frau kam zu uns mit allen Symptomen einer Psychose. Ebenfalls hatte sie einen starken Selbstwertkonflikt und glaubte nicht gut genug zu sein. Nach einiger Zeit der Anamnese fanden wir einen interessanten Punkt in ihren Ausführungen. „Sie sei wie verflucht". Nach weiteren Suchen nach einem Ereignis fiel ihr ein Besuch bei einer Zigeunerin/Wahrsagerin ein.

Als junge Frau war sie öfters krank. Deshalb ging sie zu dieser Wahrsagerin. Diese erzählte ihr, sie hätte schlechtes Blut und ließ sie mit dieser Aussage alleine. Sie wusste gar nicht was das zu bedeuten hatte und was sie damit anfangen könnte.

Lange grübelte sie darüber und baute sich die Bedeutung dazu selbst. Sie schloss nun daraus, sie wäre nicht gut genug, sie wäre nicht erwünscht, keiner mag mich, ich bin eine Aussätzige usw. Jetzt wirkte diese Aussage wie ein posthypnotischer Befehl und eine selbsterfüllende Prophezeiung.

Wenn man krank ist und der Arzt Blut abnimmt, wird er feststellen, dass das Blutbild nicht in Ordnung ist. Das meinte die Wahrsagerin mit Ihrer Aussage, jedoch hier wirkte es auf die Klientin wie ein Fluch.

Nachdem wir den Sachverhalt kognitiv aufgeklärt hatten, mussten wir die emotionale Komponente mit emotion*Sync*® abkoppeln. Das war nötig, weil sie es zwar verstand, was passiert ist, aber trotzdem sich gefühlsmäßig nicht abkoppeln konnte.

Mit emotion*Sync*® bekamen wir die Klientin in ihre Mitte und erlösten sie so von ihrem „Fluch".

Im falschen Geschlecht

Viele Menschen fühlen sich in ihrem Geschlecht nicht wohl. Sie wären lieber ein Junge oder ein Mädchen. Manche wären sogar gerne androgyn. Die Gründe, warum man sich nicht in seinem Geschlecht wohl fühlt, sind vielfältig.

Sie scheinen aber mehr als deutlich nicht genetisch zu sein. In unseren Untersuchungen zeigte sich eher eine Prägung durch die Umwelt und Familie. Diese Prägung wird oft schon in der pränatalen Phase eingeleitet. Wir zeigen hier einmal die möglichen Varianten auf. Diese funktionieren immer in beide Richtungen.

- Das Kind wird als Sohn gewünscht, wird aber eine Tochter. Die Eltern oder ein Elternteil ist enttäuscht und lehnt das Kind ab. Das Kind spürt das und will es dem Elternteil recht machen, damit es angenommen und geliebt wird.

Jetzt versuchte sich die Tochter unbewusst als Junge zu verhalten, damit es die Anerkennung bekommt. Umso weniger Anerkennung sie bekommt, umso mehr entsteht der Wille zum anderen Geschlecht. Der Junge ist als Sohn nicht gewünscht. Die Mutter ist enttäuscht, gibt dem Jungen einen Mädchennamen und zieht dem kleinen Kind Mädchenkleidung an. Im Erwachsenenalter zeigte sich nun eine Neigung Frauenkleider anziehen zu wollen.

- Das Kind wird von der Mutter oder dem Vater mit zu viel Zuneigung erdrückt. Diese Form der Geschlechtigkeit wird dann abgelehnt. Der Sohn bekommt von der Mutter zu viel und wendet sich einem Mann zu. Er wird schwul.

- Die Tochter bekommt von der Mutter zu wenig Anerkennung und Liebe. Sie sucht dann das in einer anderen Frau. Sie wird lesbisch.

- Die Mutter projiziert ihre erste große Liebe, die sie nicht bekommen hat, auf den Jungen. Der empfindet das als übergriffig und wendet sich von den Frauen ab.

- Jemand aus der früheren Familie hatte auch schon eine Neigung zum anderen Geschlecht und übernimmt das Muster auf unbewusster Ebene.

- Findet ein sexueller Missbrauch mit dem Kind statt, kann es danach Ablehnung für dieses Geschlecht empfinden und möchte sein eigenes wechseln.

Das Thema, warum man sich in seinem Geschlecht nicht wohl fühlt, ist somit energetisch und leicht traumatisch geladen.

Nimmt man die energetische und traumatische Ladung mit emotion-*Sync*® aus dem System, kann man das Thema ändern. Die Frage ist, ob die Person sich schon so positiv mit der neuen Rolle identifiziert hat und darüber Liebe und Anerkennung bekommt.

Wenn das so ist, macht eine Intervention wenig Sinn. Ist die Person darüber unglücklich und kann damit nicht umgehen, dann ist eine Auflösung mit emotion*Sync*® durchaus hilfreich.

Beispielgeschichte dazu:

Ein Junge wurde vom Vater nicht gewollt. Die Mutter wollte das Kind, aber nicht als Junge, sondern als Mädchen. Die Mutter hatte mit ihrem Mann einen Konflikt und wollte im Alter ein letztes Kind als Mädchen. Das sollte dann als Puppe zum Liebhaben dienen. Der bekam Mädchenkleidung und sollte Biggi heißen. Irgendwann merkte die Mutter, dass das nicht durchzuhalten war. Sie nahm den Jungen dann doch als Jungen an. Der Vater nahm später den Jungen auch an. Als der Junge ein junger Erwachsener wurde, hatte er Fantasien, Frauenkleider anziehen zu wollen. Die Neigung war groß und zeigte sich nun als Fetisch.

Nachdem die Bindung mit emotion*Sync*® aufgelöst wurde, hörte die Rolle Frau sein zu müssen auf. Jetzt nahm der Klient die Frauenkleider lieber bei Frauen wahr. Auch der Wunsch, sich in eine Art transsexuelle Rolle zu begeben, wurde gelöst.

Systemische Verstrickungen

Abgelehnt sein

Viele Menschen sind nicht wirklich gewollt. Sie kamen zur falschen Zeit. Die Eltern sind überfordert. Sie streiten sich. Man sollte abgetrieben werden.

Wenn man so in die Welt geboren wird, spürt man die Ablehnung und kann sich dieser als Kleinkind nicht zur Wehr setzen. Das Kind spürt das tief in seiner Seele schon bevor es auf der gedanklichen Ebene begreift. Dazu fehlen dem Kind noch die Worte. Jedoch wird diese ablehnende Haltung schon früh im Gefühlsleben abgespeichert. Später wird sich das Kind über die Erfahrungen und den zur Verfügung stehenden Wortschatz dem bewusst werden. Jetzt bekommen die Ablehnung und das Nichtgewolltsein auch noch die kognitiven Gedankenmuster. Diese verstärken das Problem dann zusätzlich.

Die klassische Psychotherapie kann über die Psychoanalyse noch bewusster machen, was das Problem jedoch nicht löst, sondern verstärkt.

Die Gesprächstherapie greift das Problem auch wieder nur auf der Bewusstseinsebene an. Auch diese Therapie kann das Problem nur schlecht auflösen.

Warum? Weil es schon viel früher vor dem Bewusstsein entstanden ist und neuronal abgespeichert wurde. Als negative Emotion ohne

Bedeutungskontext. Also nur als Gefühl. Da wir wissen, dass häufig das Problem an der Ursache zuerst gelöst werden muss und nicht am Symptom, brauchen wir dafür andere psychotherapeutische Methoden.

Das Gefühl vom Nichtgewolltsein verursacht häufig Depressionen bis hin zur Suizidgefährdung. Ebenfalls zeigen sich in dieser Konstellation Suchtgefährdungen aller Art.

Wenn man selbst nicht gewollt ist, zeigt der Klient oft Symptome, auch keine Kinder haben zu wollen, was so weit gehen kann, dass er sogar unfruchtbar zu sein scheint.

Oder man will ganz viele Kinder haben, um das Ganze wieder gut zu machen. Leider wird sich dann aber nicht wirklich um diese Kinder gekümmert, sodass die sich auch wieder Nichtgewollt fühlen. Also so oder so wiederholt sich das Muster.

Ich bin nicht gewollt! Ich darf nicht sein! Ich bin nicht gut genug!

Wer das als inneren Glaubenssatz und Einstellung in sich trägt, wird schnell auch psychosomatische Krankheiten und Probleme generieren. Gerade diese Probleme lassen sich mit emotion*Sync*® neurologisch entkoppeln. Dazu wird das frühkindlich abgespeicherte, energetische Muster emotional synchronisiert. Danach hat der Klient keine emotionelle Belastung zu seinem Nichtgewolltsein mehr. Dieses geschieht durch eine neuronale energetische Stimulation auf den negativen Konflikt. Danach ist das negative Gefühlsmuster aus der frühkindlichen Phase nachhaltig aufgelöst.

Nachdem das aufgelöst ist, ist der Klient überhaupt erst bereit sich seinem eigentlichen Sinn des Lebens zuzuwenden. Jetzt lernt er sich selbst anzunehmen. Dadurch werden die Depression und der Suizid uninteressant.

Nicht geliebt sein

Wer ist schon gerne ungeliebt! Letztendlich dreht sich doch alles um Liebe und Anerkennung. Das Ganze fängt auch wieder bei den Eltern an.

Habe ich von ihnen die Liebe und Anerkennung so bekommen, wie ich sie gerne gehabt hätte? Nein!

Da man diese Liebe dennoch gerne hätte, rennt man ihr hinterher und sucht sie in anderen Menschen. Dort kann man aber die Liebe, die man nicht bekommen hat, nicht finden. Sie ist es nicht. Doch man hofft immer wieder, sie könnte in dem anderen Menschen sein. Man sagt dann: Ich liebe Dich. Leider stimmt das nicht. In Wirklichkeit heißt es: Ich will, dass Du mich liebst. Beide spüren das. Sie versuchen es immer wieder und merken gar nicht, dass es nicht in dem Anderen zu finden ist.

Auch hier muss das Gefühl des Ungeliebtseins erst einmal mit emotion*Sync*® neuronal entkoppelt werden.

Dann erst können wir die Aussöhnung mit den inneren Eltern durchführen. Übrigens, das ist viel wichtiger als die Aussöhnung mit dem inneren Kind. Das kann und darf erst danach erfolgen.

Jetzt generieren wir die Eigenliebe. Nur wenn man sich selbst liebt, kann man anderen Liebe geben und braucht diese beim anderen nicht mehr einzufordern.

Fall des Nichtgeliebtsein!

Rudolf K. wurde vom Vater schlecht behandelt. Er wurde beschimpft und nicht gewürdigt. Ihm wurde gesagt, Du bist noch zu klein, du kannst das nicht, lass das sein, usw.! Die Mutter versuchte den Sohn vor dem Vater zu schützen. Diese mangelnde Liebe vom Vater führte zu vielen Verstimmungen von Rudolf K. Die Mutter hatte selber Konflikte mit ihrem Mann. Die Mutter fing nun an dafür den Jungen mit Liebe zu erdrücken. Was dem Jungen natürlich unangenehm war. Diese Liebe und Zuwendung war einfach zu viel und auch unangemessen. Als er größer wurde, wurde der Junge unbewusst von der Mutter in die Ersatzrolle zum Vater gedrängt. Dadurch wollte die Mutter den Jungen an sich binden. Als der Junge erwachsen wurde, fing die Mutter an, ihm andere

Frauen auszureden, sie wären nicht gut genug. Vom Vater bekam er auch noch dazu die Botschaft, wie schlecht Frauen seien.

Er erlernt darüber die Ablehnung der Frauen vom Vater und die unangemessene Liebe der Mutter.

Jede Beziehung von Rudolf K. ging später schnell in die Brüche. Heute hat er sich sogar dazu entschieden, überhaupt nicht mehr mit einer Frau zusammen sein zu wollen.

Seine Libido verabschiedete sich dadurch immer mehr. Die ersten Zeichen der Depression zeigten sich nun auch auf der psychosomatischen Ebene.

Mit emotion*Sync*® haben wir Rudi K. die Liebe wieder zurückgegeben.

Die Mutter gibt Ihren Sohn nicht frei

Ein großes Problem ist es, wenn die Mutter ihren Sohn nicht freigibt und/oder nicht loslässt. Dies zeigt sich später, wenn der Sohn sich als Erwachsener eine Frau sucht und sich dann eine nimmt, die wie die Mutter ist. Mit all den dazugehörigen Problemen.

Wie sieht das Muster dazu aus?

Die Mutter hat selber zu wenig Liebe und Anerkennung bekommen. Sie sucht diese Liebe und Anerkennung in ihrem Sohn. Von ihm bekommt sie sie aber nicht. Jetzt wird dem Sohn auch noch suggeriert: „Er wäre nicht gut genug". Dadurch wird der Sohn mehr oder wenig negativ geprägt oder sogar traumatisiert. Der Sohn hat somit jetzt eine dysfunktionale Kognition aufgebaut.

„Ich bin nicht gut genug!" Dieser Glaubenssatz hemmt ihn beruflich richtig in den Erfolg zu kommen und „So habe ich damit ja auch keine gute Frau verdient".

Der Sohn wurde auch gleichzeitig an die Mutter gebunden, weil die Mutter ihn ja als Ersatzpartner definiert hat. Das läuft natürlich alles nicht nach außen offensichtlich ab. Die Mutter zeigt dem Sohn immer wieder, die Frauen und Freundinnen sind nicht OK. Dadurch entwickelt sich wiederum eine negative dysfunktionale Kognition: „Ich darf nicht frei sein!"

In der späteren Partnerschaft zeigen sich die Probleme dann wie folgt:

- Die Frau ist übertrieben eifersüchtig und will den Mann stark binden. Sie spürt, sie hat ihn nicht richtig, was ja auch stimmt, da er noch an die Mutter gebunden und nicht wirklich frei für sie ist.

- Der Mann ist stark an die Frau angepasst und macht, was sie sagt. Er lässt sich alles gefallen und kommt nicht in sein eigenes ICH. Er ist ja eh nicht gut genug.

- Da diese Konstellation auf Dauer krank macht, kommt es früher oder später zum Eklat. Einer der beiden wird irgendwann wach und steigt aus der Partnerschaft aus, weil er/sie es nicht mehr aushält. Depressionen und körperliche Auswirkungen werden häufiger.

Nur weil es jetzt eine Trennung gibt, ist das Problem ja nicht gelöst. Diese Probleme schleppt man dann in die nächste Partnerschaft und wiederholt den gleichen Mist wieder.

Die Lösung des Problems:

Als Erstes muss man das Muster erkennen und verstehen. Das hier Beschriebene ist nur eine Variante. Es kann durchaus andere und ähnliche Ausprägungen geben.

Wir haben dann die negativen dysfunktionalen Kognitionen herausgearbeitet, die die meiste gespeicherte negative Energie im Klienten auslöst.

- „Ich bin nicht gut!"

- „Ich gebe dich nicht frei!"

Diese negativen Prägungen haben wir dann mit der Methode clap*Sync* neuronal entkoppelt. Es kam zu einer spontanen Entladung der negativen Energie. Die entstandene Lücke im neuronalen Netzwerk wurde dann mit einer kleinen systemischen Arbeit positiv aufgefüllt.

In der systemischen Arbeit wurde ihm von der Mutter die Erlaubnis erteilt, jetzt frei sein zu dürfen, dass er jetzt in Ordnung und sie stolz auf ihren Sohn ist.

Es ist ganz wichtig, erst die negative Energie zu neutralisieren und dann an der Stelle dafür eine positive einzubauen.

Die positive neue Erfahrung von der Mutter konnte jetzt neuronal konditioniert werden. Das ist der Weg, um echte Nachhaltigkeit zu erzeugen.

Die ganze Arbeit dauerte ca. 3 Stunden in einer einzigen Sitzung.

Bei dieser Arbeit sollte man das an einem Stück tun, damit es keinen Bruch in der Arbeit gibt. Würde man dazwischen Zeit verstreichen lassen, würde es keine neue klare neuronale Verknüpfung geben. Das Ergebnis würde verwässert werden und die Nachhaltigkeit würde darunter leiden.

Hier in diesem Beispiel erleben wir immer wieder wie viele krankmachende Auswirkungen diese negativen geprägten Glaubenssätze haben. Der Klient ist mit dem Ergebnis sehr zufrieden und erfreut sich an dem guten Gefühl, endlich frei zu sein und sein eigenes Ich gefunden zu haben.

Urkonflikt mit Großmutter

Eine Frau kam zu mir mit schwersten Depressionen. Herkömmliche Psychotherapien hatten bei ihr versagt und ihr war empfohlen worden, Antidepressiva zu nehmen. Sie litt aber gleichzeitig unter einer Arztphobie und das Betreten einer Arztpraxis war für sie unmöglich.

Im Laufe unseres Gespräches stellte sich heraus, dass die Ursache in einem Urkonflikt zwischen ihr und ihrer Großmutter lag. Dadurch blieben ihr Glück und Lebensfreude versagt.

Ich habe bei ihr mit eye*Sync* gearbeitet. Meiner Meinung nach kochen Urgefühle bei eye*Sync* sehr gut hoch. Diese Methode wirkt auch sehr gut bei Klienten, die nach (oft jahrelanger) erfolgloser Therapie kommen.

Gesprächstherapie wirkt nicht stark und intensiv genug. Solange der Konflikt aktiv ist, wirkt Entspannung nicht nachhaltig. Ich habe oftmals erlebt, dass arbeitsunfähige Personen durch die nachhaltige Lösung von Problemen mit emotion*Sync*® die Möglichkeit bekamen, wieder ins Arbeitsleben einzusteigen.

Wir arbeiteten die Emotionen mit eye*Sync* herunter. Danach fand eine symbolische systemische Aufstellung mit ihr und ihrer Großmutter statt. In diesem Fall verweigerte die Großmutter der Klientin das Einverständnis und gab ihr nicht die Erlaubnis, glücklich zu sein. Die Enkelin gab ihr die Schuld symbolisch zurück, damit sie sie an den Ausgangsort zurückgeben kann. Sie war stabil genug, der Großmutter überzeugt zu sagen „Ich mache trotzdem mein Ding. Deine Probleme überlasse ich Dir." Ihr neuer Glaubenssatz wurde: „Ich bin ich und ich mache mein Ding."

Streit mit der Mutter

Bei fast jeder Begegnung mit der Mutter gab es Streit. Dies resultierte in Ärger und Wut. Sein sehnlichster Wunsch war „Lass mich in Ruhe". Nach einmal clap*Sync* fühlte der Klient sich zwar besser – konnte das Ergebnis aber nicht richtig annehmen.

Er sprang von Geschichte zu Geschichte ohne Punkt und Komma. Er wollte sich nicht recht auf ein dysfunktionales Gedankenmuster zur weiteren Bearbeitung einlassen oder auf ein Bild. Dennoch zog er, nachdem die Emotion auf „Lass mich doch in Ruhe" (der Satz löste nicht mehr die anfängliche Wut in ihm aus) heruntergearbeitet war, einige Erkenntnisse aus der Sitzung. Ihm wurde bewusst, dass seine Mutter mit 88 Jahren nicht mehr in der Lage ist, sich zu ändern. In einer systemischen Aufstellung wurden die folgenden Sätze erarbeitet, die er seiner Mutter systemisch ab jetzt täglich sagen will: „Mutter, ich habe dich lieb. Dem Guten gebe ich einen speziellen Platz in meinem Herzen. Das nicht so Gute lasse ich ziehen."

Cholerischer Vater

Der Klient wuchs auf mit einem Vater auf, der cholerisch war. Er brüllte viel und blies sich auf. Systemisch wurde erarbeitet, dass dies aus einer tief verwurzelten Hilflosigkeit des Vaters entsprang. Das dysfunktionale Muster des Klienten war „Ich fühle mich bedroht". Einerseits war dies vom Vater übernommen, der sich hilflos und daher bei der kleinsten Kleinigkeit bedroht fühlte. Andererseits fühlte sich natürlich das Kind durch das Verhalten des Vaters bedroht.

Die Energie des Satzes wurde mit clap*Sync* gelöscht. Dem Klienten wurde bewusst, dass das Brüllen des Vaters nicht einen Mangel an Liebe ausdrückte. Für ihn fasste sich das in dem Satz zusammen „Ich kann in Liebe brüllen". An diesen Stellen muss man natürlich aufpassen, wie so ein Satz gemeint ist. Er darf nicht bedeuten, dass Liebe automatisch gleich Brüllen ist. Aber für den Klienten bedeutete es, dass man auch, obwohl man liebt, mal spontan Brüllen kann, ohne dass das Liebesentzug bedeutet.

Danach wurde systemisch nachgearbeitet. Die Hilflosigkeit wurde an den Ursprungsort – den Vater – zurückgegeben. Die Erlaubnis, glücklich und erfolgreich zu sein, wurde eingeholt und vom Vater gegeben. Die Versöhnung mit dem verstorbenen Vater fand statt: „Du bist viel zu früh gegangen. Ich hätte dich gerne noch länger gehabt." Der Vater wurde ins Herz aufgenommen.

Als „Hausaufgabe" wurden die Sätze formuliert: „Lieber Vaddi, ich habe dich ganz doll lieb und Du hast immer einen Ehrenplatz in meinem Herzen." Diese Sätze werden – mit der Hand auf dem Herzen – täglich wiederholt.

Eine Last für die Mutter darstellen

Eine Klientin kam mit einem schweren Mutterkomplex. Ihr ganzes Leben lang hatte die Mutter ihr vorgeworfen „Ohne dich hätte ich es leichter gehabt". Dieser Satz löste bei der Klientin Wut und Trauer aus. Sie fühlte sich von der Mutter nicht geliebt. Emotional stufte die Klientin den Satz mit –10 ein. Ich wandte provokative Therapie an und sagte: „Das stimmt ja auch!" Die Klientin reagierte zunächst geschockt, wurde dann aber nachdenklich und gab zu, dass Kinder das Leben auch komplizieren können. Wir erarbeiteten, dass ihre Mutter sich so verhalten hatte, weil sie selber mit ihrer Rolle als Mutter nicht klarkam und selbst keine Liebe erfahren hatte. Auf intellektueller Ebene verstand und akzeptierte die Klientin das. Nun arbeiteten wir an der negativen Energie, die auf neuronaler Ebene noch immer einen Link darstellte. Zum Einsatz kamen clap*Sync* und eye*Sync*. Als neuer Satz wurde „Ich freu mich auf mein neues Leben" erarbeitet. Systemisch wurde die Erlaubnis der Mutter erfragt und gegeben. Die Klientin sprach mit ihrer Mutter und sagte ihr: „Ich lass meine Probleme bei dir, es sind nicht meine, sondern deine." Die Mutter akzeptierte dies. Danach war die Emotion zu einer +7 geworden.

Psychosomatik

Parkinson und Multiple Sklerose MS

Ein 52 Jahre alter Mann mit auffälligem Parkinson kam zu mir in die Praxis. Auch hier schaue ich ganzheitlich auf das Krankheitsbild. Aus meiner Erfahrung ist Parkinson ein elektrisches Steuerungsproblem mit einer starken traumatischen Erfahrung. Als Nebenwirkung entstehen dann Selbstwertkonflikte, die depressive Störungen aufzeigen, die wiederum zu Dopamin-Mangel führen. Parkinson ist kein Problem von Dopamin-Mangel, sondern ein Ergebnis daraus.

Ein elektrisches Steuerungsproblem entsteht, wenn zwei gegenpolige Befehle neuronal ausgeführt werden sollen. Der eine Befehl heißt: Handle! Der andere heißt: Du darfst nicht handeln! Was soll nun die Hand tun? Es entsteht ein neuronales Patt, welches dann anfängt zu alternieren. Die Hand bewegt sich hin und her.

Bei dem Klienten stellte sich folgendes heraus. Der Vater war früh gestorben. Die Mutter und die Großmutter haben jetzt den Sohn überbehütet. Er durfte nichts tun. Es wurde ihm alles abgenommen. Wenn er dennoch etwas machen wollte, wurde ihm das gleich verboten.

Hier ist das erste Verbot neuronal konditioniert worden. Ich darf das nicht! Als seine Mutter im Sterben lag, wollte er ihr helfen und sie retten. Das wiederum konnte er nicht. Er fühlte sich völlig hilflos. Hier wurde der zweite Konflikt neuronal gesetzt. Ich kann das nicht!

Mit dem Tod seiner Mutter tauchte dann Parkinson auf. Die Konfliktmasse war jetzt zu groß geworden, sodass das Zittern neuronal aktiviert wurde. Nachdem wir die neuronale Konfliktmasse mit clap*Sync* heruntergearbeitet hatten, lösten sich die ersten Zittererscheinungen. Das Ganze wurde dann noch systemisch in Einklang gebracht. Dem Klienten geht es seitdem täglich besser. Er kann jetzt schon wieder den ganzen Tag durcharbeiten, was vorher nicht möglich war. Der Klient lernt jetzt selber emotion*Sync*®, um Anderen Mut zu machen und ihnen zu helfen. Dazu gibt es auch eine Video-Dokumentation.

Bei MS Multiple Sklerose ist das ähnlich, nur ist die Konfliktmasse stärker, so dass es dann zu den Lähmungen kommt. Wenn die Konfliktmasse noch nicht ganz so schlimm ist, kommt es dann meistens unter Stress zu den Schüben. Auch hier ist emotion*Sync*® hilfreich.

Einbruch des Selbstwertes durch die Eltern

Ergebnis: Osteoporose?

Ein Klient kam mit den Röntgenbildern seiner Osteoporose zu mir. Ich sagte ihm, ich sei kein Arzt, sondern ein Psychosomatiker und kann mir seinen körperlichen Konflikt unter psychologischer Sicht anschauen. Ich fragte ihn, ob das Ok ist. Er stimmte zu.

Ich begann mit der Anamnese seiner Situation. Da ich ganzheitlich und systemisch abfragte, kamen wir sehr schnell auf einen heftigen Selbstwertkonflikt. Ich suchte weiter, woher er ihn hatte. Es zeigte sich sehr schnell, dass er von seinem Vater abgelehnt wurde. Dieser sagte und zeigte ihm auch immer wieder, dass aus ihm nichts werden würde. Es zeigte sich, dass der Vater selbst mit seinem Leben nicht klarkam und seinen Konflikt auf den Sohn übertrug. Die systemische Arbeit mit dem Klienten „Vater/Sohn" fruchtete nicht hinreichend. Das war ein wichtiger Hinweis, dass die neuronale Belastung immer noch zu hoch war.

Wie bereits gesagt, müssen wir immer darauf achten, zuerst die neuronale Belastung durch emotion*Sync*® herunterzuarbeiten. Systemische Arbeit ist dafür energetisch zu schwach. Wir arbeiteten die negativen Gedanken aus dem Klienten heraus, die neuronal den Konflikt aktivierten.

„Du bist nicht gewollt!", hatte die größte negative Reaktion. Der Klient reagierte sehr wütend und aggressiv. Da er diese Aggression nicht gegen seinen Vater ausleben durfte und konnte, richtete er das gegen sich selbst. Es zeigte sich sogar schon eine leichte Suizidneigung.

Ich zeigte ihm auf, dass sein Selbstwertkonflikt mit seinem Vater mit der Osteoporose psychosomatisch zusammenhängen kann.

Er ließ sich auf eine psychosomatische Behandlung mit emotion*Sync*® ein. Wir arbeiteten die negative Prägung des Nichtgewolltsein mit clap*Sync* herunter. Es gab sofort eine spontane Entladung der Konflikt-Aggression. Der Klient entspannte sich und lachte. Wir erarbeiteten das Konfliktmuster des Vaters, der selbst nicht angenommen war. Er erkannte und verstand jetzt, dass sein Vater selbst schwer belastet war.

Vorher war er nicht in der Lage den Konflikt seines Vaters zu sehen, weil er selbst zu sehr in seiner negativen Energie gefangen war. Jetzt konnten wir einen systemischen Ausgleich mit dem Vater durchführen und einen nachhaltigen Frieden zum Vater finden.

Aus meiner Erfahrung zeigen sich immer wieder Selbstwertkonflikte im Knochengerüst. Das kann vom Bandscheibenvorfall bis hin zum Knochenkrebs reichen.

Nachdem wir das aufgelöst hatten, ging der Klient in die Selbstheilung. Der Klient kam nach sechs Monaten mit neuen Röntgenbildern wieder. Da zeigte sich ein völlig neues Bild. Die Knochen waren wieder kalzifiziert. Die Osteoporose hatte sich komplett aufgelöst.

Es zeigt sich, dass es immer wichtig ist, zuerst die neuronale Konfliktmasse herunterzuarbeiten und dann erst den systemischen Ausgleich durchzuführen.

Das ist überhaupt ein großes Problem in der Therapie. Die Reihenfolge beeinflusst die Erfolgschancen ganz erheblich.

Die Auflösung eines Selbstwertkonfliktes kann tatsächlich starke körperliche Probleme in die Selbstheilung bringen. Hier zeigt sich der Vorteil des ganzheitlichen psychosomatischen Ansatzes von emotion*Sync*®.

Neurodermitis

Ein 46 Jahre alter Manager eines Großkonzerns war bei mir im Coaching über Themen zur Zielerreichung. Da fiel mir eine starke Neurodermitis am Hals und an den Händen auf. Ich sprach ihn daraufhin an, was damit los ist. Die Neurodermitis ärgerte ihn schon, da sie auch offensichtlich war.

Ich erklärte ihm, dass Hautprobleme auf der psychosomatischen Ebene immer etwas mit Trennungskonflikten zu tun haben. Es gibt zwei Sorten von Trennungskonflikten: Ich bin von etwas getrennt worden und wollte es nicht oder Ich will mich von etwas trennen aber ich schaffe oder darf es nicht.

Meine Frage, ob er da etwas erlebt habe, beantwortete er mit ja. Er würde schon länger keinen Kontakt zu seinem Vater und Bruder mehr haben und dass ihn das belaste.

Was für ein Zufall! Der Start der Neurodermitis war kurz nach dem Beginn des Trennungskonfliktes aufgetreten.

Ich fragte ihn, ob er die Neurodermitis loswerden wolle. Er sagte Ja.

Ich erklärte ihm umfangreich die Funktion der neuronalen Entkopplung mit emotion*Sync*®. Gerade als Ingenieur war ihm die Vorgehensweise schlüssig und er ließ sich darauf ein.

Zuerst wurde der Konflikt mit dem Vater emotional heruntergearbeitet. Das ist sehr wichtig, sonst macht danach das Ratio nicht mit. Emotionen sind nun mal stärker als der Verstand. Mit eye*Sync* und tap*Sync* wurde die neuronale Entladung durchgeführt.

Danach wurde eine intrapersonale Familienaufstellung mit dem Vater eingeleitet.

Er hatte seinem Vater auch nie wirklich gesagt, dass er ihn lieb hat, was er auf alle Fälle aber hatte. Er hatte immer verlangt, dass sein Vater damit anfangen müsste. Jetzt wo seine negative Emotion gelöst war, fiel es ihm leicht seinem Vater auch mal zu sagen, dass er ihn lieb hat. Das löste eine tiefe positive Emotion beim Klienten aus. Jetzt konnte auch der Vater endlich ihm die Liebe zeigen.

Tiefe Erleichterung zeigte sich bei ihm. Das wurde dann in das Herz des Klienten geankert. Als Rezept bekam er die Aufgabe, das 3-mal täglich 14 Tage aktiv zu wiederholen, damit es nachhaltig wird. Die gleiche Prozedur wurde dann ebenfalls mit dem Bruder ähnlich wiederholt. Auch diese erwies sich als sehr heilsam.

Hautprobleme benötigen einige Zeit, bis sie sich stoffwechselmäßig zeigen. Nach ca. sieben Wochen war die Neurodermitis komplett verschwunden.

Einige Jahre darauf traf ich den Klienten wieder und er zeigte wieder Zeichen von Neurodermitis. Ich fragte ihn, was passiert sei. Ob es wieder Probleme mit dem Vater und Bruder gab. Er sagte, es sei wunderbar mit denen. Also konnte es dieser Konflikt nicht mehr sein. Was war nun geschehen. Es musste ein neuer Trennungskonflikt aktiv sein. Er fand sich auch sehr schnell. Es drohte ihm ein Arbeitsplatzverlust. Er wollte den Arbeitsplatz jedoch behalten. Ein typischer Trennungskonflikt. Ich soll von etwas getrennt werden, was ich nicht will.

Meine Frage, ob wir daran arbeiten wollen, verneinte er.

Er versprach mir aber, in Kontakt zu bleiben. Nach einem viertel Jahr rief er mich an, er hätte einen neuen guten Arbeitsplatz bekommen und alles wäre gut. Jetzt löste sich seine Neurodermitis von alleine auf, weil der Trennungskonflikt sich im echten Leben gelöst hatte. Wäre jetzt noch eine neuronale Speicherung darauf gewesen, hätte es nicht geklappt.

Hautkonflikte, Pickel und Neurodermitis

Die Klientin in meiner Praxis klagte über Pickel, Hautunreinheiten und Neurodermitis. Alle schulmedizinischen Anwendungen hatten keine Wirkung gezeigt. Sie kam auf Empfehlung, da ich mich sehr gut mit den psychosomatischen Problemen auskennen würde.

Ich sagte ihr, es gibt eine starke psychosomatische Komponente bei Hautproblemen. Es sind Trennungskonflikte. Wenn die anderen Methoden ausgeschöpft sind, könnten wir gerne diese Punkte beleuchten. Dazu müssen wir schauen, welche Art von Trennungskonflikten sie erlebt hat. Es spielt dabei keine Rolle, ob von einer Sache, Situation, einem Tier, Ort oder Menschen.

Wir gingen ihr ganzes Leben bis zur Geburt durch. Es war erstaunlich wie viele Trennungskonflikte dabei an den Tag kamen. Der erste Konflikt konnte dabei auch die Kaiserschnittgeburt von ihr sein. Wenn das Kind noch nicht raus will oder es über der Zeit ist, kann das für das Kind schon ein Konflikt sein. Der wird dann sofort in dem kleinen Gehirn neuronal emotional eingespeichert.

Dann wurde das Kind auch noch weggegeben an die Oma, also von der Mutter getrennt. Die Oma war auch nicht so die beste Oma. Die sagte dem Kind immer, das es nicht OK sei. Da will man dann doch lieber weg.

Dann wurde das Kind wegen einer Skoliose ins Heim gegeben und durfte als Teenie nicht an Weihnachten bei der Familie sein. Sie fühlte sich tief gekränkt und ausgestoßen. Während der Schulzeit wurde sie auch gemobbt und ausgegrenzt.

Der letzte Wermutstropfen war dann auch noch eine verschmähte Liebe. Ihr Freund hatte sie verlassen. Wenn das mal keine Trennungskonflikte sind.

Ich arbeitete jeden einzelnen Konflikt der Reihe nach mit den Methoden von emotion*Sync*® neuronal energetisch herunter. Zusätzlich wurden dann alle gelösten Konflikte mit einer neuen positiven Energie belegt.

Diese wurden geankert und dann mit dem nebenwirkungsfreien Rezept dauerhaft geankert. Nach ca. fünf Wochen waren fast alle Hautprobleme verschwunden. Einen Rest gab es noch. Die Klientin wollte noch nicht ganz von ihrem Exfreund loslassen.

Chronische Bauchspeicheldrüsenentzündung

Die Klientin kam zu mir mit einer chronischen Bauchspeicheldrüsenentzündung. Konflikte, die damit zu tun haben, dass jemand die „Süße des Lebens" nicht annehmen kann, schlagen sich häufig auf psychosomatischer Ebene auf die Bauchspeicheldrüse.

Bei der Klientin hatte dieses „Nicht-annehmen-können" mit mehreren Komponenten zu tun. Sie war in der Schule immer sehr gut gewesen und dadurch von vielen Mitschülern gemobbt worden. Daraus hatte sie den Glaubenssatz abgeleitet: „Ich bin nichts wert". Zusätzlich gab es in ihrer Familie bis hin zur Elterngeneration eine Problematik mit Schuld. Ein Teil der Familie hatte sich im Krieg schuldig gemacht, war aber nie bestraft worden. Ein anderer Teil hatte sich nicht schuldig gemacht, war aber unschuldig bestraft worden. Systemisch war ihr diese ganze Schuld aufgebürdet worden. Als sie schwieriger wurde und ihre Flucht im Alkohol suchte, warf man ihr vor, die Familie zu zerstören. Ihr wurde wörtlich gesagt „an allem, was unsere Familie leidet, bist Du schuld." Schon wieder das Wort „Schuld".

Eines Tages wurde bei ihr eine Bauchspeicheldrüsenentzündung diagnostiziert und von mehreren Ärzten und Laboren bestätigt. Die Ärzte führten dies allein auf den Alkohol zurück und prophezeiten, es sei unheilbar, chronisch und mit so einem Problem im Körper würde sie nie mehr Freude im Leben haben.

Nun ist es sicher so, dass der Alkohol dem Körper nicht gutgetan hat. Aber es gibt auch viele Alkoholiker, die kriegen nie ein Problem mit der Bauchspeicheldrüse.

Das Hauptproblem der Klientin war das Gefühl „die Süße des Lebens steht mir nicht zu". Die starken Emotionen, die bei ihr mit diesem Satz verknüpft waren, haben wir mit mehreren emotion*Sync*®-Methoden heruntergearbeitet. Danach war sie in der Lage, mehrere systemische Aufstellungen mitzumachen, in denen die systemischen Verstrickungen aufgelöst werden konnten.

Heute, mehrere Monate später finden die Ärzte weder auffällige Bauchspeicheldrüsenwerte noch Vernarbungen, wie sie normalerweise nach Entzündungen auftreten, bei ihr.

Herpes

Eine Klientin kam zu mir, weil sie immer wieder an Herpes-Attacken litt. Immer wenn ihr Freund Bananen aß und gleichzeitig ihr Immunsystem gestresst war (z. B. bei kaltem Wetter), bekam sie schweren Herpes. Ihr ekelte es vor dem nach Bananen riechenden Atem ihres Freundes. Da er Extremsportler war, aß er aber häufig Bananen.

Wir gingen zurück in die Vergangenheit und fanden eine Szene, in der sie als Kind gezwungen wurde überreife Bananen zu essen. Sie mochte zwar Bananen, aber keine überreifen. Sie verspürte schon beim Gedanken daran Ekel vor dem Geruch, dem Geschmack und dem matschigen Zustand.

Wir durchlebten die Szene mit eye*Sync*. Die Klientin zeigte eine starke körperliche Reaktion, wurde dann aber ruhiger.

Ihr Ekel vor Bananen war damit verschwunden. Ihr Herpes kehrte auch in der Kälteperiode nicht zurück.

Hepatitis

Bei einer Klientin, die wiederholt wegen unterschiedlicher Probleme in Behandlung war, wurde Hepatitis festgestellt. Die Ärzte vermuteten beginnende Leberzirrhose. Die Leber stellt die wichtigsten Stoffe bereit, um Nahrung zu verdauen. Funktioniert die Leber nicht, fühlt man sich nie satt und bleibt immer hungrig. Die Klientin litt seit Jahren an Bulimie, wo genau dies passiert: Man isst zu viel, erbricht es wieder und letztlich ist man trotz permanenten Essens nie satt. Auf übertragener Ebene war die Klientin nie zufrieden, egal, was sie tat, es war nie gut genug (bei Steve Jobs, der an Leberkrebs – der gesteigerten Form einer Hepatitis – starb, lag eine ähnliche Problematik vor). Zusätzlich neigte die Klientin zu Alkoholmissbrauch, was ebenfalls zur Leberschädigung beitrug. Achten wir auf Sprichwörter bzw. Redewendungen (da man die Leber früher als Sitz und Urheber von Gefühlen, Temperamenten und Trieben ansah, gibt es zu ihr mehrere Redensarten): „frei von der Leber reden" – aufgrund ihres Selbstwertkonflikts tat die Klientin das nur in Ausnahmefällen. „Eine Laus über die Leber laufen" – wenn das geschah, schluckte die Klientin es herunter und „sprach nicht frei von der Leber". Die Probleme wurden intensiv mit emotion*Sync*® bearbeitet. Sie waren schon therapiert worden, aber die Klientin neigte dazu, hinterher das Ergebnis zu sehr zu hinterfragen und an den Erfolg nicht glauben zu können. Unter dem Zwang der körperlichen Probleme und ihres Wunsches, diese zu bewältigen, ging sie nochmals ganz anders an die Therapie heran. Binnen ca. sechs Wochen hatten sich im Blutbild die Leberwerte normalisiert.

Phobien/Ängste

Auto-Angst: Ich trau mich nicht mehr Auto zu fahren.

Es gibt wirklich unglaublich viele Ängste zum Autofahren. Ich war fast selbst davon betroffen. Ich war in einen fatalen Autounfall verwickelt, bei dem ich direkt gegen eine Felswand fuhr. Ich war nicht angeschnallt und es katapultierte mich durch die Windschutzscheibe nach draußen. Ich blieb mit meinem linken Knie am Armaturenbrett hängen und irgendwie landete ich auf der Straße. Nichts tat weh. Ich setzte mich an den Straßenrand und wartete. Menschen verbanden meinen Kopf. Ich muss wohl schrecklich ausgesehen haben. Ein Krankenwagen fuhr mich dann ins Krankenhaus.

Nach zwei Stunden Untersuchung wurde ich schon wieder entlassen. Ich fühlte mich ganzkörper-verprügelt mit 1.000 kleinen Schnittwunden im Gesicht.

Da wo ich im Auto gesessen hatte, lag jetzt der Motor. Ich war damals gerade 18 Jahre alt. Klar ich hatte selbst schuld, weil ich wie die Sau gefahren bin und das Auto noch gar nicht richtig beherrschte. Das Auto war Schrott und ich lebte.

So, jetzt kann man sich entscheiden, ob man gleich wieder Auto fährt oder sich eine schicke Autofahren-Phobie zulegt. Ich bin gleich den nächsten Tag mit reichlich Schmerzen wieder Auto gefahren.

Andere fahren dann nie wieder. Da jeder anders gestrickt ist und Probleme unbewusst anders verarbeitet, hat man meistens bei solchen Traumata keine Chance, das selbst in den Griff zu bekommen.

Mit emotion*Sync*® klappt es sehr gut diese Traumatisierung wieder loszuwerden.

Man spielt das Ereignis des Traumas virtuell im Gehirn wieder ab und arbeitet die negative Energiemasse neuronal mit den Methoden von emotion*Sync*® ab. Bei solchen Fällen benötigen wir oft nicht nur eine Methode. Es hängt wie immer davon ab, welche Sinneskanäle neuronal angekoppelt sind.

Manchmal ist es aber gar nicht der Unfall gewesen, der so eine Phobie auslöst. Es können auch andere traumatische Ereignisse gewesen sein, die man dann auf das Auto übertragen hat. Dann ist es auch wichtig, ob man selber fährt oder gefahren wird.

Denn Einige entwickeln eine Angst vor Kontrollverlust auf das Autofahren oder sehr oft auch auf das Fliegen.

Es ist also immer wichtig herauszufinden, ob der Ursprung für die Auflösung wichtig ist und ganz besonders ist darauf zu achten, ob es eine Symptomverschiebung gegeben hat.

Laut einer Statistik würde es mehr als eine Million Menschen geben, die eine Autofahrangst haben. Die meisten geben es nach außen aber nicht zu.

Es gibt viel zu tun.

Angst vor der Enge/Zug/Tunnel/Flugzeug

Eine Klientin aus Österreich, ca. 50 Jahre alt, selbstständig, und erfolgreich im Beruf kam zu mir mit einer übersteigerten Angst auf Enge.

Der Auftrag war, die Angst vor Autofahren, Tunnel, Flugzeug und Bus aufzulösen. Die Vorannahme ist immer, es muss ein auslösendes Ereignis gegeben haben, was diese Phobie neuronal konditioniert hat. Besonders deutlich wird es an der Aussage der Klientin, dass ihr Verstand weiß, dass die Angst unlogisch ist. Sie hat sie aber trotzdem. Das ist ein typisches Bild einer Traumatisierung und/oder Phobie.

Ich fragte immer tiefer in ihre Vergangenheit und fand ein Ereignis, was sie unter Angst und Schrecken versetzte. Eines Tages war sie in einem Bus eingeschlafen, und zwar ganz allein. Als sie aufwachte, starrten ihr ein paar Leute von oben direkt ins Gesicht. Der menschliche Körper reagiert dann mit den typischen drei Arten der Panik: Angriff, Flucht und Totstellreflex. Sie fiel in den letzteren und in eine totale Starre. Die Angst war in ihr Gesicht geschrieben. Sie empfand die Situation als sehr einengend. Solch ein Ereignis kann eine dauerhafte Angst auslösen. Ich erarbeitete die passenden negativen Glaubenssätze dazu.

„Ich komm da nicht raus!" Dieser Satz war mit einer starken negativen körperlichen Reaktion verbunden. Der Satz wurde mit emotion*Sync*® und clap*Sync* neuronal entkoppelt. Es entstand eine spontane Erleichterung. Kurz danach kam ein anderes negatives Gefühl hoch.

Das ist dann der Hinweis, dass das Ereignis noch nicht das Ursprungs-ereignis des Konfliktes war.

Es kam das Gefühl, das Urvertrauen verloren zu haben. Auch das ist immer der Hinweis, dass jemand oder eine Situation ihr das mal genom-men hat. Beim Nachfragen, wer ihr das Urvertrauen genommen hatte, kam die Antwort. Ich ahnte es schon. Es war der Missbrauch des Vaters, als sie klein war und sich nicht wehren konnte. Sie war in die Enge ge-trieben und konnte nicht weg!!! Genau das erlebte sie als Problem in der jetzigen Zeit immer wieder.

Also war hiermit der Ursprung allen Übels gefunden. Der Missbrauch musste aufgearbeitet werden. Das negative Ereignis wurde mit eye*Sync* heruntergearbeitet. Danach wurde mit Ressource Control ein systemi-scher Ausgleich geschaffen.

Jetzt war der Boden bereit für die Aussöhnung mit dem Vater, der schon gestorben war. In der internalen systemischen Aufstellung mit dem Vater ergab sich ein guter Frieden und die Erlaubnis glücklich und frei zu sein. Tiefe Erleichterung machte sich bei der Klientin breit.

Als Abschluss bekommt der Klient immer ein Rezept zur Konditionie-rung, um das Erlebte bewusst 3-mal täglich wiederholen zu können. Dadurch wird das Gehirn nachhaltig positiv konditioniert. Es sprach nichts Gegenteiliges mehr gegen diese Lösung.

Sie war glücklich und das Problem war ganzheitlich gelöst.

Katzenphobie extrem

Eine Klientin aus Russland kam mit dem Auftrag, ihre Katzen-Allergie aufzulösen. Nach ein wenig Nachfragen merkte ich, das ist ja gar keine Katzenallergie, sondern eine Phobie.

Was ist nun der Unterschied zwischen einer Allergie und einer Phobie.

Eigentlich keiner, sondern nur die Reaktion. Bei einer Katzenallergie z. B. wird durch die Haare der Katze mit Kontakt an der Haut eine allergische Reaktion ausgelöst.

Da die Haare an sich nicht gefährlich sind, würden wir die Reaktion ja gar nicht brauchen. Sie kommt aber trotzdem. Damit das passieren kann, muss es in der Vergangenheit eine negative neuronale Überreizung im Zusammenhang mit den Katzenhaaren gegeben haben, sonst würde die Reizreaktionskette nicht aktiv werden.

Bei der Phobie ist das genauso. Die Klientin zeigte panische Angstattacken, die sie nicht kontrollieren konnte. Bei der Nachfrage ob ihr Verstand Angst vor Katzen hat. Sie sagte Nein und es sei ihr völlig klar, dass sie keine Angst vor Katzen haben müsste, es aber dennoch hat.

Also ist die Vorannahme, sie müsste irgendwann mal ein starkes negatives Erlebnis mit Katzen gehabt haben müssen. Sie konnte sich aber an keins erinnern. Sie sagte, sie hätte das schon immer.

Da man sich an die Zeit bevor man vier Jahre alt war nicht wirklich erinnern kann, muss es also davor passiert sein. Ich kenne kein Kleinkind, das mit einer Katze gespielt hat und dabei nicht einmal die Krallen abbekommen hätte. Die panische Reaktion war so unglaublich stark, dass sie sich wie in einem Paralleluniversum fühlte.

Das war wieder ein Hinweis, dass es in der Zeit stattgefunden haben müsste, also sie noch sehr klein war und einfach nicht verstanden hat, was da mit ihr passierte. Jetzt kommt die Frage, ob wir das Ursprungsereignis finden müssen, um den Konflikt zu lösen? Ja und Nein und es kommt darauf an.

Das können wir austesten mit verschiedenen Methoden. Gut geeignet sind: Hypnose, Kinesiologie, Energietests, Systemische Aufstellung, Widerstandsmessungen der Haut. Die Tests ergaben, dass es für die Lösung nicht wichtig war. Ich testete trotzdem und fand heraus, dass sie mit 2,5 Jahren von einer Katze stark im Gesicht attackiert wurde.

Zur Lösung des Problems setze ich zuerst emotion*Sync*® mit eye*Sync* ein, um die Konfliktmasse herunter zuarbeiten.

Danach erlebte die Klientin erste Erleichterung. Da ich mit emotion-*Sync*® die Möglichkeit habe, auf allen Sinnenkanälen zu arbeiten, musste ich auch noch die anderen neuronalen Speicherungen auf den anderen Kanälen entkoppeln.

Als Nächstes setzte ich clap*Sync* ein, um die auditive Kopplung „ Ich habe Angst vor Katzen" zu löschen. Auch das funktionierte sehr gut. Die nächste neuronale Entkopplung führte ich mit tap*Sync* durch, damit auf der kinästhetischen Ebene ebenfalls Ruhe eintreten kann.

Zur letzten Sicherstellung und für die Nachhaltigkeit setzte ich noch push*Sync* ein. Damit wurden die letzten neuronalen Verbindungen abgekoppelt.

Damit waren die Angst und Phobie aufgelöst. Dort wo mal die Angst saß, sollte man nun etwas Positives einbauen.

Wir entwickelten dann ein neues Bild einer Katze in einem schicken Blau und mit gelben Gummistiefeln. Die Katze bekam noch eine Puddel-mütze mit Bommel auf. Dieses Bild hat sich die Klientin selbst entwickelt und fand es sehr amüsant. Das wurde nun neu konditioniert und dazu das passende Rezept ausgestellt.

Fall gelöst.

Fahrstuhl-Phobie

Als ich meine Frau kennenlernte erfuhr ich, dass sie eine Fahrstuhl-Phobie hatte. Das war manchmal schon nervig, wenn es in Hotels schwierig war das Treppenhaus zu benutzen. Sie wollte den Konflikt aber nie auflösen. Sie sagte, es gehe ja auch so. Klar geht es auch so, aber für mich war das oft nervig.

Nach langem Überreden hat sie sich darauf eingelassen das aufzulösen. Meine Methodenkompetenz war aber vor 20 Jahren noch nicht so, um das schnell und effektiv durchzuführen. Es klappte solala. Ich wollte dann daran noch einmal nacharbeiten, das ließ sie aber nicht mehr zu.

So musste ich 20 Jahre warten. Nicht weil ich mit den Methoden nicht besser geworden wäre, sondern weil sie sagte:" Man muss nicht alles therapieren!" Ich war mittlerweile Doktor in Psychologie und Spezialist für Trauma und Phobien. Die Methode emotion*Sync*® war jetzt auch wissenschaftlich validiert, aber es half nichts.

Eines Tages ging es meiner Frau sehr schlecht. Da kam mein Tag. Jetzt wollte sie das erste Mal Hilfe. Ich konnte ihr Problem sehr gut lösen. Ich erzählte ihr dann, wenn man psychosomatische Krankheiten hat, ist es extrem wichtig auch andere Traumata abzuarbeiten, da sie als negative neuronale Konfliktmasse gespeichert sind und indirekt andere Krankheiten mit am Leben halten. Dann läuft das Fass halt über.

Jetzt wollte sie endlich ihre Phobie loswerden.

Ich suchte nach dem Ursprung, den ich auch sehr schnell fand. Mit sechs Jahren wurde sie von einem Hausmeister in einer Drehtür eingesperrt, weil sie darin immer herumrannte, wie Kinder das halt so machen. Er ließ sie lange nicht heraus, um sie zu bestrafen und das nie wieder macht. Das hat ja auch geklappt.

Ich arbeitete gleich mit push*Sync* auf die gespeicherte Konfliktmasse. Die Angst entspannte sich schon deutlich. Nach zwei weiteren Interventionen war die Angst neutralisiert. Jetzt war aber der Verstand noch im Weg. Sie wollte jetzt verstehen, wie der Fahrstuhl funktioniert und wie man da in Krisensituationen rauskommt.

Gesagt getan und ich zeigte ihr alles über Fahrstühle. Jetzt kam mein erster Beruf als Elektriker und Elektroingenieur zur Geltung. Die meisten Menschen wissen nicht, wie man sich im Fahrstuhl helfen kann. Ich zeigte ihr, wie man die Fahrstuhltür von innen aufmacht. Man braucht nur einmal kräftig mit einem Ruck die Tür aufschieben. Das geht immer aus Sicherheitsgründen.

Wenn der Fahrstuhl dann irgendwo festhängt, kann man herauskrabbeln. Oben oder unten, je nachdem wie er zwischen den Etagen festhängt. Dann zeigte ich ihr auch, dass die Tür einen nicht erdrückt, wenn man dazwischen ist. Viele Menschen brauchen dann noch den reality-Check.

Es war geschafft. Sie stieg ein und fuhr Fahrstuhl ... und sie macht es bis heute.

Angst vor der Dunkelheit

Eine ebenfalls ca. 30 Jahre alte Klientin hatte immer Angst, mit ihrem Hund herauszugehen, wenn es dunkel wurde. Sie hatte ständig das Gefühl es könne jemand hinter einem Busch oder einer Ecke herausspringen. Zu bestimmten Jahreszeiten wurde dies zu einem großen Problem. Die konfliktauslösende Situation lag Jahre zurück. Sie arbeitete in einem Job, indem sie auch zu Zeiten, in denen es dunkel war, von oder zur Arbeit fahren musste. Die konkrete Situation war, als sie gerade mit ihrem Freund Schluss gemacht hatte. Sie stieg also ein bisschen verträumt und verschlafen in ihr Auto. Als sie die dunkle Hauptstraße eines kleinen Dorfes entlang fuhr, sprang auf einmal ihr Ex-Freund vor ihr Auto, schlug mit der Faust auf die Motorhaube, drohte ihr und verlangte eine Erklärung. Nach einer emotion*Sync*®-Sitzung konnte sie am selben Abend mit ihrem Hund Gassi gehen. Dies hält seit ca. 1,5 Jahren an.

Angst vor dem Ausreiten

Die Klientin und ihre Familie hielten mehrere eigene Islandponies. Ihr eigenes beschrieb sie als sehr friedlich und eigentlich nur interessiert am nächsten Grasbüschel. Dennoch hatte sie panische Angst, mit ihm auszureiten oder auch nur mit ihm spazieren zu gehen. Reiten war für sie nur in umzäunten Weiden oder Reitplätzen möglich. Wenn sie an Ausreiten oder -gehen denkt, sieht sie Bilder vor sich, wie ihr Pferd mit ihr durchgeht und sie es nicht mehr bändigen kann, obwohl sie zugibt, dass das eigentlich nicht zum Charakter ihres Ponys passt. In ihrem Inneren aber sehnt sie sich nach der Freiheit unbeschwerter Ausritte. Nach intensiven therapeutischen Gesprächen stellte sich heraus, dass ihre Mutter sich privat wie beruflich nie Freiheit gegönnt hatte, sich sozusagen selbst „eingezäunt" hatte.

Unbewusst hatte die Klientin dieses Muster übernommen und auf den Bereich Reiten übertragen. Diese (un)freiwillige Umzäunung wurde mit eye*Sync*, push*Sync* und tap*Sync* gelöscht. Hinterher wirkte die Klientin wie befreit, hatte eine ganz andere, viel entspanntere Sitzhaltung und ihre Mimik hatte sich entkrampft. Sie konnte sich jetzt Freiheit – auch mit Pony – vorstellen.

Ihre Hausaufgabe war, die Freiheit zu genießen und in Liebe mit dem Pferd zu verbinden. Ihr neuer Glaubenssatz: „Wir lieben und leben unsere Freiheit."

Generalisierte Angststörung

Eine ca. 70jährige Frau hatte eine generalisierte Angststörung. Dahinter standen etliche Konflikte. Sie stammte aus einer überfürsorglichen Familie, was zu Problemen bei sozialen Kontakten führte. Sie hatte mehrere geliebte Hunde verloren und die Verluste nicht verwunden, was bei ihr in starker Verlustangst resultierte. Durch ihre soziale Phobie konnte sie ohne Hund das Haus nicht verlassen. Sie kam im März zu mir und bereits im Juni hatten wir alle Konflikte, die bei ihrer Symptomatik natürlich zahlreich sind (deshalb ja das Wort „generalisiert"), mit emotion*Sync*® und einer unterstützenden Vitalstofftherapie (ich bin zusätzlich in dieser Methode ausgebildet) abgearbeitet. Sie ist jetzt im Januar noch immer symptomfrei.

Mäusephobie

Ein Mann (ca. 50 Jahre) kam zu mir mit einer Mäusephobie. Mit 20 Jahren war ihm eine Maus ins Jeansbein gelaufen, seither konnte er die Garage oder den Fahrradkeller nicht mehr betreten. Ratten hingegen machten ihm nichts aus.

Ich behandelte ihn mit eye*Sync*. Eine Woche später trafen wir uns in einer Gärtnerei, die auch Mäuse und Kaninchen züchtete und verkaufte. Erst verspürte er einen Rest von Unsicherheit, dann aber steckte er eine Hand in den Käfig und unterhielt sich ruhig mit der Verkäuferin, während drei Mäuse über seine Hand liefen. Vorher hatte er schreckliche Panik vor Mäusen. Jetzt ist es gelöst.

Höhenangst und Autobahnangst gleichzeitig

Eigentlich bin ich Handwerksmeister und leite ein eigenes Unternehmen. Coaching und anderen Menschen schnell zu helfen ist meine Leidenschaft und ich habe mich darin intensiv fortgebildet. „Ich kümmere mich um Dachschäden aller Art – bei Häusern und deren Bewohnern", pflege ich zu scherzen.

Ein Klient war Mitarbeiter eines Zulieferers unseres Unternehmens, der unter Höhenangst litt. Nachdem ich mit ihm emotion*Sync*® (clap*Sync*) gemacht hatte, haben wir sofort den Real life check gemacht. In unserer zweistöckigen Betriebshalle konnte er mühelos aus dem 1. Stock nach unten schauen. Eine Woche später traf ich ihn wieder. Bei der Gelegenheit erzählte er mir, dass seine Höhenangst aus einer Achterbahnfahrt resultierte. Ich hatte in diesem Fall nicht nach dem auslösenden Ereignis gefragt, weil es ihm zunächst um das isolierte Problem der Höhenangst ging und sich das mit dem Bild, das er bei der Vorstellung von Höhe vor Augen hatte, sehr gut bearbeiten ließ. Nach der Achterbahnfahrt litt er sowohl unter Höhenangst als auch Angst vor hohen Geschwindigkeiten (Tachophobie), was ihn beim Fahren auf der Autobahn sehr einschränkte.

Nach meiner Behandlung mit emotion*Sync*® war nicht nur seine Höhenangst verschwunden, sondern auch seine Angst vor hohen Geschwindigkeiten. Ich fand es sehr interessant, dass die Auflösung einer Phobie auch eine andere beseitigt, wenn die Entstehung der beiden miteinander verknüpft ist.

Schlangenphobie

Der Klient war als Jugendlicher auf eine Schlange getreten. Seither ist die Angst in ihm tief verwurzelt. Dem Klienten war bewusst, dass Angst bei Schlangen durchaus überlebensnotwendig sein kann (wenn auch gefährliche Schlangen und Begegnungen mit eben solchen in unseren Breiten eher selten sind). Insofern war es nicht Ziel des Klienten, die Angst komplett los zu werden, sondern in Respekt umzuwandeln. Nur die übertriebene Panik und die Erinnerung an das Treten auf die Schlange wollte er loswerden.

Als Interventionsmethode wurde eye*Sync* verwendet. Vor der Intervention war die Emotion bei –4. Danach stufte der Klient sie als +0,5 ein. Seiner Überzeugung nach konnte und sollte es so bleiben. Für ihn waren ein Rest Vorsicht und Respekt sehr wichtig. Seine neue Überzeugung (sein Rezept): „Ich gehe mit Respekt durch die Natur."

Posttraumatische Belastungsstörung

Nicht gewollt sein – abgelehnt werden

Die Klientin (42 Jahre) fühlte sich immer wieder abgelehnt, besonders dann, wenn der Kontakt zu anderen Personen enger und tiefer wurde. Andere Menschen fanden sie zu kompliziert und fühlten sich überfordert.

Die Klientin entwickelte den Glauben: „Ich verstehe die Menschen nicht!" mit einer großen Traurigkeit. Sie litt unter dem Gefühl der Überforderung, Traurigkeit, Wut, einer Antriebsstörung und suizidalen Neigungen. Daraus entwickelte sich ein posttraumatisches Belastungssyndrom.

Das Gefühl der Ablehnung manifestierte sich in dem Glaubenssatz: „Ich wurde übersehen!" Sie wurde mit der Methode clap*Sync* und einem systemischen Dialog mit der Mutter behandelt.

Sie erlernte daraufhin das neuere funktionalere Gedankenmuster „Ich mach' mein Ding"! Nach der Intervention war die Klientin sehr erleichtert und gelöst. Nach sechs Monaten war bei der Klientin weiterhin ein dauerhaft positiver Erfolg feststellbar.

Sexueller Missbrauch 1

Die Klientin war im frühen Erwachsenenalter mehrfach in ihrem Arbeitsumfeld massiv belästigt worden. Es entwickelte sich bei ihr eine Posttraumatische Belastungsstörung mit ausgeprägter Alkoholproblematik. Durch die mehrfachen Übergriffe ihrer Vorgesetzten fing das Verhältnis zu ihren Vorgesetzten an, immer problematischer zu werden.

Sie entwickelte eine Essstörung, um sich für ihre Vorgesetzten so unattraktiv wie möglich zu machen. Ihre dysfunktionale Kognition war: „Ich bin nichts wert." In der Therapie lösten wir mit verschiedenen emotionSync®-Methoden diese Kognition und die Bilder, die sie mit den Übergriffen verband, auf. Zudem lernte sie in einer systemischen Aufstellung die Position eines ihrer Angreifer kennen. Ihre Reaktion war „Was ist das für ein armes Würstchen?". Ebenfalls systemisch führten wir einen Ausgleich von Geben und Nehmen durch.

Inzwischen geht es ihr besser und ihre Einstellung zum Leben ist „Ich werde gesund – jeden Tag ein Stückchen mehr".

Sexueller Missbrauch 2

Eine ca. 30 Jahre alte Klientin erlebte einen langen Missbrauch. Psychotherapien blieben bei ihr wirkungslos. Sie ist zwar verheiratet und bekam auch eigene Kinder. Einen Orgasmus hatte sie vor der emotionSync®-Therapie aber noch nie erlebt. emotionSync® wirkte bei ihr sehr schnell und seither hat sie nicht nur die Traumatisierung verloren, sondern erlebt einen zweiten Frühling mit ihrem Mann.

Sexueller Missbrauch 3

Eine Klientin kam Jahre nach einem Missbrauch zu mir. Sie hatte eine schwierige Kindheit, was bei ihr zusammen mit dem Missbrauch in einem Selbstwertkonflikt resultierte. Ich habe mit ihr mit Hypnotherapie und emotion*Sync*® gearbeitet.

Zuvor hatte sie ein übermächtiges Männerbild. Das wurde durch die Therapie gelöscht. Jetzt arbeitet sie in einer Männerdomäne und kann da „ihren Mann stehen".

Begegnung mit Toten

Die Klientin war eine ca. 75jährige Metzgerfrau. Sie ist eine wirklich starke Frau, die Schweres im Krieg und auf der Flucht überstanden hat und auch mit ihren 75 Jahren noch täglich im Laden stand und den Betrieb schmiss. Vor über 30 Jahren hat sie nach langer Krebserkrankung ihren Mann verloren.

Fünf Tage nach seinem Tod hat sie ihn ein letztes Mal besucht. Nun ist es so, dass bei Menschen, die vor ihrem Tod sehr lange durch Krankheit gelitten hatten, der Verfall sehr schnell einsetzt. Ich habe dies selbst bei meiner Großmutter erlebt. Niemand hatte meine Klientin vor diesem Effekt gewarnt.

Als sie das Bestattungsinstitut betrat und die Tür zum Aufbahrungsraum ihres Mannes öffnete, erlebte sie einen Schock. Sie schrie immer nur „Das ist nicht mein Mann" und rannte hinaus.

Seit diesem Zeitpunkt hatte sie bei jedem Friedhofsbesuch immer nur dieses für sie schreckliche letzte Bild ihres Mannes vor Augen. Nachts wachte sie immer wieder schweißgebadet mit diesem Bild vor Augen auf. Wohlgemerkt, das quälte sie seit über 30 Jahren!

Ich vergewisserte mich, dass kein ungelöstes Konfliktpotential zwischen ihr und ihrem verstorbenen Mann zurückgeblieben ist. Sie versicherte mir, dass sie eine sehr harmonische Ehe geführt hätten und ihr Mann, so wie sie ihn als Lebenden gekannt habe, ihr in liebevoller

Erinnerung geblieben sei. Ihre eigenen Worte waren: „Einen Mann wie ihn habe ich nie wieder gefunden."

Ich hatte gar nicht mehr viel Zeit (ich hatte nur noch ca. zehn Minuten Zeit bis zu einem wichtigen Termin). Ich bot ihr dennoch an – ich wusste ja, wie schnell emotion*Sync*® wirken kann – sich ein paar Minuten mit mir zurückzuziehen. Sie stimmte zu. Ich wandte die Methode push*Sync* mit dem Bild, das sie in ihren Träumen verfolgte und das sie beim Anblick des Grabes ihres Mannes sah, an.

Drei Monate später traf ich sie wieder. Sie erzählte mir spürbar erleichtert, dass sie seither keinerlei Albträume mehr gehabt habe, sie endlich friedlich schlafe und das Grab ihres Mannes in innerem Frieden besuchen könne.

Missbrauch durch bestimmte Personengruppe

Eine Klientin war von einem Farbigen missbraucht worden. Seither zitterte sie und flüchtete, wann immer sie einen Farbigen auf der Straße sah. Solche Generalisierungen sind typisch für eine Posttraumatische Belastungsstörung – wann immer ein Aspekt den Betroffenen an das Trauma erinnert, sieht man in ihm den Feind. Das können reale Aspekte sein (wie hier die Hautfarbe), aber auch irreale.

Inzwischen waren neben ihrem Wohnhaus Asylanten eingezogen. Dies führte dazu, dass sie nicht mehr vorne aus der Haustür gehen konnte, sondern sich zum Hinterausgang hinausschlich. Am Asylanten-Wohnhaus vorbeigehen war praktisch unmöglich.

Sie war zu diesem Zeitpunkt 30 Jahre alt. Der Missbrauch war geschehen als sie weniger als zehn Jahre alt war. Unserer Begegnung vorausgegangen war eine ganz lange psychiatrische und psychotherapeutische Behandlung, die keine nennenswerten Erfolge erzielte.

Nach einmaliger Behandlung mit eye*Sync* konnte sie spontan am Wohnhaus vorbei und in ihre eigene Wohnung hineingehen. Schlafstörungen und Grübelzwänge lösten sich ebenfalls auf, ohne dass wir sie direkt bearbeitet hatten. Dies zeigt wieder einmal, dass solche quälenden Erscheinungen verschwinden, sobald der Konflikt, der zum Grübeln führt, gelöst ist.

Essstörungen

Gestörtes Essverhalten

Eine junge Frau (30 Jahre) hatte seit 15 Jahren kein vernünftiges Essverhalten. Essen fiel ihr extrem schwer und sie war viel zu dünn. Die auslösende Situation war, dass sie als Teenager vor ihrem Freund die Treppe hoch ging und der Freund sie wegen ihres Pos, den sie angeblich bekommen habe, gehänselt habe. Nach der emotion*Sync*®-Intervention konnte sie am nächsten Tag zum ersten Mal mit Freude essen. Sie zeigt ein vernünftiges Essverhalten, ist aber normal schlank geblieben (es besteht ja durchaus die Gefahr, nach einer Magersucht ins Gegenteil umzuschlagen, was hier aber nicht passiert ist).

Adipositas

Eine Klientin litt seit ihrer Kindheit unter Essstörungen. Sie war, als sie kam, beleibt und jeder Diätversuch hatte bei ihr versagt. Es stellte sich heraus, dass dahinter ein Problem mit einer dominanten Adoptivmutter steckte. Der auslösende Konflikt war, dass sie mit einer Schulfreundin am Tisch gesessen hatte. Es gab ihr Leibgericht. Die Mutter fragte die Freundin, ob sie einen Nachschlag wolle. Daraufhin sagte die Klientin, sie wolle auch. Worauf die Mutter sagte: „Du kriegst nichts mehr, guck Dich mal an, Du bist eh schon pummelig genug." Die Klientin war schwer verletzt. Wann immer sie stinksauer auf ihre Adoptivmutter war, aß sie zwar am Tisch normal, aber heimlich stopfte sie sich voll Süßigkeiten.

Nach der Intervention mit eye*Sync* zeigte die Klientin sofort ein verändertes Essverhalten. Sie gönnt sich zwar schon mal was, aber in Maßen. Seit der Therapie nimmt sie kontinuierlich ab.

Süchte und Zwänge

Nägelkauen

Bei Süchten denkt man an Alkoholismus, Rauchen, Drogenabhängigkeit etc. Es kann aber alles und jedes zur Sucht werden und es gibt auch Süchte, die als Erstes gar nicht als Solche erscheinen mögen. Wann beginnt etwas zur Sucht zu werden? Das mag schwierig zu sagen sein und unterschiedliche Menschen haben sicher unterschiedliche Meinungen dazu. Ganz sicher ist der Suchtcharakter, wenn der Betroffene meint, die Kontrolle darüber verloren zu haben, wenn die Handlung zum Zwang wird und wenn es ihn selber belastet.

So war es bei einer jungen Frau, ca. 20 Jahre alt, die mit zwanghaftem Nägelkauen zu mir kam. Sie wünschte sich sehnlichst schöne Nägel. Durch das ständige Kauen waren sie aber sehr hässlich und eine Maniküre, die sie sich sehr gewünscht hätte, war nicht möglich.

In diesem Fall bin ich nicht näher in den Konflikt hineingegangen, sondern habe nach einem körperlichen „Suchtpunkt" gesucht. Der saß bei ihr im Bauch. Diesen Suchtpunkt haben wir mit moveSync1 behandelt und ihn „herausgedreht". Einige Zeit später traf ich sie wieder und sie zeigte mir stolz ihre schön manikürten Fingernägel.

Computerspiele

Ein 15-jähriger Teenager wurde von seinen Eltern zu mir geschickt. Ich vergewisserte mich, dass er mit der Behandlung einverstanden war, da dies natürlich eine unabdingbare Voraussetzung für eine erfolgreiche Therapie ist. Er versicherte mir, dass er mitmachen wollte. Es ärgerte ihn sehr, dass er in der Schule sehr nachgelassen hatte.

Er war computerspielsüchtig, spielte in jeder freien Minute, ging keinen Hobbies mehr nach und stand auch nachts heimlich auf, um zu spielen.

Es stellte sich heraus, dass er in die Sucht verfallen war, weil er über sehr wenig Selbstbewusstsein verfügte. Mangelndes Selbstbewusstsein ist ein sehr typischer Grund für Suchtverhalten. Bei Drogenabhängigkeit versucht man sich zu betäuben. Betäubung mag bei diesem Jungen auch ein Faktor gewesen sein – aber der Hauptfaktor war, dass er Selbstwert fand durch die Identifikation mit den Figuren, die er spielte. Er spielte vernetzte Spiele (multiplayer games), hatte also ein virtuelles soziales Netzwerk, in dem er anerkannt wurde.

Nachdem das Problem des mangelnden Selbstbewusstseins identifiziert wurde, haben wir es mit emotion*Sync*® in einer Stunde aufgelöst.

Allergien

Laktoseintoleranz

Eine Klientin kam zu mir mit Laktoseintoleranz. Sie war frustriert, da sie sich sehnlichst wünschte, mal eine schöne Kugel Schokoladeneis zu essen. Bei Allergien ist es wichtig, in der Zeit zurückzugehen und festzustellen, wann die Allergie das erste Mal auftrat. Wenn man den Zeitpunkt des erstmaligen Auftretens hat, klappert man ab, was damals geschehen ist. Da sich die Klientin nicht sicher war, was das entscheidende Jahr war, testeten wir dies kinesiologisch aus. Schließlich kamen wir darauf, dass es erst ab dem 17. Lebensjahr aufgetreten war.

Also fragte ich sie, was damals in ihrem 17. Lebensjahr geschehen sei. Sie erinnerte sich, mit Angina im Bett gelegen zu haben. Aufgrund der starken Halsschmerzen habe sie sich sehnlichst eine kalte Coca Cola gewünscht. Stattdessen zwang die Mutter sie heiße Milch mit Honig zu trinken, was sie eklig und schleimig fand und was sie zum Würgen brachte. Hier sieht man mal wieder – die Mutter hat es nicht böse gemeint, sondern dies als altes, wirksames Hausmittel betrachtet und der Tochter hat es nur eine sich dann auf den Körper (allergische Reaktion!) übertragende Abscheu eingebracht.

Milch ist ein ganz heikles allergisches Gebiet. Der erste Milchkonflikt entsteht beim Stillen bzw. Nichtstillen oder eben Abstillen. In meiner Ausbildung war einmal eine angehende Coachin, die erzählte, ihre Tochter hätte eine Allergie gegen Obst. Sie verneinte vehement, dass dies aus ihrer Lebensgeschichte stammen könne, denn die Tochter hätte schon die ersten Male, wo sie ihr als Säugling Obstbrei füttern wollte, reagiert. Ich machte sie darauf aufmerksam, dass das Füttern des ersten Obstbreis wahrscheinlich zeitgleich war mit dem Abstillen. Daraufhin wurde sie nachdenklich. Stellen Sie sich vor, Sie seien ein Baby und Sie erwarten eine schöne kuschelige Mutterbrust und warme Milch ... und dann gibt es Obstbrei. Das kann durchaus zu lebenslangen Aversionen und entsprechenden körperlichen Reaktionen führen.

Zurück zur Klientin mit der Laktoseintoleranz. Allergien sind häufig sehr hartnäckig. In diesem Fall musste ich mit allen emotion*Sync*®-Methoden arbeiten, bis sie bestätigte, dass sie die negative Energie nicht mehr empfinde.

In der nächsten Pause (die Intervention fand im Rahmen eines Seminars statt) stürzte sie in den nächsten Supermarkt und kam mit einer Riesenpackung Schokoladeneis wieder. An dieser Stelle musste ich sie bremsen – wenn in einem solchen Moment der Klient überreagiert und aus Begeisterung gleich die ganze Packung isst, dann kann natürlich die Allergie sofort zurückkommen. Weil es dann zu viel ist und der Körper das auch nicht aushält. Zumal Allergien, die mit Essen zu tun haben, sehr schnell geschehen. Isst man einmal richtig verdorbene Pilze oder Fisch, ist der Ekel davor mit einer one-shot-conditioning da.

Die Klientin begnügte sich also mit einer Schüssel Schokoladeneis und es traten keine ihrer üblichen Beschwerden auf.

Als Hinweis: Viele Klienten, die mit einer Lebensmittelallergie kommen, sagen: „Ach, das macht mir nichts aus, kann doch so bleiben." Dann kann es sein, dass sie einen Sekundärgewinn draus ziehen – sie genießen es, dass für sie Extraessen gekocht wird, dass sie verwöhnt werden etc.

Dann sollte daran gearbeitet werden, dass sie sich auch dann verwöhnt fühlen, wenn sie keine Extrawürste kriegen.

Es kann natürlich auch sein, dass sie sich mit ihrer Allergie/Intoleranz arrangiert haben. Dennoch ist es von Vorteil, eine Allergie loszuwerden, damit man – wenn man mal unterwegs/bei einer Einladung/... – keine andere Wahl hat, keine Probleme bekommt. Das heißt ja nicht, dass man das Allergen dann essen MUSS. Aber man hat die Wahl.

Latex-Allergie

Eine Latex-Allergie kann sehr hinderlich sein, wenn man in ärztlichen oder Pflegeberufen arbeitet (obwohl es natürlich auch latexfreie Handschuhe gibt. Einige Allergiker reagieren schon auf den Geruch von Latexhandschuhen). Für Patienten mit Latex-Allergie kann bereits das Betreten einer Arztpraxis zu massiven Problemen führen.

Auch hier gilt es wieder auf Ursachenforschung zu gehen. Im Rahmen eines Seminars behandelte ich eine Klientin mit Latex-Allergie. 17jährig war sie schwanger geworden. Als ihre Mutter davon erfuhr, hätte sie sie fast totgeschlagen. Sie zwang die Tochter zur Abtreibung. Die Tochter hätte das Kind gerne behalten und hat sich verzweifelt gegen die Abtreibung zur Wehr gesetzt. Sie erinnerte sich, wie sie von mehreren Ärzten und Pflegern mit Latexhandschuhen (!) auf die Liege gedrückt wurde und ihr die Latexhandschuhe ins Gesicht drückten, um ihr die Narkosemaske aufsetzen zu können.

Die Erinnerung löste bei der Klientin eine starke emotionale Reaktion aus. Wir bearbeiteten diese traumatische Erinnerung mit emotionSync®. Die Bearbeitung lief ebenfalls sehr emotional und mit heftigen körperlichen Reaktionen ab.

Danach saß sie den Rest des Seminars mit Latexhandschuhen herum, ohne irgendeine allergische Reaktion zu zeigen.

Sport

Auswirkungen von Coaching

Ich beschäftige mich sehr mit Coaching im Sport. Gerade in „Macho-Sportarten" haben Spieler oft Probleme zuzugeben, dass sie Coaching brauchen, weil sie fürchten, dann als Schwächlinge dazustehen. Aber die Szene öffnet sich, viele Vereine sind begeistert, dass es solche Möglichkeiten gibt, gerade auch in „Macho-Sportarten".

Zusammen mit drei Kollegen bilde ich ein Coaching-Team, das einen Eishockey-Verein betreut. Wir coachen alle Leistungsniveaus von der 1. Liga bis zu den Anfängern. Ich selbst habe mehrere verschiedene Coaching-Ausbildungen, u. a. emotion*Sync*®; die anderen Kollegen bringen noch andere Methoden mit ins Spiel.

Hierbei ergibt sich oft Erstaunliches. Ein Spieler wurde von der 1. Linie in die letzte versetzt, weil er die Leistung für die 1. Linie nicht mehr brachte. Er galt als coachingresistent.

Ich fand heraus, dass er von dysfunktionalen Gedankenmustern limitiert wird, die zum Teil noch von seinem Vater herrührten, der ebenfalls Leistungssportler war. Sobald wir diese mit emotion*Sync*® aufgelöst hatten, fühlte er sich in seinen Entscheidungen freier und gelangte zu der Erkenntnis, dass er in der 3. Linie am besten aufgehoben ist – besser als in der 1. – da er von dort aus den anderen Spielern am besten helfen kann.

Inzwischen hat sich aufgrund der Coaching-Ergebnisse die Teamaufstellung auf dem Spielfeld gewandelt. Alle spielen ungefähr auf demselben Niveau, sodass sie flexibel die Plätze tauschen können, wenn die Spielsituation es erfordert.

Für mich als Coach ist es hoch spannend zu beobachten, wie die Spieler sich individuell entwickeln.

Auch können emotion*Sync*®-Methoden den Spielern in ihrem Selbstbewusstsein und dadurch generell in ihrer Leistung helfen. Nimmt man ihnen Ängste, z. B. vor den Geräuschen, wenn die gegnerische Mannschaft anrückt, stehen sie ganz anders auf dem Eis, nicht so gebückt, sondern aufrechter. Bei diesen Spielern weiß man – auch der Trainer! – dass das die Spieler sind, denen man auch dann vertrauen kann, wenn der Spielverlauf kritisch wird.

Gewalt im Sport

Gerade bei Sportarten wie Eishockey ist Gewalt ein großes Problem – es kommt immer wieder zu Massenschlägereien. Einen Sportler, der häufig wegen Gewalt zu Auszeiten verdonnert wurde, habe ich gecoacht. Ich habe ihn zunächst in eine solche Situation, in der es zu Gewaltausbrüchen kommt, bei geschlossenen Augen hineinversetzt und mit Trashtalk seine Aggressionen gesteigert, um ihn in die entsprechenden Emotionen zu versetzen. Der Klient zeigte starke körperliche Reaktionen (Schwitzen, Muskelanspannung etc.); die Suggestion war also gelungen.

Dann wandte ich clap*Sync* an. Bei energy*Sync* sprang der Klient spontan auf, umarmte mich und wollte dann weglaufen. Ich ging zu eye*Sync* über – der Klient sprang auf und lief weg. Ich musste hinterherlaufen. Dies wiederholte sich dreimal. Jedes Mal lief der Klient weg.

Beim nächsten Spiel wollte ein gegnerischer Spieler eine Schlägerei anfangen – mein Klient drehte sich um und lief weg. Der gegnerische Spieler bekam eine zehn minütige Strafe. Dies wiederholte sich mehrmals.

Die Mitspieler verstanden gar nicht, was mit ihm los ist und warum er sich so verändert hatte. Inzwischen hat die Presse mehrfach darüber berichtet und sein sportliches Verhalten gelobt. Das Team schätzt ihn dafür sehr, da er immer „für das Team Minuten heraus holt" – d. h. da er im Gegensatz zu den gegnerischen Mannschaften nicht vom Platz gestellt wird, hat für die Zeit, in der der gegnerische Spieler eine Strafzeit absitzt, sein Team mehr Spieler auf dem Feld. Dies kann siegentscheidend sein, was sowohl Trainer, Mitspieler als auch Fans zu schätzen wissen.

Fußball

Die Klientin spielte Fußball und war oft an den Beinen (Knie) verletzt. Zum Zeitpunkt der Intervention war soweit alles gut, sie verspürte nur manchmal Schmerzen im Knie für 2 – 3 Stunden.

Sie wusste, dass ihre Mutter gerne möchte, dass sie sowie ihre Schwester aufhören Fußball zu spielen. Die Mutter sagte immer wieder: „Hört auf Fußball zu spielen". Einerseits machte dies die Klientin unsicher anderseits nervt es sie gewaltig.

Auf der Skala –10 bis + 10 bewertet dies die Klientin mit –3.

Sie wurde in eine leichte Trance versetzt und systemisch mit der Mutter konfrontiert. Sie umarmte ihre Mutter und sprach zu ihr, dass sie gerne weiter spielen will und dass sie die Mutter versteht. Zum Schluss herzte sie ihre Mutter nochmals mit den Worten „Ich liebe dich". Danach flossen leicht die Tränen.

Nach der Intervention wurde auf den Satz „Hör auf Fußball zu spielen" clapSync gegeben. Sie fühlte sich kurz leer, aber sehr erleichtert. Als ich sie anblickte, lachte sie mir entgegen und meinte sehr überzeugt: „ICH MACHE WEITER!!"

Ich habe ihr den Satz mit eyeSync integriert. Sie fühlte sich sehr gut und befreit. Der Satz fühlte sich an, wie im Herzen verankert. Als Rezept wurde ausgestellt: „ICH MACHE ÜBERZEUGT WEITER!!!"

Golfen

Ein angehender Golf-Tour-Profi versagt im Turnier. Der Golf-Profi kam zu mir mit der Bitte, etwas zu tun, dass sein Spiel besser wird. Seine bisherige Leistung war durchaus beachtlich. Ein guter Abschlag lag bei 280 Metern. Das heißt, bei einem Par 5, konnte der Ball mit zwei Schlägen schon an der Fahne liegen, um dann mit einem Eagle einzulochen.

Beim Übungsspiel gelang das auch sehr oft. Beim Turnier jedoch schnellte die Fehlerrate deutlich hoch, sodass schnell aus dem guten Schlag ein schlechter zum Double Bogey wurde.

Nach der Analyse zeigte sich ein Konflikt mit der Mutter, die das viele Golfen nicht gut fand. Der Vater setzte den Sohn schon früh unter Druck, Leistung zu erbringen. Das Gefühl es immer beweisen zu müssen kam auch noch dazu. Ebenfalls war die Erinnerung an einige böse verschlagende Abschläge immer noch stark emotional aktiv.

Eines war klar. Der Profi konnte Golfen. Mit 5 Jahren war er schon auf dem Golfplatz groß geworden. Es ging nicht mehr darum, den Schlag zu verbessern, sondern mental etwas zu tun. Wichtig war es, die alten negativen Emotionen mit emotion*Sync*® abzukoppeln.

Das gelang auch schnell und nachhaltig. Hier war zusätzlich noch eine schnelle systemische Integration wichtig, um die Nachhaltigkeit zu garantieren.

Außerdem wurde die gute Kontinuität des Schlagens auf der Drivingrange mental auf den Abschlag am Tee übertragen, sodass dort der sichere Schlag garantiert wurde. Der Leistungsdruck wurde mit emotion*Sync*® umgewandelt in eine Leichtigkeit des Loslassens. Der Tour-Profi verbesserte sich dadurch schnell und nachhaltig in seinem Score.

Diese Mentaltechniken sind ein wichtiger Garant für den Erfolg und um in den Flow zu kommen.

Tennis

Ein junger Mann spielte leidenschaftlich gern Tennis. Eines Tages wurde sein Spiel so schlecht, das er jede Freude daran verlor. Irgendwie wollte er natürlich sein gutes Spiel und seine Freude wieder haben.

Nach einer kurzen Analyse zu dem Zeitpunkt seines schlechten Spiels zeigte sich eine alte Verletzung an der Schulter. Das ist wie mit einem Stachel im Fuß. Es tut weh und man geht in die Schonhaltung. Dauert das zu lange an, wird die Schonhaltung zur neuen Haltung. Die Verletzung war schon längst wieder ausgeheilt, aber der Bewegungsablauf war dadurch immer noch minimal gestört. Die kleine Störung langte aus, um nicht mehr die Top-Qualität beim Schlag zu haben.

Nachdem wir das neurologische Muster zu der Verletzung mit emotion*Sync*® abgekoppelt hatten, kam Spiel – Satz – Sieg wieder zum Zuge.

Es zeigt sich immer wieder, dass auf alten Sportverletzungen emotionale Störfelder liegen. Diese gilt es abzukoppeln.

Verletzungen

Vereiterungen

Bei einem Sportler war das Kreuzband gerissen. Sein sehnlicher Wunsch war es, wieder zu spielen. Doch die Wundheilung verzögerte sich. Die Wunde eiterte. Als er zu mir zur Therapie kam, versuchte ich es zunächst mit move*Sync*2, wollte also die positiven Energien verstärken. Das half nur kurzfristig, der Klient erlitt immer wieder Rückfälle. Dann verwendete ich das Gegenteil, also move*Sync*1 – die negativen Energien „herauszudrehen". Der Klient ist jetzt beschwerdefrei und wieder voll im Training.

Bänderriss

Die Klientin litt nach einem Bänderriss im linken Fuß sechs Monate zuvor immer noch an Schmerzen. Den Bänderriss hatte sie sich beim Joggen zugefügt. Die Motivation hinter ihrem Jogging war der Wunsch abzunehmen. Hinter dem Drang, ihren Körper zu optimieren steckte die Überzeugung „Ich bin nicht gut genug". Dies verband sie mit einem Bild von sich in der Schule und einem Notenkonflikt. Dieses Bild wurde mit push*Sync* aufgelöst.

Dann wurde direkt an den Schmerzen gearbeitet. move*Sync* wurde an bzw. über der schmerzenden Stelle gemacht. Die Drehrichtung wurde zuvor kinesiologisch abgefragt und bestätigt.

Gehirnerschütterung

Dominik ist Spitzensportler und spielt Eishockey. An seinem letzten Game (vier Tage vor der Therapiesitzung) wurde er zweimal hart und unfair an den Kopf gecheckt. Beim zweiten Check hatte er danach Sehstörungen, was als Gehirnerschütterung diagnostiziert wurde.

Da ich ihn schon länger betreue, kam er zu mir, um die Genesung zu beschleunigen. Er klagte über Kopf- und Rückenschmerzen (Nacken- und Lenden) und dass ihm kalt sei.

Ich habe ihn zuerst am Nacken behandelt. Ich klärte ab, welche Bewegungsrichtung am besten ist. move*Sync*1 habe ich insofern erweitert, indem ich kurz und heftig die Stelle packe, und meine Hand wieder davon wegreiße. Dadurch entsteht beim Klienten das Gefühl, dass ich ihm etwas aus dem Körper reiße. Dominik bestätigte mir es so, dass er das Gefühl hatte, dass ich etwas kreisförmig bewege und dies wie ansammele um am Schluss wegzureißen. Das Ganze machte ich je zweimal. Als er die Augen öffnete, waren seine Kopfschmerzen, wie auch Rückenschmerzen verflogen.

In diesem Fall habe ich kein Rezept ausgestellt. Er hat mir jedoch zwei Stunden danach angerufen und mitgeteilt, dass die Schmerzen nicht zurückgekehrt seien.

Formtief nach Verletzungen

Der Klient ist Eishockeyspieler. Seit rund einer Saison hat er Mühe nach einer dreimonatigen Verletzung, wieder der Alte zu sein. Er wurde vom Headcoach bereits in eine hintere Linie versetzt. Dies hat ihm nicht viel ausgemacht, da er wusste, er wird die Kurve wieder kriegen. Da er nun in der 3. Linie spielt, erhält er auch nicht sehr viel Eiszeit. Er selber ist mit sich nie zufrieden. Aber da die ersten beiden Linien hervorragend spielen, will man ihn nicht in diesen Formationen spielen lassen.

Er merkte jedoch, dass das Umfeld (Presse, Sponsoren, Publikum) mit ihm hart ins Gericht gehen und öffentlich meinen, dass er sein Geld nicht wert sei und er als Nationalspieler nicht für dieses Team reicht. Um ihnen das Gegenteil zu beweisen, war er sehr verbissen geworden und dadurch negativ entschlossener. Er wollte mit aller Gewalt seinen Willen durchsetzen, wieder Tore und Assist (eine spezielle Art von Punkten im Eishockey) zu buchen. Daraus entwickelte sich ein Teufelskreis. Emotional befand er sich bei −8.

Mit dem Muskelenergietest wurde herausgefunden, dass ihm die Technik push*Sync* hilft. Da diese auf der Sinnesebene visuell hervorragend funktioniert, kreierte er sein Bild. Es war ein Zeitungsartikel (Gamebericht), der schlecht über ihn berichtet, obwohl er eigentlich ein gutes Spiel abgeliefert, aber keine Scorepunkte erzielt hatte. Durch push*Sync* konnte dieser negative Aspekt weggepusht werden. Ich habe relativ lange gepusht, mal schneller mal langsamer. Sein Atem und sein Pulsschlag gingen dabei heftiger. Er meinte, dass er mehr und mehr aggressiv wurde, dass er derzeit nichts fühle, dass er leer ist. Das schlechte Gefühl und das Bild seien jedoch verschwunden. Er sah nur noch eine leere Handfläche.

Ich zeigte ihm ein anderes Bild. Wieder ein Zeitungsartikel mit ihm in Jubelpose mit der Headline: „Er ist wahres Geld wert!" Diese Bild hat ihm gefallen! Er schmückte das Bild noch mit Farben und seinen Mitspielern aus. Sein Bild habe ich ihm eingepusht, sehr, sehr langsam und immer schneller werdend mit den Worten der Headline. Danach grinste er und meinte: „Hey ich bin mein Geld wirklich wert! Ich bin mit mir zufrieden …, und wenn ich mit mir zufrieden bin, werde ich immer zufriedener."

Wir haben danach geprüft wie hoch die Entschlossenheit und der unabdingbare Wille sind. Es zeigte an, dass beide Äußerungen für ihn auf dem richtigen Level sind. Seine Emotionen hatten sich zu +9 verbessert. Auf seinem Rezept standen die Sätze:

„Ich bin mein Geld wert!"

„Ich bin mit mir zufrieden."

„Entschlossenheit und Wille sind bei mir auf dem richtigen, gesunden Level".

Mediation

Mediation wird immer mehr zum bedeutenden Thema. Die Gerichte sind völlig überlastet – also hält man Ausschau nach Möglichkeiten, sich außerhalb der Gerichte zu einigen.

Eine solche Möglichkeit bietet Mediation. In ihrer heutigen Form sind in die Mediation Erkenntnisse der Konflikt- und Verhaltensforschung, der Psychologie, Psychotherapie, den Kommunikationswissenschaften und insbesondere auch der systemischen Therapie aufgegriffen.

Der Mediator nimmt aktiv am Prozess der Problemlösung teil und übernimmt stellvertretend Rollen. Er verfügt allerdings über keinerlei Entscheidungsgewalt.

Juristen haben einen schlechten Ruf. Von Ludwig Thoma – selbst Jurist – stammt das Bonmot: „Er war ein guter Jurist und auch sonst von mäßigem Verstand." Der Dichter John Keats sah es noch krasser: „Ich glaube, wir können Juristen in die Kategorie der Monster einreihen." Der Witz von dem Grabstein ist bekannt, auf dem Stand „Hier ruht ein Jurist und ein ehrlicher Mann", worauf die Friedhofsbesucher den Kopf schütteln, wie man zwei Männer in demselben Grab bestatten könne. Nein, Juristen – in diesem Fall Rechtsanwälte – sind nicht per se unehrlich. Sie sind auch nicht böse. Sie haben eine einzige Aufgabe: Mit allem, was sie können und wissen die Gesetze so auszulegen, dass für ihre Klienten das Beste herauskommt. Sie argumentieren auch, dass man auf Eis ausgerutscht ist, wenn man in Wahrheit in der Südsee Cocktails geschlürft hat. Sie steigen sozusagen als Pitbull für einen in den Ring. Das kann sehr praktisch sein, wenn sie auf der eigenen Seite stehen und ein ordentliches Gebiss haben. Das ist nicht ganz so schön, wenn sie auf der Gegenseite stehen. Der Jurist will, dass sein Klient gewinnt.

Mediatoren hingegen sind unparteiisch. Ihre Aufgabe ist es, eine Lösung zu finden, mit der beide Seiten leben können. Juristen streben eine Win-

Loose-Situation an. Mediatoren streben eine Win-Win-Situation an. Sie sind eher Friedenstauben als Pitbulls.

In der Verhandlung um einen Grundstücksstreit hört der Mediator den einen Medianden an. Zum Ende der Darstellung denkt er nach und sagt: „Sie haben recht." Dann ist der andere Mediand an der Reihe. Als er fertig ist, denkt der Mediator wieder nach und sagt: „Sie haben Recht." Darauf beide Medianden entrüstet. „Wir können doch nicht beide Recht haben!" Der Mediator denkt wieder nach und sagt: „Sie haben Recht."

☺

Im Prinzip vertreten Juristen das Abel- und Kain-Prinzip. Sie neigen also zu einer Denkweise, die schon in der alten Bibel vertreten war. Abel war der Gute, Kain der Böse. Das ist die Denke der Juristen. Mein Mandant ist der Gute, der andere der Bösewicht.

In Konfliktsituationen, insbesondere wenn zuvor andere Formen der Konfliktlösung gescheitert sind, neigen die Emotionen dazu, überzukochen. Emotions-Management ist daher ein essentieller Bestandteil des Mediationsprozesses. Solange negative Emotionen überkochen, können keine Konflikte gelöst, oft noch nicht mal ihre Bestandteile sichtbar gemacht werden. In solchen Fällen müssen die Konfliktpartner (eigentlich eher Konfliktgegner) erst mal konfliktfähig gemacht werden.

Vergegenwärtigen wir uns, was wir über neuronale Links gelernt haben. Nehmen wir eine Scheidungssituation. Es ist sehr wahrscheinlich, dass bestimmte Eigenschaften oder Handlungen des Ehepartners oder Erinnerungen an Situationen mit sehr intensiven Emotionen verknüpft sind. Es gibt viele Kommunikationsmodelle, die in der Mediation angewendet werden. Solange aber starke Energie auf den Emotionen liegt – wie viel Erfolgswahrscheinlichkeit haben sie? Eher weniger bis gar nicht. Es ist daher wichtig, zunächst die Emotionen zu „bändigen", damit dann erfolgreich mediiert werden kann. Hierfür eignet sich emotion*Sync*®

besonders, da durch diese Methoden schnell negative, stark emotional geladene Links gelöscht werden können.

In der Praxis habe ich in vielen Situationen erlebt, dass nach emotion-*Sync*®-Interventionen mit beiden Konfliktparteien diese erstmals (zum Teil nach Jahren) bereit waren, sich zusammenzusetzen und in der Lage waren, rational über das weitere Vorgehen zu reden.

Die zehn Gebote der Mediation (gilt teilweise auch für Therapeuten!)

Du, der du es auf dich genommen hast, Frieden zu stiften zwischen den Menschen, höre die Botschaft und folge ihr, auf dass dir Erfolg beschieden sei:

- Du sollst deinen Medianden zuhören.
- Du sollst nicht einschlafen während deiner Verfahren.
- Du sollst nicht deine eigenen Probleme auf deine Medianden verlagern.
- Du sollst nicht konkurrieren mit den Schiedsämtern und Gütestellen, sondern selbst an ihre Stelle treten.
- Du sollst nicht begehren deines Nächsten Medianden, sie sollen freiwillig zu dir kommen.
- Du sollst durch die Welt gehen und von deinen guten Taten berichten. Dafür sollst du nutzen die Zeitungen, die Zeitschriften, den Rundfunk und die Fachkongresse.
- Du sollst eine gute Haftpflichtversicherung abschließen.
- Du sollst aus den Fehlern anderer lernen.
- Du sollst auch die Gesetze achten.

Business Mediation

Zwei Geschäftsführer baten um eine Mediation. Ihr Konflikt war schlechte Kommunikation und Machtspiel mit gegenseitigen verletzenden Vorwürfen.

Als Erstes führten wir eine Typologie-Analyse nach Master Typo 3® durch. Dadurch wurde das Werte- und Glaubenssystem analysiert. Es ergab sich, dass GF1 stark dominant-analytisch geprägt ist. Das bedeutet, dass klare und schnelle Zielorientierung auf Kosten der menschlichen Kommunikation stattfand.

GF2 ist mitteldominant und stark gemeinschaftlich-menschorientiert. Das bedeutet, dass es ihm wichtig ist, über Dinge erst zu reden und werte- und gerechtigkeitsorientiert vorzugehen.

Die unterschiedliche Typprägung verursachte eine gegenseitige Intoleranz. Jeder glaubte im Recht zu sein und der andere sei nicht OK.

Die emotionale Verletzung von GF2 ließ keine sachorientierte Kommunikation mit GF1 zu. Da GF1 in seiner Prägung wenig Verständnis zu emotionalen Verletzungen zeigte, wurde der Konflikt eher noch verschärft. Mediationsgespräche mit den passenden Kommunikationstechniken zeigten sich hier völlig wirkungslos.

Erst als die emotionale Verletzung durch emotion*Sync*® abgekoppelt wurde, war GF2 wieder in der Lage auf der Sachebene mit GF1 zu kommunizieren. Jetzt konnten beide ihre Kommunikationsmuster verstehen und lernen, die Gegenseitigkeit als Ergänzung zu nutzen.

Es zeigt sich immer wieder in emotionalen Konfliktfällen, dass die Emotion erst mal mit Hilfe von emotion*Sync*® gelöst werden muss, damit eine Mediation überhaupt effektiv und erfolgreich wird.

Business – Führung – Vertrieb

Sehr oft gibt es Reinszenierungen eines Familienkonfliktes im Arbeitskontext. Das bedeutet, dass Probleme aus der Familie und der Kindheitsprägung mit den Mitarbeitern im Unternehmen unbewusst wiederholt werden.

Der Sohn hat z. B. einen unaufgearbeiteten Vaterkonflikt. Wenn nun die Führungskraft durch unbewusste Ähnlichkeiten diesen Vaterkonflikt triggert, fängt der Mitarbeiter unbewusst an, gegen den Chef zu rebellieren.

Wenn der Ursprungskonflikt nicht gelöst wird, wird er nie aufhören zu rebellieren und unbequem zu sein. Diese Muster kann man mit emotion*Sync*® leicht lösen. Ich weiß, wovon ich spreche, da ich dieses Problem lange selbst hatte.

Ein anderes ganz großes Problem ist im Vertrieb die Kaltakquise.

Kommentiertes Literaturverzeichnis

Die Zahl der Bücher über Psychologie ist überwältigend und inhaltlich reicht sie von sehr wissenschaftlich bis zu „Alltagspsychologie" und Allerweltsratgeber. Wir versuchen hier einen Einblick zu geben bzw. Tipps für einen Einstieg, sowohl für wissenschaftliche als auch einfache, oft humorvolle „Coach-Literatur".

Grundsätzlich kann man immer zu einem Dummy-Buch des Wiley-Verlags greifen ohne sich wie einer zu fühlen. Ideal für einen schnellen, leicht verdaulichen Überblick.

Dummy-Bücher gibt es zu den Themen:

- Psychologie (allgemein und zu den Teildisziplinen)
- Psychotherapie (allgemein und für spezifische Richtungen)
- Psychischen Störungen und Krankheitsbildern
- Neurowissenschaften/Das menschliche Gehirn
- Gesprächsführung/Small Talk
- Statistik und Methodik
- NLP/KVT /Coaching

Psychologie

Im „Psychologie-Buch" steht einleitend eine alte Wahrheit, dass die Psychologie von allen Wissenschaften vielleicht die geheimnisvollste und am häufigsten missverstandene sei. Um in diese verschwommenen Vorstellungen etwas Licht und Klarheit zu bringen, erklären die Autoren die wichtigen Theorien bekannter Psychologen, Psychoanalytiker und Psychotherapeuten einfach und allgemein verständlich.

Catherine Collin, Nigel Benson, Joannah Ginsburg, Voula Grand, Merrin Lazyan und Marcus Weeks (2012). Das Psychologie-Buch: Wichtige Theorien einfach erklärt. Dorling Kindersley.

Wer's wissenschaftlicher mag – dies sind zwei sehr bekannte Fachbücher:

David G. Myers (2014). Psychologie. Springer Verlag.

Richard J. Gerrig (begründet von Philip Zimbardo und inzwischen in der 20.(!!!) Auflage) (2014). Psychologie. Pearson Studium.

Und wem das dann zu viel Psychologie ist, der kann sich bei diesen satirischen Selbstversuchen entspannen:

Susanne Berkenheger (2014). Ist bestimmt was Psychologisches. Wie ich auf Therapien, Tricks & Tipps pfiff und unfassbar glücklich wurde. Goldmann.

Neurowissenschaften und das Gehirn

Ein Klassiker, dem eine gute Balance zwischen Wissenschaftlichkeit und leichter Verständlichkeit bietet:

Richard F. Thompson (2010). Das Gehirn. Von der Nervenzelle zur Verhaltenssteuerung. Spektrum Akademischer Verlag.

Wissenschaftlicher wird es beim Nobelpreisträger:

Eric Kandel, James Schwartz & Thomas Jessell (Hrsg., 2012). Neurowissenschaften: Eine Einführung. Spektrum Akademischer Verlag.

Wer mehr über Eric Kandel erfahren möchte, wie er mit neun Jahren allein mit seinem Bruder von Wien nach New York floh und wie ihn dies inspirierte, ein bedeutender Gedächtnisforscher zu werden, dem sei seine Biografie empfohlen:

Eric Kandel (2007). Auf der Suche nach dem Gedächtnis. Die Entstehung einer neuen Wissenschaft des Geistes. Pantheon Verlag.

Die Biopsychologie, Biologische Psychologie bzw. Psychobiologie beschäftigt sich als Teildisziplin der Psychologie explizit mit dem Zusammenhang zwischen biologischen, körperlichen Prozessen und dem psychischen Erleben und Verhalten. Körperliche Prozesse umfassen alle Organe und Funktionen des Körpers, nicht nur das Gehirn.

Ein Standardlehrwerk:

Niels Birbaumer & Robert F. Schmidt (2010). Biologische Psychologie. Springer.

Demgegenüber konzentriert sich die Neuropsychologie auf das Gehirn:

Hans-Otto Karnath & Peter Thier (2006). Neuropsychologie. Springer.

Wer sich von „alles ist ein bisschen Neuro" überwältigt fühlt, kann sich hier trösten (es werden sehr konstruktiv Probleme der vermeintlichen Allmacht der Neurowissenschaften diskutiert!):

Hasler, Felix (2013). Neuromythologie: Eine Streitschrift gegen die Deutungsmacht der Hirnforschung: Eine Streitschrift gegen die Deutungsmacht der Hirnforschung. Transcript.

Psychotherapie

Ein Kurzüberblick über die üblichen Therapiemethoden ist enthalten in

Hans-Ulrich Wittchen & Jürgen Hoyer (2011). Klinische Psychologie und Psychotherapie. Springer.

Ausführliche Diskussionen über die empirische versus hermeneutische/geisteswissenschaftliche Seite der Psychotherapie findet sich in

Alfred Pritz (1996) (Hrsg.), Psychotherapie – eine neue Wissenschaft vom Menschen . Wien: Springer.

Der österreichische Psychoanalytiker Alfred Pritz ist auch (Co)Autor zweier Lexika:

Alfred Pritz (2007). Einhundert Meisterwerke der Psychotherapie: Ein Literaturführer. Springer

Gerhard Stumm & Alfred Pritz (2000). Wörterbuch der Psychotherapie. Springer.

Ein viel diskutiertes Buch, das erstmals deutschsprachig ausführlich Wirksamkeitsstudien für alle Psychotherapiemethoden untersuchte, war:

Friederike Bernauer, Ruth Donati & Klaus Grawe (2001; 5. Unveränderte Auflage). Psychotherapie im Wandel – Von der Konfession zur Profession. Hogrefe

Für viele Methoden war die Datenlage damals (Erstauflage 1994) verheerend. Grawe vertrat der Fama nach bis zu seinem Tod die Suche nach einer „Allgemeinen Psychotherapie", die nicht mehr in Therapiestudien gespalten ist.

Neurowissenschaften und Psychotherapie

Heinz Böker & Erich Seifritz (2012) (Hrsg.). Psychotherapie und Neurowissenschaften: Integration – Kritik – Zukunftsaussichten. Hogrefe.

Teilweise sehr komplex, aber auch sehr spannend wird es in:

Günter Schiepek (2010) (Hrsg.). Neurobiologie der Psychotherapie. Schattauer.

Klaus Grawe beschäftigte sich intensiv damit, sein Konzept einer schulenübergreifenden Psychotherapie mit neurowissenschaftlichen Erkenntnissen zu verbinden (vgl. letzter Abschnitt):

Klaus Grawe (2004). Neuropsychotherapie. Hogrefe (Zusammenfassung unter https://de.wikipedia.org/wiki/Neuropsychotherapie)

Fabian Ramseyer, Wolfgang Tschacher: Nonverbal Synchrony in psychotherapy. Journal of Consulting and Clinical Psychology 2011; 79(3): 284–95.

Psychoanalyse

Seit ihrer Entwicklung hat sich die Psychoanalyse in sehr unterschiedliche „flavours" entwickelt. „Das Psychologie-Buch" gibt schon einen sehr guten Einblick. Aus literarischer Sicht lohnt es sich durchaus, das Originalwerk Sigmund Freuds durchzuforsten, das ihm fast literarische Ehren eingebracht hätte.

Sigmund Freud ist vermutlich derjenige Forscher mit den meisten Nobelpreisnominierungen ohne ihn je zu bekommen („vermutlich", da Nominierungen 50 Jahre lang geheim gehalten werden und es daher keine vollzählige Statistik gibt, die bis zum heutigen Datum reicht).

Für Medizin wurde er zwischen 1915 und 1937 insgesamt 12 mal von unterschiedlichen Personen nominiert. 1937 wurde er von insgesamt 14 Professoren und Nobelpreisträgern nominiert. Zu seinen Unterstützern zählte auch Marie Bonaparte – Urenkelin des Bruders von Napoleon und Gattin von Prinz Georg von Griechenland und Dänemark, Patientin und Freundin von Freud sowie selbst Psychoanalytikerin. Die durchaus interessante Krankengeschichte der Prinzessin und ihre Beziehung zu Freud, dem sie u. a. zur Flucht aus Wien verhalf, sind im Kinofilm „Princess Marie" und mehreren literarischen und biografischen Werken verarbeitet

(Übersicht: https://de.wikipedia.org/wiki/Marie_Bonaparte).

Das Nobelpreiskomitee zeigte sich aber trotz dieser prominenten Unterstützung uninteressiert und sprach Freud 1929 in einem Gutachten jede Wissenschaftlichkeit ab.

Weniger bekannt ist jedoch, dass Freud vom Schriftsteller und Nobelpreisträger Romain Rolland auch für den Literaturnobelpreis vorgeschlagen wurde, nach dem Freud ihm einen Artikel über seine Erlebnisse auf der Akropolis („Eine Erinnerungsstörung auf der Akropolis") geschickt hatte. Auch wenn das Komitee Freud „einen sehr guten, ungezwungenen literarischen Stil" zugestand, weigerte sich es doch, ihm „Dichterlorbeeren" zuzugestehen.

Freud reagierte trotzig – ihn interessiere ausschließlich das Geld und die Möglichkeit, einige Leute zu ärgern. Schließlich behauptete er, den Preis abzulehnen, falls er ihm verliehen würde.

(Nils Wiklund: Freud und der Nobelpreis. Abrufbar unter

https://www.psychiatrie-und-ethik.de/wpinfcde/freud-und-der-nobelpreis/)

Krankheiten

Ein Standardlehrwerk zu allen Bereichen klinischer Psychologie (Krankheitsbilder, allgemeine Aspekte von Psychotherapie etc.) findet man in

Hans-Ulrich Wittchen & Jürgen Hoyer (2011). Klinische Psychologie und Psychotherapie. Springer.

Etwas leichtere Kost ist:

Borwin Bandelow (2011). Wenn die Seele leidet: Handbuch der psychischen Erkrankungen. Rowohlt Taschenbuch Verlag.

Für die Abrechnung mit Krankenkassen werden psychische Störungen nach der Internationalen statistischen Klassifikation der Krankheiten und verwandter Gesundheitsprobleme (International Statistical Classification of Diseases and Related Health Problems, ICD), das von der Weltgesundheitsorganisation herausgegeben wird, genutzt.

https://www.icd-code.de

Ein anderes Klassifizierungssystem ist das seit 1952 von der American Psychiatric Association (APA) herausgegebene Diagnostic and Statistical Manual of Mental Disorders (DSM; Diagnostischer und statistischer Leitfaden psychischer Störungen). Die Idee war, mithilfe von Task Forces die Klassifizierung regelmäßig upzudaten. Gegenwärtig liegt die 5. Version vor. Kritiker wenden allerdings ein, dass Veränderungen der Diagnosen nicht wissenschaftlich fundiert sind, sondern häufig von einzelnen Psychiatern vorgeschlagen wird.

Peter Falkai & Hans-Ulrich Wittchen (Hrsg.) (2014) Diagnostisches und statistisches Manual psychischer Störungen DSM-5. 1. Auflage. Hogrefe.

Falls Sie diese Werke aller psychischen Störungen studieren, bitte verfallen Sie nicht in einen akuten Anfall von Nosophobie. Das ist die Angst vor Krankheiten. Medizinstudenten neigen dazu, während sie lernen alle (physischen) Krankheiten hoch und runter zu beten, alle Symptome der jeweiligen Krankheit (oder zumindest einer oder einiger Krankheiten) an sich selber festzustellen (Lesetipp: Sehr schön beschrieben in Erich Segals Bestseller „Die Ärzte"). Mit anderen Worten: Sie kriegen einen akuten Anfall von Hypochondrie.

Interessanterweise kann man die Geschichte der Hypochondrie bis weit in die Antike zurückverfolgen. Der Name (griechisch „aus bzw. unter dem Knorpel" hängt mit der damaligen Vorstellung zusammen, dass in der Region des Rippenknorpels (Zwerchfell) die Seele und den Sitz der Melancholie vermutete). Im 19. Jahrhundert interpretierte man Hypochondrie dann als „mildeste Form des Irreseins" und vieles mehr.

(Quelle: https://www.psychosoziale-gesundheit.net/psychiatrie/
hypochondrie.html).

Also: Vermeiden Sie das! Zwar sagen Zyniker, dass der DSM V erlaubt, bei praktisch jedem eine sogenannte „milde" Form irgendeiner Störung zu diagnostizieren, aber lassen Sie nicht Ihr Selbstwertgefühl darunter leiden.

Psychosomatik

Gute Nachschlagewerke für die Ursachen psychosomatischer Krankheiten sind:

Dietmar Krakowczyk (2010). Heile dich selbst! Teil I: Die Urtherapie. Books on
Demand.

Dietmar Krakowczyk (2010). Heile dich selbst! Teil II: Naturgesetze der Hei-
lung. Books on Demand.

Kombinierbare Methoden

Transaktionsanalyse

Eric Berne (2002; 16. Auflage). Spiele der Erwachsenen: Psychologie der
menschlichen Beziehungen. Rowohlt Taschenbuch Verlag

Der Titel kann einen auf eine falsche Fährte locken – es ist aber nicht das, was man denken mag, sondern eine Fülle an Informationen über bestimmte Konstellationen im Zusammenspiel von Erwachsenen, die man immer und immer wieder beobachten kann und die einem als Coach die Analyse extrem erleichtern. Ein de facto unverzichtbares Standardwerk!

Auch sehr empfehlenswert:

Eric Berne (1983; 22. Auflage). Was sagen Sie, nachdem Sie „Guten Tag" gesagt haben? Psychologie des menschlichen Verhaltens. Fischer Taschenbuch

Hypnotherapie

Sydney Rosen (2014; 10. Auflage). Die Lehrgeschichten des Milton H. Erickson. iskopress

Milton Erickson hat keine expliziten Lehrbücher über seine Methode(n) geschrieben; es gibt von ihm aber über 300 Fallberichte, die ein breites Spektrum an Störungen abbilden und hier zu finden sind:

Ernest L. Rossi (Hrsg.) & Milton H. Erickson (2015). Gesammelte Schriften von Milton H. Erickson: Gesamtausgabe. Carl-Auer Verlag GmbH

Provokative Therapie. Ein Klassiker:

Frank Farrelly & Jeffrey M. Brandsma (2005). Provokative Therapie. Springer

Auch sehr empfehlenswert sind die Videos von Frank Farrellys Original-Vorträgen und Live-Demonstrationen, z. B.:

Frank Farrelly: Einführung in die Provokative Therapie. DVD

Systemische Therapie und Systemische Aufstellungen

Katharina Stresius, Joachim Castelle & Klaus Grochowiak (2001). NLP & das Familien-Stellen. Zur Komplementarität zweier Therapieansätze. Ein praxisorientierter Handlungsleitfaden. Junfermann

Klaus Grochowiak & Joachim Castella (2001). Systemdynamische Organisationsberatung. Die Übertragung der Methode Hellingers auf Organisationen und Unternehmen. Ein Handlungsleitfaden für Unternehmensberater und Trainer. Carl-Auwe-Systeme Verlag

NLP

Die „Klassiker" (womit es alles begann) stammen von Richard Bandler und John Grinder sowie Robert Dilts. Empfehlenswert sind auch Publikationen und Lehrmaterialien von Nandana und Karl Nielsen, die an der Einführung moderner Coaching-Methoden und NLP-Entwicklungen in Fernstudiengänge in Deutschland maßgeblich beteiligt sind und sich sehr für die wissenschaftliche Erforschung von NLP engagieren.

Im Text zitierte Literatur

Borwin Bandelow: Das Angstbuch. Woher Ängste kommen und wie man sie bekämpfen kann. Rowohlt Taschenbuch Verlag

Susanne Berkenheger (2014). Ist bestimmt was Psychologisches: Wie ich auf Therapien, Tricks & Tipps pfiff und unfassbar glücklich wurde. Goldmann

Bruce Lipton (2006). Intelligente Zellen: Wie Erfahrungen unsere Gene steuern. KOHA-Verlag.

Elke Nürnberger: Optimistisch denken. Haufe

Christine Rost Hrsg (2016): EMDR zwischen Struktur und Kreativität Verlag: Junfermann

Rolf Steyer, Peter Schwenkmezger, Peter Notz & Michael Eid (1997). Der Mehrdimensionale Befindlichkeitsfragebogen (MDBF). Handanweisung. Göttingen: Hogrefe-Verlag.

Sandra Winkler (2013). Er nannte mich Fräulein Gaga: Macken, Ticks und meine Versuche, sie in 111 Tagen loszuwerden. Fischer Taschenbuch

Dissertation von Dr. Christian Hanisch

Christian Hanisch (2015). Neurowissenschaftlich orientierte Therapie von dysfunktionalen Kognitionen durch Reizüberflutung anhand einer „emotionSync®"-Methode – Eine experimentelle Studie. Dissertation, UCN.

Weitere Links

Hier finden Sie Informationen zur Ausbildung als emotion*Sync*®-Coach sowie die Möglichkeit nach anerkannten emotion*Sync*®-Coaches in Ihrer Nähe zu suchen!

https://www.neurocoaching-emotionSync.de

Der VCTG (Verband für Coaching und Training im Gesundheitswesen) baut die Brücke zwischen Arbeitsleben und der Behebung und Prävention dadurch entstandener psychosomatischer Probleme. (inkl. Blog zu gesundheitsrelevanten Themen!)

https://www.vctg.de

Zum neurowissenschaftlichen Hintergrund von Master Typo 3®:

https://www.mastertypo3.de

https://www.european-business-ecademy.de/pdf/Typologie_und_das_Gehirn.pdf

Bitte besuchen Sie auch unseren Gesundheitstalk und viele andere interessante Videos auf Youtube

https://www.youtube.com

Der Autor

Dr. Christian Hanisch

Professor und Doktor der Psychologie

Heilpraktiker für Psychotherapie

Dipl.-Ing. Elektrotechnik / Informatik

Dr. Christian Hanisch ist ein Experte im Bereich Neurocoaching und emotion*Sync*®. Er ist bekannt für seine Arbeit, die neurowissenschaftliche Erkenntnisse mit Coaching-Methoden kombiniert, um Menschen dabei zu helfen, ihre emotionalen und kognitiven Fähigkeiten zu verbessern.

Er ist ein philosophisch und integral denkender Mensch. Er wurde als Sohn eines Schuldirektors und einer Schriftstellerin geboren. Zuerst wendete er sich der Technik und dem Handwerk zu. Die Neugierde verband schon immer sein Denken und Handeln. Er entschied sich deshalb, immer zuerst das Handeln zu lernen und dann erst die Theorie dazu. Also lernte er zuerst das Handwerk des Elektroinstallateurs. Danach holte er das Abitur nach und studierte Elektrotechnik und Informatik. Dazwischen leistete er seinen Wehrdienst bei der Luftwaffe.

Nach seinem Studium stieg er in das Sales Konzerngeschäft ein. Dort erarbeitete er sich einen Namen als Salesman, Trainer, Coach, Keynote-Speaker, Berater, Negotiator und Mediator.

Nebenbei erfuhr er auch die Schattenseiten des Business: Das Thema Burnout. Daraufhin erlernte er den Heilpraktikerberuf im Bereich der Psychotherapie und untersuchte Zusammenhänge von Psychosomatik. Nachdem er die Praxis der Psychotherapie umfangreich konnte, studierte er noch Psychologie bis zum Doktorgrad. Sein Spezialthema wurde dazu die Verknüpfung von Psychotherapie, Neuropsychologie.

255

Die psychosomatischen Krankheiten und deren Lösungsansätze werden dabei ganzheitlich behandelt.

Ein Diplom-Ingenieur will nicht nur die Theorie kennen, sondern die Praxis können. Das ist sein Motto. Wissenschaft und Praxis!

Dr. Hanisch ist Leiter der European Business-Ecademy und des Emotion Science Institut. Hier gibt er umfangreiche Ausbildungen zu den besagten Themen. Er arbeitet auch als Trainer, Coach, Speaker, und Heilpraktiker für Psychotherapie.

In seiner Dissertation erfahren Sie die wissenschaftliche Untersuchung moderner Psychotherapie und Coachings anhand einer Methode emotion*Sync*®. Diese Methode zeichnet sich durch ihre hohe Effektivität und Effizienz im Bereich von Traumatisierungen auf. Im Bereich von psychosomatischen Problemen zeigen sich auch gute Erfolge. Allergien, Hautirritationen, Ängste aller Art, leichtere Depressionen und besonders Suizid Themen.

Genauso können Sie damit viele Limitierungen im Business abkoppeln. Jegliche Ängste, wie Angst vor: Kaltakquise, vor der Gruppe stehen, Prüfungen, Führung, Change usw.

Christian Hanisch ist ausgezeichnet worden mit dem
World Certificate for Psychotherapy (WCPC)

Und dem Coaching Award
„Bestes Konzept Coaching Methode 2018 emotion*Sync*®"

Sowie vom Focus für bestes Führungskräfte-Coaching

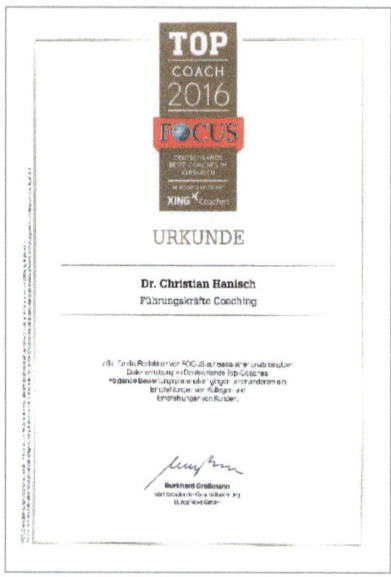

Links zu Professor Hanisch

www.European-Business-Ecademy.de

www.neurocoaching-emotionSync.de

www.Master-Typo3.de

www.VCTG.de

www.pruefstelle-zertifizierter-mediator.de

Ausblick

Die elektrische Psychosomatik von Krebs

Damit Zellen wissen zu welchem Zellverband sie gehören, müssen sie miteinander kommunizieren. Dies geschieht nicht nur chemisch, sondern auch elektrisch.

Jedes Organ hat seine eigene Schwingungsfrequenz, genau wie eine Gitarrenseite. Ist der Ton im Einklang oder in der Dissonanz?

Das Gehirn ist die große Datenverarbeitungsmaschine der Prozesse im Körper. Der Mensch möchte möglichst immer im Einklang sein. Aber warum wachsen dann mal zu viele Zellen und an anderer Stelle zu wenige. Tumore und Nekrosen. Letztlich sieht es aus, dass einige Zellen aus dem Gehirn übersteuert und andere untersteuert werden.

Die neuronale Entladung von Fehlsteuerungen von starken Traumatisierungen könnten durch emotion*Sync*® in Ordnung gebracht werden, sodass dann die Selbstheilung beginnt. Das ist ein völlig neues Forschungsfeld und könnte ein Quantensprung sein. Wir sollten dahingehend forschen!

Die Galvano-Therapie

Die Biologische Elektro-Tumor-Therapie Galvanotherapie; Electro-Cancer-Therapie (ECT) ist eine sanfte Gleichstromtherapie von Krebspatienten, bei der Krebszellen durch Stromeinwirkung über Platten auf der Haut oder Platinnadeln im Tumor direkt zerstört werden.

Die Krebszellen werden so auf den elektrischen Stuhl gesetzt und sterben ab. Diese Technik ist schon lange bekannt und wird nur sehr selten durchgeführt. Die Frage, die man hier stellen muss, warum nicht die elektrische, sondern die chemische?

Beim Auto fängt auch gerade die Umstellung von der chemischen Verbrennung zur elektrischen Fortbewegung statt. Warum nicht auch in der Medizin und Psychotherapie?

Die Ganzheitlichkeit

Die Computer sind immer schneller geworden, warum nicht auch die Therapien.

Lasst uns ganzheitlich denken und arbeiten.

Wir sollten endlich die Dogmen infrage stellen und „out of the box" gehen. Die verschiedenen Disziplinen der Wissenschaft sollten mehr zusammenarbeiten und nicht gegeneinander!

Ihr Premium-Ausbilder

www.European-Business-Ecademy.de

www.neurocoaching-emotionSync.de

Verband für Coaching und Training im Gesundheitsbereich

www.VCTG.de

Die Authentizität der Persönlichkeit

www.Master-Typo3.de